張 玉正 編著
林 秀靜 訳

実証！風水開祖・楊救貧の

帝王風水

風水祖師 楊救貧 堪輿実証

太玄社

たとえば、風水の古典『青囊序《せいのうじょ》』に、次のような一文があります。

「十墳葬下九墳貧，惟有一墳能發福。」

（十個埋葬された墓のうちに九個は貧しく、ただ一つだけが発財することができる）

なぜ十個埋葬して、そのうちのたった一つしか子孫が裕福にならないのでしょう？

その主な原因は誤った風水術にあります。古代の堪輿術は帝王の統治術でもあったため、故意に真実と嘘を入り混ぜており、偽《いつわ》りの口訣が大変に多いので、そのまま鵜呑みにするのは大変危険です。

また、蔣大鴻《しょうたいこう》の『平砂玉尺辨僞《へいさぎょくしゃくべんぎ》』に、次のような一文があります。

「縱觀近代名家墓宅，以及先世帝王聖賢陵墓古蹟，考其離合，正其是非，凡理之取驗者爲真，無所取驗者爲僞。」

（近代の名家の墓及び先代の帝王聖賢の陵墓古蹟を見る時、正確な風水術に合っているかどうかを考え調べ、その善し悪しを正し、およそ風水理論を証明できるのを真とし、証明できないものを偽《ぎ》とする）

それゆえに、風水を学ぼうとするならば、各流派の理論をすべて理解するだけでなく、さらに経験と実証を加えて真実か偽りかを詳《つまび》らかにする必要があります。流派による手法は違えども、必ず一つの真理に行きつくはずです。

筆者は長年、楊救貧の風水術の伝承を基礎に各地に赴き、名山や帝王風水の考証をしてきました。本書はその

張 玉正 編著
林 秀靜 訳

実証！風水開祖・楊救貧の

帝王風水

風水祖師 楊救貧 堪輿実証

太玄社

はじめに

楊救貧《ようきゅうひん》、曾文辿《そうぶんてん》、廖瑀《りょうう》、頼布衣《らいふい》は、堪輿界が公認する四大宗師《そうし》です。堪輿古籍を紐解くと、「楊氏は云う」「廖氏は云う」などの字句が頻繁に出てくるため、現代の地理師は自らの堪輿の手法を、よく楊、曾、廖、頼の秘伝だと称する傾向があります。

しかしながら、紙上で兵を談じ理屈ばかりの議論をするだけでは、実際その風水術の多くは何の役にも立たないのです。

来龍《らいりゅう》について語れば天花乱墜《てんからんつい》（話す言葉が巧みなこと）、人を引きつけるためにありがたそうな蘊蓄《うんちく》を滔々と語りながら形《けい》の呼び名は奇想天外であり、吉凶の結果はただ怪しいものという有様です。

地理風水の流派は、八宅派、九星派、三合派、玄空及び三元の各派などおびただしく、その秘訣にいたっては五花八門《ごかはちもん》（多種多様な）・千変万化であり、常に風水を学ぶものを困惑させます。

名師《めいし》（有名な師）と呼ばれる地理師も数多く存在する一方で、自らが開山祖師《かいざんそし》（創始者）となって自己流の風水理論を創作して、間違った情報を伝播している輩もいます。

風水を学習する人は多大なお金と時間を費やすことになりますが、こうした誤った地理師の元で学習しても時間とお金の浪費にしかならず、かえって風水術の堂奥《どうおう》に登ることを難しくさせています。結局、そうした地理師は、人が言ったことを繰り返すだけでなく、風水を誤って伝え、あげく学習者がまったく理解できないという事態を招くことになります。

たとえば、風水の古典『青嚢序《せいのうじょ》』に、次のような一文があります。

「十墳葬下九墳貧，惟有一墳能發福。」

（十個埋葬された墓のうちに九個は貧しく、ただ一つだけが発財することができる）

なぜ十個埋葬して、そのうちのたった一つしか子孫が裕福にならないのでしょう？その主な原因は誤った風水術にあります。古代の堪輿術は帝王の統治術でもあったため、故意に真実と嘘を入り混ぜており、偽《いつわ》りの口訣が大変に多いので、そのまま鵜呑みにするのは大変危険です。

また、蔣大鴻《しょうたいこう》の『平砂玉尺辨僞《へいさぎょくしゃくべんぎ》』に、次のような一文があります。

「縱觀近代名家墓宅，以及先世帝王聖賢陵墓古蹟，考其離合，正其是非，凡理之取驗者爲真，無所取驗者爲僞。」

（近代の名家の墓及び先代の帝王聖賢の陵墓古蹟を見る時、正確な風水術に合っているかどうかを考え調べ、その善し悪しを正し、およそ風水理論を証明できるのを真とし、証明できないものを偽《ぎ》とする）

それゆえに、風水を学ぼうとするならば、各流派の理論をすべて理解するだけでなく、さらに経験と実証を加えて真実か偽りかを詳《つまび》らかにする必要があります。流派による手法は違えども、必ず一つの真理に行きつくはずです。

筆者は長年、楊救貧の風水術の伝承を基礎に各地に赴き、名山や帝王風水の考証をしてきました。本書はその訪ね歩いた記録に他なりません。ただし、難解な風水理論を言葉だけでは理解しづらい面もあると考え、できるだけ写真などを使ってイメージしやすいように説明することを心がけました。

しかし、筆者の才智と編集能力には限りがあるため、幾つかのところではやはり見聞したことを１００％完全に文字で表現しきれていません。

楊公の風水術は流伝してすでに千年を超えます。そのいくつかの部分の考証は容易ではなく、編纂中に書き漏らしや誤謬があるのは免れません。

国内外の学者の方々、専門家の先輩諸氏、どうか惜まずに批評し誤りを指摘していただきたい。

西暦二〇〇七年　丁亥　清明

中華易経風水命理協会　理事長　張玉正　敬序

はじめに――i

第1章 楊救貧――歴代の風水形法の精華を集める

第1節 楊救貧、平民の手による風水研究の先駆けを開く……2
第2節 封土《ふうど》を帝陵とし、また依山《いざん》を帝陵とする……3
第3節 千年古都――長安……6
第4節 秦始皇陵と地下軍隊……7
第5節 大唐帝国、盛代の帝王陵の特色……10
◉唐の太宗と昭陵　11
◉唐の高宗・李治《りち》と武則天《ぶそくてん》　13
◉乾陵は唯一無二の女人山《にょにんさん》である　15
◉乾陵――埋もれた宝は千古の謎である　16
第6節 楊氏、曾氏、廖氏、頼氏、四人の堪輿宗師……17
第7節 贛南各地にある楊公の足跡……19
第8節 板凳《ばんとう》で向《こう》を定めた管氏《かんし》宗祠《そうし》……20

第9節 歴史の謎――楊公の祖籍《そせき》、竇州《とうしゅう》について……24
第10節 永遠の謎――一代宗師・楊救貧はどこに埋葬されたのか？……24
◉一代宗師・楊救貧が永眠する楊公壩《ようこうは》 26
◉後記 29

第2章 楊救貧の風水は寧都にあり

第1節 廖瑀と楊救貧は法術を使って闘ったのだろうか？……33
◉黄陂の花門楼 36
第2節 寧都・璜渓中壩にある廖氏の族譜について……37
◉「船形《せんけい》」――楊救貧が選んだ中壩の廖氏宅基 40
◉「亀《き》蛇上亀《だじょうき》形《けい》」――廖欒《りょうらん》の墓 44
◉「亀《き》形尾《けいび》穴《けつ》」――廖三傳《りょうさんでん》の墓 45
◉廖瑀の父――廖通 47
◉唐代の百勝侯《ひゃくしょうこう》――廖匡濟《りょうきょうさい》の墓 50
第3節 一代宗師・廖瑀《りょうう》……52
◉白石仙跡《はくせきせんせき》 54
◉金華《きんか》仙《せん》――廖瑀が自らの手で點穴した寺院 54
第4節 楊公仙蹟――盧《ろ》光稠《こうちゅう》の母、曾氏夫人の墓……56
◉一席十八面、各々の面から天子を出す 61

第5節 「仙人坐帳形《せんにんざちょうけい》」——唐代・東平侯の孫諫《そんてん》の墓……62
◉孫諫の墓は、中山先生の遠い祖先であるのか？……67
◉「繍針落槽形《しゅうしんらくそうけい》」、孫諫の第一夫人陳氏の墓……73
第6節 「仙人仰睡形《せんにんぎょうすいけい》」——劉宗臣《りゅうそうしん》の鉄墓《てつぼ》……74
◉寧都城西彭城、劉氏三修家譜世傳……78
第7節 洛口鎮《らくこうちん》の霊村《れいそん》——邱氏祠堂《きゅうししどう》……81
◉「仙人献掌形《せんにんけんしょうけい》」——霊村始祖の墓……85
第8節 「飛鵝過江《ひがかこう》」——寧都における頼氏の始祖、頼仲方の墓……88
◉頼氏三世祖墓（頼氏三代目の祖墓）……95
第9節 「伏地虎形《ふくちこけい》」——唐代の何循轍《かじゅんてつ》の墓……98
第10節 「真武踏蛇亀形《しんぶとうだきけい》」——宋朝の曾奉先《そうほうせん》の墓……101
第11節 「五星帰垣形《ごせいきえんけい》」——明末の林時益《りんじえき》の墓（易堂九子）……103
第12節 「霊猫捕鼠形《れいびょうほそけい》」——清代の曾燦《そうさん》の墓（易堂九子）……107
第13節 「烏鴉抜頸形《うあばっけいけい》」——清代の彭士望《ほうしぼう》の墓（易堂九子）……109
第14節 寧都は文風鼎盛《ぶんふうていせい》——水口塔《すいこうとう》……112
第15節 風水宗師の廖瑀、霊山・翠微峰《すいびほう》に隠居する……116

第3章 楊救貧の風水は三僚にあり

第1節 国師《こくし》の故郷——三僚村《さんりょうそん》 …… 122

◉明の十三陵——廖 均卿《りょうきんきょう》による経典の作 126

第2節 曾家の楊公祠 …… 130

◉陰陽渓水——楊公祠前の三叉《さんさ》水口《すいこう》 131

◉曾家楊公祠の碑文 133

◉曾家國師與明師名錄（曾家における国師と明師の名の記録） 136

第3節 廖家の楊公祠 …… 138

◉廖家の国師と明師 139

第4節 楊公の予言 …… 141

◉前には金盤玉印《きんばんぎょくいん》があり、後ろには涼傘遮蔭《りょうさんしゃいん》がある 142

◉虎形の山下にある歴代の各種古墓 145

◉伝説中の廖均卿の墓 146

◉虎《こ》形墓《けいぼ》 148

◉「金亀《きんき》荷《か》塘穴《とうけつ》」、人丁《じんてい》旺じる 151

◉楊公が自分の手で植えた九尾杉《きゅうびすぎ》 155

◉鯉《り》魚肚《ぎょと》形《けい》、曽羅《そうら》山《ざん》の墓 156

◉白鵝《はくが》展翅《てんし》形《けい》、白い鵞鳥が羽を展ばし蜈蚣《むかで》を食べる 160

◉狗《く》形祠《けいし》の前にある食槽《しょくそう》 162

◉霊蛇出洞《れいじゃしゅつどう》の蛇形祠《じゃけいし》 164

第4章 楊救貧の風水は興国にあり

第1節 将軍県の将軍館 170

第2節 状元家《じょうげんか》山《ざん》——潘氏、状元を出す 171

◉水聚天心《すいじゅてんしん》は富貴を発する 173

第3節 筆架《ひっか》は状元を得る、令旗《れいき》は将帥《しょうすい》を出す 176

第4節 青牛臥槽《せいぎゅうがそう》は人材を輩出する 176

第5節 文房四《ぶんぼうし》宝《ほう》に官印あり——壩《は》南《なん》村《そん》の陳氏《ちんし》祠《し》堂《どう》 179

第6節 「武《ぶ》子《し》観兵《かんぺい》」——威《い》遠《えん》将軍の墓 181

第5章 楊救貧の風水は贛州にあり

第1節 夏府《かふ》——贛県湖《かんけんこ》江《こう》のよき風水 189

第2節 戚《せき》家より武官を出し、謝《しゃ》家より宰相を出す 190

◉戚継光の宗祠 192

◉現面官星《げんめんかんせい》、官貴を出す 193

第3節 客家《はっか》文化《ぶんか》城《じょう》と楊仙嶺《ようせんれい》 195

◉大門牌坊 196

◉客家宗祠 196

◉楊公祠　199
◉客家博物館　200
◉贛南の名山──峰山《ほうさん》　200
第4節　楊仙嶺《ようせんれい》──風水宝地　201
第5節　八境台《はっきょうだい》──章水《しょうすい》と貢水《こうすい》が合流する所　204
第6節　古《こ》城壁《じょうへき》　206
第7節　蔣経国の旧居《きゅうきょ》　208
第8節　鬱孤《うつこ》台《だい》　209
第9節　文廟《ぶんびょう》　210
第10節　浮橋《うきはし》　212
第11節　南康《なんこう》市　生仏寺《しょうぶつじ》　212
第12節　景徳鎮の風水　215
第13節　南昌《なんしょう》の滕王閣《とうおうかく》　217
第14節　廬《ろ》山《ざん》　218
第15節　九江《きゅうこう》　219

第6章 紫禁城と明十三陵を造営する

第1節 帝王の都　紫禁城 …… 223
第2節 紫禁城、配置の特色 …… 225
第3節 観光客は「定陵」を参観し、風水師は「長陵」を見る …… 227
第4節 明の十三陵の坐向 …… 230
第5節 長陵――明の十三陵の第一陵 …… 237

第7章 帝王風水

第1節 玉佩《ぎょくはい》で用地選定をする …… 241
◉五人の皇帝が永眠する清の東陵　242
◉風水の観点から見た清の東陵の龍脈　244
◉祖宗聳抜《そしゅうしゅうばつ》、子孫から必ず貴人を出す　245
◉辞楼下殿《じろうかでん》、天子が巡幸《じゅんこう》に出る　246
◉龍門水口《りゅうもんすいこう》、口を閉ざして言うべからず　248
◉上吉《じょうきち》の土壌は子孫を庇護する　249
第2節 立向は最も重要である …… 249
第3節 風水宗師　蒋大鴻《しょうたいこう》 …… 251

◉「螺螄《らし》吐肉《とにく》」——蔣大鴻が自ら卜した墓穴 253

第8章 孫中山先生、祖墓の風水

第1節 偉人の故郷——翠亨村 258
第2節 双龍戯珠《そうりゅうぎじゅ》——犁頭尖山 262
第3節 なぜ孫中山の代になり、富貴を発したのか？ 265
◉孫中山父親、達成公の墓 267
◉寿屏山、孫眉の墓 269
◉香港十大名穴の第一位、孫中山母親の墓 270
第4節 龍盤虎踞《りゅうばんこきょ》——中山陵《ちゅうざんりょう》 274
第5節 金陵に天子の龍脈があるのか？ 275
第6節 中山陵——中国近代の第一陵 276
第7節 南京は気が多く洩れる？ 明の成祖は北京に遷都した 278
第8節 中山陵の點穴が高すぎるのを疑問に思う 279

第9章 二十一世紀中国のリーダーの風水

第1節 徽州《きしゅう》 地霊人傑《ちれいじんけつ》 284

第2節　胡氏宗祠《こしそうし》は名士を出す……285
◉祖山を伐採せず、風水を護る　293
◉二代続けて尚書を出す、奕世尚書坊《えきせいしょうしょぼう》　294
◉徽州商人《きしゅうしょうにん》　胡炳衡の故居　296
◉胡錦濤の祖墳の風水　298

第3節　江村《こうそん》――江澤民の故郷……302
◉旌南《せいなん》、第一の村　302
◉文房四宝が賓客を迎える　305
◉徽式建築の江氏宗祠　307
◉黄山来龍、江氏先祖の墓　309
◉山河は世代ごとに人材を出す　311

第4節　習近平《しゅうきんぺい》の祖居と習仲勳紀念墓園……311
◉習近平の故居　312
◉習仲勳紀念墓園　313
◉風水格局から見た習仲勳紀念墓園　317

第10章　蔣氏の浙江奉化、そして台湾大渓の風水

第1節　風水宝地――蔣氏宗祠《しょうしそうし》……320
第2節　玉泰鹽鋪《ぎょくたいえんほ》――蔣介石の出生地……322

第3節　豊鎬房《ほうこうぼう》――蒋経国の出生地……325
第4節　弥勒仏《みろくぶつ》の臍《へそ》――蒋母の墓……328
◉平歩青雲《へいほせいうん》、風水の隠れた庇護の力　334
第5節　妙高台《みょうこうだい》――蒋介石と宋美齢《そうびれい》の渓口鎮にある別荘……335
第6節　台湾の慈湖――蒋介石の陵寝……338
第7節　頭寮《とうりょう》――蒋経国の陵寝……341
第8節　色褪《あ》せた「風水宝地」……343
◉両蒋氏の遷葬における論争はすでに久しい　344
第9節　本物の風水宝地――銅像区……346

第11章　台湾の好山好水

第1節　三元不敗《さんげんふはい》（三元敗《やぶ》れず）――王永慶《おうえいけい》の観音山の祖墳……351
◉母猴餵乳《ぼこういにゅう》、新店直潭にある王永慶の先祖墓　357
◉陽明山は風水吉地　王永慶の父母墳　358
第2節　新光グループ　呉火獅《ごかし》の祖墓……361
第3節　蔡勝邦《さいしょうほう》の祖墳……364
第4節　林榮三の祖墳……366
第5節　連《れん》氏と宋《そう》氏の祖墓、選挙時ブームの観光スポット……368

◉「丹鳳朝陽」――宋楚瑜の父親　宋達の墓　368
◉青龍が案山を作る――連戦の父親　連震東の墓　370

第6節　李登輝《りとうき》の故居と祖墓　373
◉龍蝦出海《りゅうかしゅっかい》、源興居の風水　373
◉李登輝の祖父母の墳墓　375
◉李登輝の父親、李金龍《りきんりゅう》の墳墓　376

第7節　帝王の規格――沈慶京《しんけいきょう》の祖墳　378

第8節　東森《とうしん》グループ　王令麟《おうれいりん》の祖墳　381

第9節　台湾一の富豪　郭台銘《かくたいめい》　三峡愛物園《さんきょうあいぶつえん》　383
◉風水の庇護は鴻海グループを成功させたのか？　383
◉富を発しまた凶を発する……それは風水の影響なのだろうか？　387

第10節　筆架山のよき山水――苗栗《びょうりつ》は地霊人傑の地　390
◉天助自助《てんじょじじょ》、傅県長の祖墳を見る　392
◉「晴耕雨読」伝統的な客家文化　395

第11節　峨眉湖畔《がびこはん》のよき風水　395
◉官運《かんうん》の停滞、祖墳の風水がよくない？　396
◉立法委員を連任、さらに上層部へ　399

第12節　一代宗師――妙禅法師《みょうぜんほっし》の祖厝《そせき》「金鑑堂《きんかんどう》」　399

第13節　張學舜《ちょうがくしゅん》――平歩青雲《へいほせいうん》、水は官を促しているのか？　401

◉立法委員を留任するのは、やや困難か？ 403

第14節 劉闊才《りゅうかつさい》——母の墓碑紋《ぼひもん》に吉兆が顕れる 404

◉墓碑にあらわれた黄土色の文様は吉兆——劉闊才の母の墓 404

◉謙謙君子《けんけんくんし》——劉闊才の墓 406

◉劉闊才、台湾にやって来た先祖の墳墓 407

第15節 台湾客家の第一の宗祠——劉氏宗祠《りゅうしそうし》 409

第16節 平洋龍は水局を重んじる——羅文嘉《らぶんか》の祖墓祠堂を見る 412

第17節 猛虎朝陽《もうこちょうよう》——関西鎮《かんさいちん》 范朝燈《はんちょうとう》の祖墳 416

第18節 毛蟹穴《もうかいけつ》——新埔《しんぽ》の潘《はん》宅 420

第12章 風水師常用の証穴法と口訣

第1節 喝形《かつけい》で穴《けつ》を呼ぶことの真義 424

第2節 証穴法《しょうけつほう》 425

1 朝山証穴《ちょうざんしょうけつ》 426

2 楽山証穴《らくざんしょうけつ》 429

3 鬼星証穴《きせいしょうけつ》 430

4 龍虎証穴《りゅうこしょうけつ》 432

5 纏護証穴《てんごしょうけつ》 433

6 明堂証穴《めいどうしょうけつ》 433

7 唇氈証穴《しんせんしょうけつ》 434
8 水勢証穴《すいせいしょうけつ》 435
9 天心十道《てんしんじゅうどう》 437
10 分合証穴《ぶんごうしょうけつ》 437

第3節 **「龍《りゅう》、砂《さ》、穴《けつ》、水《すい》」四《し》法《ほう》合《ごう》一《いつ》** …… 438

第4節 **風水師が常用する口《く》訣《けつ》** …… 439

1 陽宅定分金、動土口訣 439
2 陽宅入宅（開工）典禮口訣 439
3 陰宅定分金、破土口訣 440
4 安葬進金口訣 440
5 呼龍口訣 441
6 圓墓祭拝 敕請廿四山神擇后土訣 442
7 供養土地后土訣 442
8 謝土散五穀財丁口訣 443

訳者あとがき —— 445

第1章

楊救貧——歴代の風水形法の精華を集める

第1節 楊救貧、平民の手による風水研究の先駆けを開く

楊救貧《ようきゅうひん》、名は益《えき》。字は筠松《いんしょう》。唐朝の人。唐の大和《だいわ》八年（八三四年）に生まれます。子どもの頃より聡明であり、十七歳で科挙試験に合格。後に金紫光禄大夫《きんしこうろくたいふ》の役職を拝受し、主に瓊林御庫《けいりんおんこ》を管理します。霊台《れいだい》地理の事を掌握し、天文地理に通暁していたといいます。

唐の乾符《けんぷ》六年（八七九年）、黄巣《こうそう》の乱により、楊救貧は、宮中にある堪輿《かんよ》関係の秘密の書を携えて長安の地を離れます。

その後、江西《こうせい》地方の南部、「贛南《かんなん》」に到着しました。贛南とは中国江西省南部の略称であり、贛南は江西省の四分の一を占めます。

贛南にいる期間、楊公の足跡は、寧都《ねいと》県城および黄陂《こうひ》、贛州城および楊仙嶺《ようせんれい》、興国三僚《こうこくさんりょう》、楊公壩《ようこうは》等、いずれにも見ることができます。長い間、皇帝一家のために用いられてきた堪輿《かんよ》術は、この時期にようやく民間に伝わり、平民に福をもたらしました。福とは富《ふう》・貴《き》・寿《じゅ》を総合

楊救貧の塑像。日傘を背負い、背後には大きな羅盤がある

した意味です。それ以来堪輿の学術は大いに異彩を放ち、百花は一斉に開きました。

楊救貧は、堪輿術を使って人々の貧しさを裕福に変えました。風水術は、庶民に福をもたらし、その功績をもって「救貧」の誉れを得ました。世に言うところの「楊救貧先生」です。

なかでも興国県《こうこくけん》三僚村の祖先と楊救貧にはとても深い淵源があります。なぜなら、三僚村には今もまだ二つの楊救貧の祠《ほこら》があるからです。

曾《そう》家の楊公祠《ようこうし》は、楊救貧祖師を祀るために建てられたものであり、それと開祖の曾文辿《そうぶんてん》の塑像が最も有名です。廖《りょう》家の楊公祠にもまた楊救貧が祀られています。および廖家の風水祖師である廖金精《りょうきんせい》の塑像（二〇〇四年贛県）が置かれています。この広大な規模の楊公祠はたった一人の堪輿宗師を記念して建てられたものです。

楊公は、唐朝以前の歴代の風水形法の精華（本質となる優れたところ）を集めて、贛南風水として独自に一派を打ち立てました。そのために後世では、楊公を形勢派《けいせいは》風水の祖師とみなしている人もいます。

さて、楊救貧の風水術を研究しようとするならば、まず唐朝以前の風水形法の精華について知らなければならないでしょう。

第2節　封土《ふうど》を帝陵とし、また依山《いざん》を帝陵とする

唐朝以前の風水については、帝陵（帝王の陵墓）を例にするならば、封土《ふうど》を帝陵とするタイプと、依山《いざん》を帝陵とするタイプの二つに分けることができます。

まず、「封土《ふうど》」を帝陵とするタイプは、秦・漢代以前の陵墓に多く見られます。封土とは、土を集めて墳墓を

築くことで、高大で、形は覆斗《ふくと》のような形（升状の酒器を伏せた形。四《し》角錐台形《かくすいだいけい》）をしています。

陵墓の底は地下建築の宮殿となっているために、水文《すいもん》地質を重視し、排水が容易で乾燥している地勢で比較的高いところを選択しています。陵墓の外表は、見た目は丘に似ていますが、実際は人工的に堆積させて「山」を造っています。

後ろに山が有る無しに関わりなく、陵寝《りょうしん》自体が土を堆積させてつくっているので山のように見えるわけです。陵寝とは帝王の陵墓及びそこに建てられた宮殿建築を指し、官職が大きくなるほど、封土はますます高くなります。

それゆえに、現在の陝西《せんせい》の咸陽《かんよう》の特色はいたるところに小山が見られることです。

咸陽は秦朝の首都であり、今の陝西省西安市の西北に位置します。この地には一見、一個の山のようなものが散見されますが、その多くは、風水によってつくられた古墓です。

この種の形式の陵墓を「封土を陵とする」と呼びます。

唐の貞観《じょうがん》九年（六三五年）、高祖《こうそ》・李淵《りえん》が世を去り、献陵《けんりょう》が建設されます。

太宗《たいそう》・李世民《りせいみん》は、「山陵は漢の劉邦《りゅうほう》の長陵にしたがって作る。

咸陽市はいたるところに陵墓の小山を見ることができる

厚く崇めて務めるべし」という勅令を発します。これにより、唐朝の献陵は、一か所に土を積んだ塚を帝陵としました。

敬宗《けいそう》・李湛《りじん》の荘陵《そうりょう》。武宗《ぶそう》・李炎《りえん》の端陵《たんりょう》。僖宗《きそう》・李儇《りけん》の靖陵《せいりょう》、の全部で四つの陵墓はすべて土を積んで陵としています。

漢の高祖・劉邦の陵墓、長陵。封土は高大である

唐の高祖・李淵の陵墓、献陵。高原上にあり「封土を陵とする」

漢の文帝の陵墓、覇陵。河辺にある覇陵は「依山を陵とする」に属する。漢代の陵墓にはあまり見られないタイプ

李淵は唐の開国皇帝であり、国家支配の初頭に土台を定め、いろいろな事業を一度に興しました。続く十七代敬宗と十九代武宗の二皇帝の時に国勢は徐々に弱くなり、僖《き》宗《そう》の李儇《りけん》は唐朝の末代の皇帝となりました。このため、この四つの陵墓の規模は比較的小さいと思われます。

もう一つは、「その山に因《よ》り、墳《ふん》（土を用いて高く築いた墓）を起こさず」。つまり、自然の山勢《さんせい》を利用して陵墓を建設する「依山《いざん》」タイプです。

依山の陵墓で、風水における「龍《りゅう》、砂《さ》、穴《けつ》、水《すい》」について講究してみると、現存する中国の歴代皇帝の陵墓の中では、秦始皇《しんしこう》（始皇帝《しこうてい》）陵の歴史が古く、保存状態が比較的完全な帝陵です。

また漢の文帝《ぶんてい》が建設した覇陵《はりょう》も、「山に因りて陵となす」方法を採用しており、山の形は陵の名前のごとく覇気を帯びています。山は天然のものであり、土を盛って造ったものではありません。

こうした例外もありますが、漢代の多くの陵墓は封土を陵としています。したがって、一般に風水を研究する人は、唐の太宗の「山に因りて陵となす」の昭陵《しょうりょう》を中国帝王陵園研究の風水的な起点としています。

第3節　千年古都——長安

古都長安《ちょうあん》は、現在は西安《せいあん》と呼ばれ、陝西省に位置し、古くはシルクロードの起点でした。

周王朝が始まって以来、秦、西漢、西晋、前趙、前秦、後秦、西魏、北周、隋、唐等、十三個の王朝が長安に都を建て、その歴史は千百年以上になります。

「風水とは何か？」と聞かれて説明するならば、それは「蔵風聚気《ぞうふうじゅき》」（風を蔵して気を集める）のことです。

つまり、山があり、水があることが大事で、特に、水は古くから「尋龍點穴《じんりゅうてんけつ》」の重要な基準となっています。

長安は、昔から「八水繞長安《はっすいにょうちょうあん》（八本の河がめぐる長安）」と呼ばれてきたように、水局《すいきょく》が完備した都市であり、風水を研究するには、千年にわたり帝王が住んだこの古都から開始するのが必須だといえるでしょう。

第4節　秦始皇陵と地下軍隊

秦始皇陵は、西安の東、約30kmのところにあります。秦の陵墓は、「封土成山《ふうどせいざん》（土を集めて山をつくり上げる）」です。

ところが、筆者が100mの高さの秦始皇陵に登ってみたところ、陵墓の後ろ楯となる驪山《れいざん》が見えました。

山峰は畳みかけるように重なり、連綿と続き、開帳《かいちょう》し龍脈が強く有力です。

これは風水では、後ろの山を背にして、前方に河川の渭《い》水《すい》がある標準的なスタイルです。また、高いところから見下ろすと、かつて「八百里の秦川《しんせん》」と呼ばれた明堂《めいどう》があります。

秦川とは、陝西・甘粛《かんしゅく》両省の秦嶺《しんれい》山脈以北の平原の昔の

千年の古都・長安

呼び方です。高大な封塚《ふうちょう》（土を集めてつくった塚）と、驪山は相互に呼応しています。

風水的に言えば、天下に君臨する気勢があります。

坐《ざ》南向《こう》北（南に坐して北に向く）の陵墓の向きは、多数の帝王墓とは相反します。

なぜなら帝王墓の多くは、坐北向南に建てられているからです。

しかし、後山前水《こうさんぜんすい》（後ろに山があり前に水がある）は、典型的な風水格局《かっきょく》です。

兵馬《へいば》俑《よう》は、秦始皇陵の東側約1km半のところにあります。相前後して、一、二、三号の三つの坑道を掘ったところ、数万体の本物の人のような陶器の兵士が地下から発見されました。

出土されたのはまだ一部分ですが、まるで二千年前の地下軍隊を見ているようで、展示ホールに来た人は何度見ても感動させられます。そして当時の秦帝国の強大さにもまた感嘆するでしょう。

秦始皇陵の地下宮殿の位置は、封土の堆積下にあります。今に至るまでまだ発掘されていません。

『史記』の記載では、宮殿は水銀を百川の河や大海のように大量に使って建築し、上には天文を具え、下には地理を具え、しかも大山椒魚《おおさんしょううお》の油脂を使って、とても長い間、明かりを灯して消えない

後靠《こうこう》（後ろの山）が驪山の秦始皇陵

ようにしたそうです。

ある学者によれば、土壌中の水銀は確実に付近の土壌より高かったそうです。神秘の地下宮殿である陵園建築は、今後の考古学者の研究と発見を待つばかりです。

高い所から見た「八百里の秦川」

秦始皇の地下軍隊、兵馬俑

第5節 大唐帝国、盛代の帝王陵の特色

唐の帝王陵墓は、長安を中心に見ると、渭《い》水《すい》の北側、黄土高原地区に分布しています。

西は乾《けん》県、礼泉《れいせん》県に始まり、東は涇陽《けいよう》県、三原《さんげん》県、富《ふ》平《へい》県、蒲城《ほじょう》県等の山岳に至るまで、六県約１５０㎞を共有し、一種の扇形の構造を形成しています。

陝西にある「唐の十八陵《じゅうはちりょう》」のうち、その多くは山陵《さんりょう》形式を採用しています。

太宗の昭陵《しょうりょう》から始まり、この後に制度が確立されます。

唐の太宗の昭陵以外に、乾《けん》、定《てい》、橋《きょう》、泰《たい》、建《けん》、元《げん》、崇《すう》、豊《ほう》、景《けい》、光《こう》、章《しょう》、貞《てい》、簡《かん》等の十三陵はすべて、この「依《い》山《ざん》を陵《りょう》とする（山に因《よ》りて陵とするタイプと同じ）」制度を採用しており、風水学の原理に則って建てられた陵寝です。

その中で保存状態が比較的完全なものに、唐の高宗《こうそう》と武則天《ぶそくてん》の乾陵があります。

乾陵は二帝の合葬陵《がっそうりょう》で、こういった陵墓形態は、古今を通じて非常に稀なものです。

陝西省蒲城県、唐の憲宗・李純《りじゅん》の景陵は「依山を陵とする」を採用

唐代の帝王陵における他の特色は、石彫刻と彩色画です。建築と芸術と文化が結合して一体となり、帝陵の規模は大唐帝国の盛んな気運をさらに顕現しています。

◎唐の太宗と昭陵

唐の太宗である李世民《りせいみん》は、「貞観の治《じょうがんのち》」を行った中国の皇帝であり、封建時代における最も著名な人物で、六二六～六四九年の在位期間に大唐帝国の基を築きました。六昭陵は、山を陵とするタイプの帝王陵墓の最初の一座ではありませんが、昭陵によって、風水における尋龍《じんりゅう》が開始したといえるでしょう。

その山で陵を造ったことにより、陵墓には変化が生じました。それは、墓が盗掘されにくくなったことです。

このことについて、唐の太宗がこう述べています。

「世代を交代したらその場所を知らせない」、だから「奸盗息心《かんとうそくしん》（盗人は心を休ませる）」と。

これは場所がわからないから誘惑がなく泥棒は盗む気にならない、という意味です。

唐の太宗の昭陵は、咸陽の礼泉《れいせん》県の九嵕山《きゅうそうさん》に位置し、

唐の玄宗《げんそう》・李隆基《りりゅうき》の泰陵「依山を陵とする」

関中《かんちゅう》平原を隔てて遥かな終南山《しゅうなんざん》と向かい合っています。

唐の太宗自ら言うには、「九嵕山は孤独に聳えて周りを寄せつけない。山の高さは九仞《じん》（非常に高いこと）、皇陵の場所にすることのできる良い風水である」

九嵕山は東北からみるとまるで冂《けい》字の形、貴の象徴である土形《どけい》の山のようです。目の前にはちょうど考古隊が発掘している昭陵の祭壇があり、かつ太宗が生前最も好きだった六駿馬《ろくしゅんめ》の石彫も出土しています。

南方から眺めると、九嵕山は高くそびえたち雄々しい姿を見せており、帝王の勢いが具現されています。

風水的には、主要な山が特別に高く立つ「主山特立《しゅざんとくりつ》」（主峰が周りの山と比べて高く、一つだけ立ち、あい連なる山がないこと）となり、おそらくこれが昭陵の地宮《ちきゅう》（地下宮殿）の靠山《こうさん》（後ろ盾となる山）となっているはずです。

また、昭陵の近くには、皇帝に付き従って埋葬された墓がとても多く、魏徴《ぎちょう》、房玄齢《ぼうげんれい》、秦瓊《しんけい》、尉遅敬徳《うっちけいとく》、

唐の太宗・李世民、昭陵の墓碑

程咬金《ていこうきん》（程知節）、徐懋功《じょぼうこう》などの陪葬墓《ばいそうぼ》は百座以上に達します。このように皇帝の墓の傍らに埋葬された臣下の墓を陪葬墓といいます。

　このように皇帝が大臣に土地を与えて陵山の周囲を大臣の墓で囲むつくり方と、明、清の両時代が皇帝一家の陵園を禁区とする方法はまったく異なります。

　唐、宋、元の時代は、大臣は帝王の傍らに付き添って埋葬されましたが、明、清の時代は帝王の側に埋葬できるのは王妃のみでした。

◎ 唐の高宗・李治《りち》と武則天《ぶそくてん》

　唐の高宗・李治について詳しく知っている人は少ないと思いますが、一代女帝の武則天（武后《ぶこう》）と言えば、知らぬものなしの人物です。

昭陵の九嵕山

昭陵の祭壇。考古学者が六駿馬を発掘

武則天は、もともとは唐の太宗の才人《さいじん》（宮中の女官）でした。つまり皇帝の妃です。

太宗の死後、武則天は剃髪し出家して尼僧となります。そして高宗・李治は自分が皇帝になるや否や、武則天を入宮させて大いに寵愛を与え、ほどなくして高宗の皇后であった王氏を廃して武則天を皇后にしました。

高宗は晩年病気がちで、それに代わって武則天が政治を預かります。高宗の死後、武則天は唐の国を奪い自ら皇帝となり、国号を周朝に改め、中国史上初の女皇帝・武后となりました。

歴史上、武則天については、ある人は良いと言い、またある人は悪いと言い、さまざまな争議の的となった人物ですが、武則天には政治の才能があり、武則天が帝位につくと、才能がある人物であるなら非貴族層からも採用して、大唐の盛んな世を維持しつづけました。

しかし、統治の末期には、天下は再び李家である唐の玄宗へと返還されます。唐の太宗から唐の玄宗までの百年間が、唐の最盛期でした。

今日の武則天に対しての評価は、乾陵の南門の外《そと》に文字のない碑があるのと同じです。ある人は、「武則天は自ら

唐の高宗と武則天が合葬された乾陵

の功徳は大きくて、文字を用いて表すことはできないからだ」といいます。

もしかしたら空白で文字のない碑は、武則天の功過《こうか》を後世の人に評価させるためにそのままわざと遺したのかもしれません。

李家の親族からしてみれば、武則天の存在は一族の災難であったでしょう。しかし大唐王朝の最盛期、庶民にとっては、おそらく大功績の一件であったはずです。

◎乾陵は唯一無二の女人山《にょにんさん》である

乾陵は、唐の高宗・李治と女皇帝である武則天の合葬陵です。中国史上唯一の二帝合葬陵墓ともいうことができます。乾陵は、乾県城北6㎞の梁山《りょうざん》の上に位置します。これもまた「依山を陵とする」タイプです。長安城の西北方に位置し、また八卦《はっか》の「乾《けん》」卦《か》も西北を代表することから、これを乾陵と呼びます。

乾陵は六八四年に建設され、唐の十八陵の中では比較的保存状態が良く完全な陵墓の一つです。また唯一盗掘に遭っていない陵墓でもあります。乾陵の気勢は雄偉壮観。陵に登って眺望すると、関中平原はちょうど脚下にあります。

乾陵は女人山である

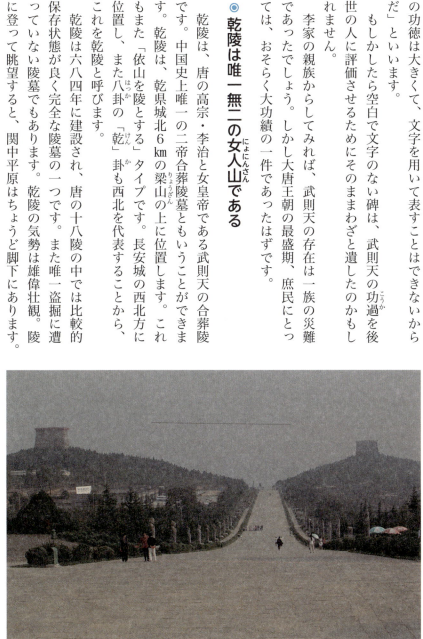

乾陵は風水学上においても、その独特さは唯一無二です。陵寝がある山の名は梁山といい、乾陵の坐向は、坐北向南。東に連なるのは、唐の太宗・昭陵の九嵕山。西に接するのは翠屏山《すいへいさん》。海抜1048m。ここは、最も高い主峰に建てた陵墓に他なりません。

また、前方にある二つの山は低く、東と西で向かい合っており、これを「双乳峰《そうにゅうほう》」と言います。山峰の頂上には、各々に物見櫓《ものみやぐら》の闕楼《けつろう》が建てられており乾陵の門戸となっています。

この二つの峰は風水上、水口山《すいこうさん》をも形成しています。河川が合流する場所を水口《すいこう》といい、水口にあって川の流れを彎曲させている山を水口山といいます。このすべての陵区を巒頭上の形体から見ると、仰向けに寝ている女性のようです。

乾陵から下りて歩いて行くと、司馬道《しばどう》の両脇には多くの石の彫刻があります。司馬道とは高宗と武則天の陵へ向かう道のことで東西を分かつ真ん中の道です。

両脇には石像が置かれ、翁仲《おうちゅう》、石馬《せきば》、翼馬《よくば》、華表《かひょう》等があります。それらの彫刻の細緻な技術から盛唐の繁栄を窺い知ることができます。両側の二つの峰を通過して、ふたたび南へ向かって歩いて行くと、高みから下を望むことができます。ここからは脚下の関中平原すべてを眼中に収められます。

広々とした明堂は天下に君臨する気勢があり、後山前水もまた典型的な風水格局です。

◎乾陵――埋もれた宝は千古の謎である

乾陵は、乾県の境界内にあります。

乾県は二帝合葬の乾陵の他に、付近には十七座の王子、姫、大臣の陪葬墓があります。これらの陪葬墓はそれぞれの特色を具えています。

筆者も、永泰公主《えいたいこうしゅ》（姫）と懿徳太子《いとくたいし》（王子）等の墓、及びその地下宮殿を見ました。

これらの姫や王子の墓建築がとても凝っていることからも、盛唐《せいとう》における二帝合葬の乾陵の素晴らしさが想像できます。

千三百年以上が経過しているといっても、地下宮殿の宝物はいまだ盗掘されておらず、これらが出土されれば、まさに世界レベルの文化遺跡となるはずです。

第6節　楊氏、曾氏、廖氏、頼氏、四人の堪輿宗師

「皇天、后土、五嶽山家、土地龍神、堪輿祖師の楊氏、曾氏、廖氏、頼氏の先師達、後分金、前分金、各尊神に伏して、どうかこちらへお出ましくださいませ。

本日、良き時、民国〇〇年農暦〇月〇日〇時、主家弟子である〇〇は〇〇において選びます。〇に坐山し〇に向かい、兼ねて用いる〇〇分金、〇卦〇爻度。陽宅を建てるのを行い、分金を定め、および動土する典礼が大吉昌となる。弟子は大金財宝、宝燭《ほうしょく》、三つの牲《いけにえ》と酒の贈り物、清い果物と返礼の言葉を用意しました。土地（公）、龍神にお願い申し上げます。弟子〇〇〇を保護し、この家を建てるのを成功しますように、大吉大利となりますように。」

これは、地理師あるいは家の主が、陽宅動土《ようたくどうど》の時に唱える神を迎える口訣《くけつ》です。

堪輿界公認の四大宗師《そうし》といえば、楊救貧、曾文辿《そうぶんてん》、廖瑀《りょうう》、頼布衣《らいふい》です。宗師とは崇拝される師の意味で、堪輿古籍中には、楊公は云う、廖公は云う等々の字句が頻繁に見られます。特に楊公先師《せんし》は、風水界が公認する別格の宗師です。

楊筠松が伝授するところの『青嚢奥語《せいのうおうご》』『天玉経《てんぎょくきょう》』『疑龍経《ぎりゅうきょう》』『撼龍経《かんりゅうきょう》』『穴法《けつほう》』『倒杖《とうじょう》』等、諸々の書は世に伝

わり、さらに堪輿宝典となりました。

劉江東《りゅうこうとう》、黄妙應《こうみょうおう》、厲伯紹《れいはくしょう》などの堪輿名家も楊公の奥義真伝の弟子です。千百年来、およそ楊公の奥義真伝を得た弟子は、みな堪輿界で大いに異彩を放つことができました。

江西省贛南地方の地理師のブランド名は、千年の歴史を経ても衰えませんが、これらの堪輿祖師がみな客家人《はっかじん》であるのをおそらく多くの人は知らないでしょう。時代が下るとともに、客家人は南に移住して各地に散居していったのです。

現代堪輿の伝承は、江西省贛南地方とみな何らかの関連があります。

台湾の高屏六堆《こうへいろくたい》地区にある多くの客家祠堂にも、「楊筠松仙座」あるいは「楊公樁《とう》」が供養されていますが、現在の台湾の客家人は、時代の動乱と五度の遷移という苦難を経たために、かえって「鬼神を畏《おそ》れ、風水は信じない」という流れに変わってきています。

中国大陸で住むところを追われて五度も移住させられ、日々の食事にも困るような生活を強いられたために、「鬼神の祟りは怖れることがあっても、とても風水は信じられ

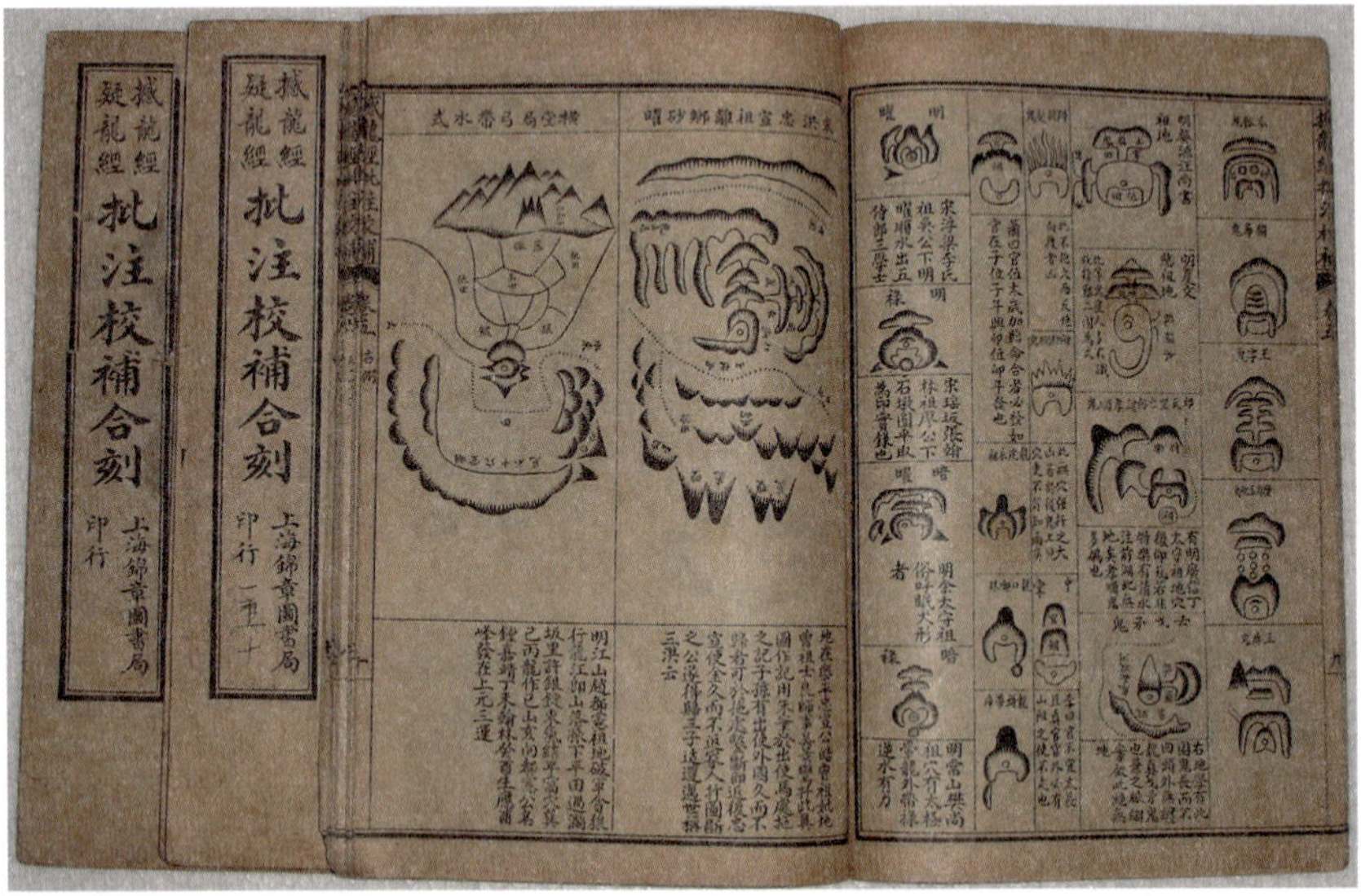

楊救貧の堪輿宝典『疑龍経』と『撼龍経』

ない」という考え方に変わってしまったという意味です。

しかし、楊公が伝授した『青嚢奥語』『天玉経』『疑龍経』『撼龍経』等の堪輿宝典は、風水学発展の重要な依拠となりました。風水を学ぶ者は皆、これらの本を精読していることと、筆者は信じています。そうでなければ堪輿の大門（表門）に入ることはできないでしょう。

筆者の手元にも中華民国初版本の『疑龍経』『撼龍経』の二書があります。この中の口訣を皆唱えていますが、実際のところどの程度理解しているのかは不明です。

そのため、近年数回にわたり江西や北京といった大陸各地に赴き、風水の考証を重ねてきました。

そして、伝説中の黄帝《こうてい》陵から、秦、漢、唐、宋、元、明、清の各王朝の風水の特色について調べ、風水との関連について詳しい考証を加えました。

そうすることで堪輿の伝承についてもさらに深い認識を持つことになったのです。

第7節 贛南各地にある楊公の足跡

楊公がどこに居を定めていたかについては、風水学者の中でも諸説あります。

ある人がいうには、楊公は黄陂《こうひ》中壩《ちゅうは》にある廖欒《りょうらん》の家に居を定めていたといい、ある説では、興国《こうこく》県三僚《さんりょう》村に住んでいたとされます。

また、贛州市（楊仙嶺《ようせんれい》を指す）に住み、教室を開き生徒に教えていたとも言われています。

比較的明確なのは、楊公は南下し、まず初めに虔化懐徳郷《けんかかいとくきょう》すなわち贛州寧都《ねいと》県黄陂に滞在したということです。

もしかすると、楊公と鄂州《がくしゅう》（武昌《ぶしょう》）刺史《しし》（官職名）の廖欒は熟知の関係にあったのかもしれません。

楊公は、寧都の山水を愛し、そこで黄陂中壩に居住します。

唐の乾符六年（八七九年）から唐の光化《こうか》三年（九〇〇年）までの二十数年間に、楊公の足跡は贛南（江西省南部）各地に及び、寧都、興南《こうなん》、于都《うと》、贛州のすべてに楊公の仙跡が残されています。

第8節 板凳《ばんとう》で向《こう》を定めた管氏宗祠《かんしそうし》

管氏宗祠は、于都県寛田郷《かんでんきょう》楊公壩《ようこうは》にあり、管氏族譜によると、管氏宗祠は二百数十坪の土地を占めていたことが記載されています。宗祠とは、一族の祖先を祀るほこら、祖廟のことです。

また、管氏宗祠は、楊救貧が自らの手で場所と立向を選んだと伝えられています。

これが有名な「板凳定向《ばんとうていこう》」です。

板凳《ばんとう》とは背もたれのない腰掛け椅子のことです。

一千年以上の時が過ぎているにもかかわらず、管氏一族は相も変わらず、依然としてこの話を興味深そうに話し、なおかつそれを一族の誇りとしています。

管氏宗祠が建てられる過程は十分伝奇的です。

聞き伝えによると、管氏の祖先は宗祠を建てる場所を點地《てんち》する（選ぶ）ために楊公を招きました。

分金線《ぶんきんせん》（全方位を１２０分割した陰宅及び陽宅の坐向を示す線のこと）を定める時に、楊公は長いこと家の主人を待ったが帰ってこない。職人たちは、楊救貧が誰なのか見分けられなかったこともあり、楊公はそのまま帰ってしまいました。

楊公が立ち去った後に、管氏の主事（事務管理人）が帰ってきて、その話を聞き、すぐさま人を派遣して追いかけて行きましたが、楊公は再び戻ってくることを望みませんでした。

ただ、自分が座っていた腰掛け椅子の方向で家屋の向きを決めた、と使者に伝えたそうです。

祠の内壁の上には、現在一首の詩句が下記のようにあります。簡体字で書かれているので、一目で現代の作品だとわかります。

さらに祠堂内には、いかにもそれらしく一つの木製の長い腰掛が置いてあります。

ただしこれらは管氏祠堂の典故《てんこ》を最もよく述べ表わしているともいえるでしょう。

　板凳定向顯靈通，人丁興旺在族中。
　管氏宗祠今猶在，芒筒壩人稱楊公。
（木の腰掛で向を定めると楊公風水の神通力が現れ、一族の人口が増えて盛んになった。管氏の祖先の祠は今なお存在して、芒筒壩《ぼうとうは》の人々は楊公をたたえる）

管氏宗祠はまたの名を継述堂《けいじゅつどう》ともいいます。坐向は、艮山坤向・正線（二十四山方位の各15度のうち、真ん中の3度を指す）。

現存する建物を見ると、まだ当地の中では比較的よい建築で

楊公壩の管氏宗祠

管氏宗祠に供養されている楊救貧の塑像

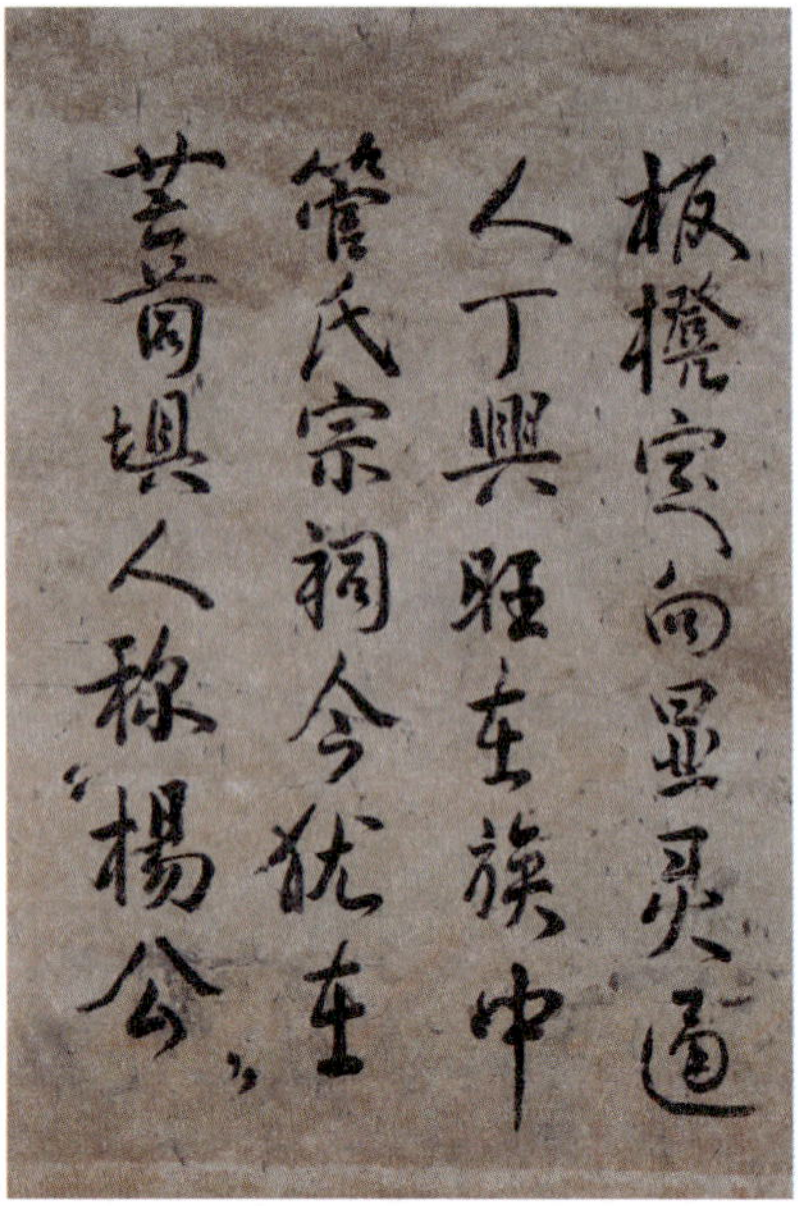

管氏宗祠は板凳で向を定めた

管氏宗祠の「歌舞昇平《かぶしょうへい》」（歌を唄い舞い踊る様子。活気があり繁栄し太平な世）を書いた額

梅江から管氏宗祠を眺める

管氏宗祠がある楊公壩。水口の下砂に関攔がある

す。祠堂の左側には楊救貧の塑像があり供養されています。おそらく管氏一族の人々はいまだに楊救貧の功績に感謝し、胸に刻んで懐かしんでいるに違いありません。

祠堂は、梅江《ばいこう》が形成する九曲水《きゅうきょくすい》の折れ曲がった場所のちょうどよい位置にあります。水は右から左へと流れて、乾亥水上堂《けんいすいじょうどう》（乾亥の方位から流れて来た水が前を流れる）となっています。水口は丁未方で、下砂《かさ》関攔《かんらん》交鎖《こうさ》。

下砂とは下関《かかん》とも言い、水が流出するところです。そこに関攔（門を閉鎖する所）があって、水流が出ていくところは閉じられているという意味です。

楊救貧が宗祠に選んだ場所、立向《りっこう》、気勢《きせい》の配置（レイアウト）は、堪輿宗師の作として確かに恥じないものでした。

第9節 歴史の謎——楊公の祖籍《そせき》、竇州《とうしゅう》について

贛州府誌の記載に、「楊益《ようえき》、字《あざな》筠松《いんしょう》、號救貧《ごうきゅうひん》、竇州人《とうしゅうじん》」とあります。

三僚曾氏族譜には「楊公仙師祖籍、山東竇州府（楊公仙師の原籍地、山東省の竇州府）」と書かれており、これによって一般に楊公祖師は山東省の竇州人であるとされています。

しかし、最近の研究によると、竇州は古代の地名であり山東省には存在せず、可能性としては広東《カントン》省茂名《もめい》市所轄下の信宜《しんぎ》市の可能性があるといいます。

贛南と広東省は隣接していますので、こちらのほうが理にかなっています。

戦争で世が乱れている時期には、人々はいつも故郷に向かって避難するからです。

第10節 永遠の謎——一代宗師・楊救貧はどこに埋葬されたのか？

楊救貧の死に関する民間伝説や故事も大変多く残されています。はなはだしい場合は、亡くなった年の記載さえ同じではありません。

唐の光化三年二月、虔州防禦使《けんしゅうぼうぎょし》、兼五嶺開通使《ごれいかいつうし》の光稠《こうちゅう》（世にいう盧王《ろおう》。于都《うと》麻田《までん》の人）が召し出したために、救貧は病気を抱えた状態で虔州に赴き数日滞在しました。

しかし病が悪化したために辞して帰路に就きましたが、船が于

管氏宗祠の明堂、全景

都県寒信峡薬口壩《かんしんきょうやくこうは》まで行く途中で危篤となり、ついには曾文辿に託しました……。

「船はここに錨を下ろすだろう。私の年は古稀（数え七十歳）となり、気数はそろそろ尽く。今日は私の命日である。明後日の卯時、天神の護りがあり、雷雨が大いに起こる時、犀牛下海所《さいぎゅうかかいしょ》（地名。犀が水に入る所という意味。岸が河川に入り込んだ地）に點穴して、我が亡骸を埋葬してくれ」

また、「曾氏族譜」の記録にはこうあります。

「祖先の曾文辿は虔州の崇賢内の黄禅寺《こうぜんじ》にいて、偶然に楊筠松にあった。楊公はその神のような聡明さを褒めて弟子に収め、心を尽くして青嚢の妙を教え、また文辿公が普通の場所に居る平凡な人ではないことを知る。自ら卜宅《ぼくたく》（風水等を見て選宅）をして、今の興国三僚を得て、立業し鉗記《かんき》（記録）を開始した。曾文辿は、楊公師の後に従った。その後、師匠と弟子の足跡は国の到る所に及び、名山勝水《めいざんしょうすい》（名山と優れた水）の鑑賞を満喫した。王公大夫《たいふ》（官名。一級官僚）は一度会ってみたいと思っていたができなかった……」

これによって、曾文辿は楊公の直伝の弟子であることを知ることができます。そして、曾氏が三僚の開基祖《かいきそ》（新しい土地に引っ越しして基を開いた一代目の祖先）であることもわかります。

唐の光化三年三月九日、師匠と弟子は寒信峡薬口壩まで旅行に出かけたのですが、その時、楊公は背中に生じた毒疽《どくそ》（腫れ物）と古い病が再発して、不幸にも亡くなり成仙升天（仙人になって天に上ること）しました。

曾文辿は自分で選地をして「八仙下棋形《はっせんしゃきけい》」の地に埋葬したといいます。

楊公が葬られた場所については、諸説あり同定できていません。

◉一代宗師・楊救貧が永眠する楊公壩《ようこうは》

一代宗師・楊救貧先生の現存する記念碑は、管氏宗祠の左前方の距離５００ｍの土手にあります。そこに立っているのは、有名な楊公記念碑で、明の万暦《ばんれき》七年と、清代の二つの碑石が所在する位置に新たに建てました。

伝説によると、そこが楊救貧安息の地であるといいます。

石碑の位置に立ってみますと、石碑は酉山卯向です。

水は前方の甲卯から乾亥に転じており、左から右に流れ、丁未の水口から出ています。

その場所の原名は芒筒壩《ぼうとうは》。楊公が不幸にもここで亡くなったため、後世の人が楊救貧先生を記念して楊公壩と改名しました。

この村の名は今に至るまで楊公村《ようこうそん》と呼ばれていますが、楊公が葬られた場所の正確な位置については千年の謎です。

曾氏族譜の記録によると、葬られたのは「八仙下棋」の龍穴のところだといい、また別の説では葬られた場所は記念碑の前方数十尺のところ（犀牛下海所）だとされています。

後に大雨などで山の中に突然大水が流れる山津波が起きたことが原因で、河川の流れる道筋が変わり、その時に楊公の石棺は川底に沈んだとも言われています。

楊、曾、頼、廖公の四大宗師による堪輿術と伝承について研究する場合、楊公壩は重要な地点です。

楊公の堪輿術は流伝してすでに千年以上が経ちます。

風水学が追い求めた「三元敗《さんげんやぶ》れず」。風水點穴の効力は三元（百八十年間。玄空風水学では一元を六十年とする）にわたり衰えないのが理想と言われますが、その理想をはるかに超えて、楊公風水は千年を経

主山特立の楊公壩

楊公壩の三叉水口《さんさすいこう》付近の山巒（連なる山々）は剥換跌断《はくかんてつだん》（起伏）している

楊公壩、清代に建てられた二つの石碑が所在する位置

張玉正と一代宗師楊公の記念碑

過しても衰えていません。

　もしそれだけの威力があるならば、筆者が思うに、「寒信嶂《かんしんしょう》」と呼ばれる場所に埋葬された可能性が極めて高いでしょう。

　当地に流伝している一首、楊公保存の鉗記を見ると、

「頭頂八字水，脚踏寒信嶂，誰能得此地，代代出丞相。」

（頭に八字の水を頂き、寒信嶂の地を踏み、誰かこの地を得られたならば、代々丞相《じょうしょう》［君主を補佐する最高位の大臣」を出すだろう）

　とあります。

　おそらく、多くの風水師たちが楊救貧の名を慕い、この地を訪れては、その風水のよい地はどこにあるのだろうと尋ね探して歩いたことでしょう。

　筆者も、寧都にいる曾功孟《そうこうもう》先生と旅行社の郭川《かくせん》先生を伴ってこの地を訪れました。

　梅江にある一艘の鉄殻船《てつかくせん》（鉄製の漁船）を借りて、寒信嶂と楊公壩の付近を何度も往来して、六時間かけて見て回りました。寒信嶂付近で、梅江はここに到って玉帯水《ぎょくたいすい》を形成しており、山峰《さんぽう》（山のとがって高くなった所）の起伏が頓跌《とんてつ》（止まって下がる）しているのを見ることができました。

　楊公壩に沿って十八個の山峰が連なって起伏をつくり、龍脈

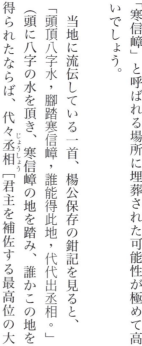

の個々の枝節は有力です。

ここに来て、楊公鉗記の「頭頂八字水，腳踏寒信嶂，誰能得此地，代代出丞相。」が含んでいる意味をはっきりと理解することができました。また探し出した「代代出丞相」と言われた丞相の地を、筆者は今後の地理学者の研究のために、写真を撮り完全に記録に収めました。

◎後記

現代風水術は流派に分かれて、各々が林立しています。正しいのか？　あるいは間違いなのか？　吉なのかそれとも凶なのか？

諸説紛々です。一派を創立した風水師はそれぞれに新しく奇抜な説を立てますが、このようなことはよくある話です。

『青嚢序』に、次のようにあります。

「楊公養老決雌雄，天下諸書對不同，……請驗人家舊日墳，十墳埋下九墳貧，惟有一墳能發福。」

（楊公は晩年に隠居し陰陽の理を判断した。それは天下にある諸々の書とは同じではない、……昔の人がどのように埋葬したのかを確かめてみると、十個埋葬された墓のうちに九個は貧し

寒信嶂、頭頂八字水《とうちょうはちじすい》

く、ただ一つだけが発財することができる）
楊公も言うように、點穴はとても難しいことを、この文章は形容しています。
風水術は誤って伝えられ、しかもその間違ったところがわからなくて、人々を奈落の底に突き落とします。
風水大師は、正しいのか正しくないのかを自戒しなければならないし、さらに努力を加えて、堪輿の先賢先聖に対し恥じないようにすべきです。

寒信嶂上の祠堂

寒信嶂の水口山

寒信嶂、わずかに一艘の舟が通過できる水口

第2章 楊救貧の風水は寧都にあり

寧都《ねいと》は、「文郷詩国《ぶんきょうしこく》（文化の地、詩の国）」の美名があります。

「詩国」と言われ始めたのは宋代で、宋から清に至るまでに寧都が輩出した科挙における進士（科挙の登第者）の数は百人を上回り、贛南地方のトップです。

清の初めには、魏禧《ぎき》を筆頭とした「易堂九子《えきどうきゅうし》（明末から清初め、寧都にいた魏禧、魏際瑞《ぎさいずい》、魏禮《ぎれい》（三兄弟）、李騰蛟《りとうこう》、邱維屏《きゅういへい》、彭任《ほうにん》、曾燦《そうさん》、彭士望《ぼうしぼう》、林時益《りんじえき》の九人。村境の翠微峰《すいびほう》下に易堂を創り、四書五経を生徒に教える）」を出し、まさに「文郷詩国」の名を永遠に留めることとなりました。

楊救貧は贛南に辿りついた後、寧都懐徳郷にしばらく逗留しました。

寧都に逗留した理由は、その時に武昌《ぶしょう》刺史《しし》（役職名）であった廖欒《りょうらん》と仲が良かったことによります。廖欒は、寧都の廖家一族の末裔です。

寧都は、中国における廖家一族の発祥の地の一つ。開基祖は崇徳公であり、廖 崇徳《りょうすうとく》は、西晋の左衛《さえい》鎮国大将軍である廖子璋《りょうししょう》の末裔です。子璋から崇徳に至るまで合わせて十二代を経ています。

楊救貧が逗留した寧都懐徳郷

崇徳は唐の太宗の時、貞観《じょうがん》庚子年（六四〇年）、科挙の明《みょう》経試験《ぎょう》に合格し、職位を授与され虔化《けんか》（今の寧都）県令に就いて、家族を連れて浙江《せっこう》の松陽《しょうよう》から寧都に居を定めました。崇徳が寧都に遷り住んでから今に至るまで、すでに千三百年以上の歴史があります。

これらの史実は『寧都璜溪中壩清河廖氏十修族譜』の記載に依拠します。

「廖氏世居洛陽，西晉末年，由洛陽徙居浙江松陽。唐貞元年間，崇德任爲虔化縣令，遂由松陽徙居虔化。」

（廖氏は洛陽に代々住んでいたが、西晋末年、洛陽から浙江松陽に移り住む。唐貞元《ていげん》年間、崇徳は虔化県令に任じ、すぐに松陽から虔化に移り住んだ。）

乾隆年版『寧都県誌』にもこうあります。

「縣令，唐，廖崇德，浙江人，卒於官，遂錄籍。」

（県令であった唐の廖崇徳は浙江人。官吏として逝去。官籍に記録する。）

つまり、寧都黄陂《こうひ》中壩《ちゅうは》の地は、崇徳公を開基祖として、その後に第七世の廖欒が生まれることとなります。このように中壩の廖家一族と楊筠松の淵源は非常に深いのです。

風水宗師の一人である廖瑀《りょうう》は、第七世の廖欒のひ孫に当たります。

第1節　廖瑀と楊救貧は法術を使って闘ったのだろうか？

廖瑀の伝承についての考証は、時代が経ってしまった今では容易ではなく、しばしば人物や時代は錯乱するものです。

ある言い伝えでは、廖瑀は楊救貧の伝承者で、廖瑀は廖家の花門楼《かもんろう》を建てている時に楊救貧に教えを求めに行ったとされています。

また、「廖瑀と楊救貧は虔化において出会う。初め、廖瑀は楊救貧に服しなかった。なぜなら廖瑀は若く気勢が盛んだったからである。たびたび楊公と法術を使って闘った」というような信憑性のない伝説もあるほどです。


筆者はかつて寧都県の黄陂《こうひ》に赴き、廖瑀が自分で點穴したという牌楼《はいろう》を実際に見ました。

廖瑀は牌楼を建てる予定地の下に、楊公を試すために、あらかじめ銅銭を埋めておきました。その後に牌楼を決めた位置に楊救貧を招きました。楊公は杖法《じょうほう》を使い、杖で地面を突いたところ、持っていた杖は地中に埋めてある銅銭にちょうどあたったといいます。それでやっと廖瑀は楊公に対して口先だけでなく心から承服し、ついに拝んで楊公を師とした、というような伝説があります。


正確には、楊救貧が虔州《けんしゅう》（現在の贛州《かんしゅう》）に行きついて、

廖瑀が建設したと言い伝えられる花門楼

そのとき、廖三傳《りょうさんでん》に風水術が伝えられたようです。廖三傳は息子の廖通《りょうつう》にそれを伝えて、さらに廖通はその息子の廖瑀《りょうう》に伝えました。

廖瑀は幼いころから聡明で十五歳の時には四書五経に通じていたといいます。特にその祖父である廖三傳の堪輿術について詳細に研究していました。

「千秋景仰《せんしゅうけいこう》」黄陂の花門楼

花門楼の前に臨む璜溪河《こうけいか》

つまり廖瑀の曾祖父は廖欒であり楊救貧と廖瑀は同時代の人ではないので、廖瑀が楊救貧直伝の一番弟子となるのは時代的にも不可能です。

このように歴史上の美しい伝説には、虚実が入り交じっているのです。しかし、黄陂には、今に至るまでなお「花門楼」の古建築が保存されています。

族譜の記載によれば、花門楼はたしかに廖瑀によって點地されていました。昔、中壩の廖氏の一族に婚礼や葬式などがあった時には、祝いや弔《とむら》いの隊列はこの門楼を必ず通過したそうです。

黄陂の花門楼

黄陂の花門楼は、黄陂鎮黄陂橋の右側、璜溪河の前方20ｍのところに位置します。

坐向は、癸山丁向、兼子午で、坤申来水、出辰巳口となっています。

廖瑀が卜建《ぼくけん》（風水で選地して建てること）しました。

この門楼は五代十国時代に、璜溪《こうけい》中壩清河廖氏の総門として最初に建てられました。

元代の初めに兵災で破壊され、明代の洪武《こうぶ》甲寅年に修復し、明代の万暦年間に橋とその門石二つを定めましたが、場所は瑀公の時から元のままです。

清代の雍正《ようせい》辛亥年に一族の子孫が、先人の遺跡が埋没したのを哀れんで、財物を投げ打ち、吉日を卜筮《ぼくぜい》で占って癸丑年に修復します。その後、二〇〇三年に廖姓の後代の子孫が資金を寄付して本来の姿に建て直しました。

門楼にはレンガを積み重ねる工法の造型があり、壁上には人物故事が彫刻されています。

総門の上の方には、楷書で「中憲第」と書かれています。

柱の上には、

「清風亮節名賢里，皀蓋朱幡太守家」

「舉歩安祥率由祖武，吡閭靖肅惟有書聲」

の二聯《れん》があります。横批《おうひ》（門の上部に張る横書きの文字）には「千秋景仰（千年万年、仰ぎ慕う）」と書かれています。

第2節　寧都・璜溪中壩にある廖氏の族譜について

寧都旅遊局の曾功孟先生に案内されて寧都を三度訪れました。

曾先生と筆者は同じ年であり、贛南にいる期間に彼の紹介で何人かの三僚から来た廖・曾両家の地理師と知り合うこともできました。

特に、二〇〇六年の十二月初め、三回目の寧都訪問の際、中壩の族譜を担当整理している廖近遠《りょうきんえん》先生と知遇を得ることができました。

廖先生は楊救貧と廖瑀に関する家譜を取り出し、筆者が調査し証明した内容と写真を合わせて、新しく編纂した一冊の族譜を記念に作り、私に送ってくれました。

それの族譜は、楊公と廖瑀の伝承関係に対し、私をさらに深い理解にいたらせたのです。

『璜溪中壩清河廖氏十修族譜』の中に見つけた『贛州府誌』には以下の補正があります。

「楊救貧以陰陽術授廖三傳，三傳生一子，名廖通。通公生三子，長子克敬諱匡濟，次子克純諱瑀，三子克謙諱勝瑀。獨得父術精青烏家言，爲克謙子廖邦，廖邦卜居三僚廖明處；廖瑀後來卜葬父親於建寧縣熱水獅形，因而廖瑀子孫不久遷往福建。今三僚獨傳廖瑀風水術，而廖明、廖邦二房的陰塚陽宅，廖瑀出力幫忙很多，府誌以爲廖瑀子孫世居三僚，其實三僚廖家只是傳承廖瑀的風水術，不知廖瑀其後代已遷福建。」

「楊救貧は陰陽術を廖三傳に授けた。三傳は一人の子をもうけ、名を廖通といった。その通公は三子をもうけ、長男は克敬といい実名は匡濟、次男は克順といい実名は瑀、三男は克謙といい実名は勝瑀と言った。父親の術、青烏《せいう》（堪輿の重点）を独り得たのは克謙の子、廖邦であった。廖邦は興国三僚の廖明の所に卜居していた。廖瑀はその後、父親を建寧県にある熱水獅形の地に埋葬し、廖瑀の子孫はその後に福建に移住。今、興国三僚に独り伝わる廖瑀の風水術。廖明と廖邦の二つの墓と住宅に対して、廖瑀は大変に多くの力を尽くして手伝ったという。府誌によれば廖瑀の子孫は代々三僚に住んだとあるが、実際は三僚の廖家はただ廖瑀の風水術を伝承するだけであり、廖瑀の後代がすでに福建に移住したことを知らなかった。」

ちなみに青烏とは古風水の手法のことです。古代堪輿学は一種の術数でありまた青烏子《せいうし》ともいいます。青烏子と相地術《そうちじゅつ》は非常に密切な関係にあります。

廖氏族譜廖瑀世系摘錄…

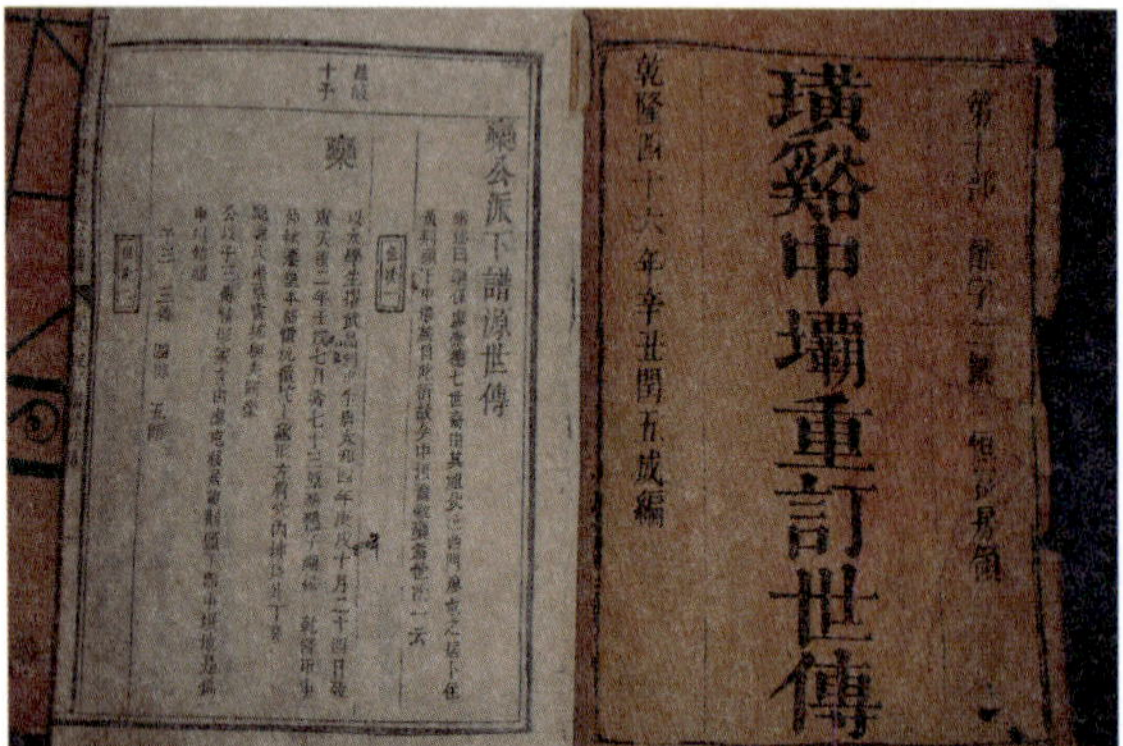

清朝乾隆年間版「璜渓中壩廖氏族譜」

寧都開基始祖　崇德公
七世　欒，中壩始祖　生三子，三傳、四郎、五郎。
八世　三傳，生子通。
九世　通，生三子，克敬、克純（即廖瑀）、克謙。
十世　克敬，生二子，融、凝。
十一世　融，字元素。
十一世　凝，字熙績，生二子，長子秉乾，次子秉坤。
十二世　長秉乾，卜居耒陽，爲耒陽廖氏始祖。
　　次秉坤，卜居永興，即松垣廖氏始祖。

寧都廖氏族裔歷代皆有人在朝中爲官，族譜記載有進士二十人、舉人十六名，所編修族譜，皆有名人寫序，比如《璜溪中壩清河廖氏十修族譜》第二、第三、第四、第五次修撰，譜序分別由大家熟悉的歷史文人朱熹、陸九淵、文天祥、歐陽修等撰寫。如廖氏族譜記載：

「寧都の廖氏族の末裔は歴代、皆、王朝の官吏である、族譜に記載があり、進士二十人、舉人《きょじん》十六名。その撰修した族譜は、皆、有名人が序を書いている。例えば『璜溪中壩清河廖氏十修族譜』第二、第三、第四、第五回撰修した族譜で、その序文はそれぞれ、よく知られている歴史上の文人の朱熹《しゅき》、陸九淵《りくきゅうえん》、文天祥《ぶんてんしょう》、欧陽修《おうようしゅう》らが撰出し書いている。」

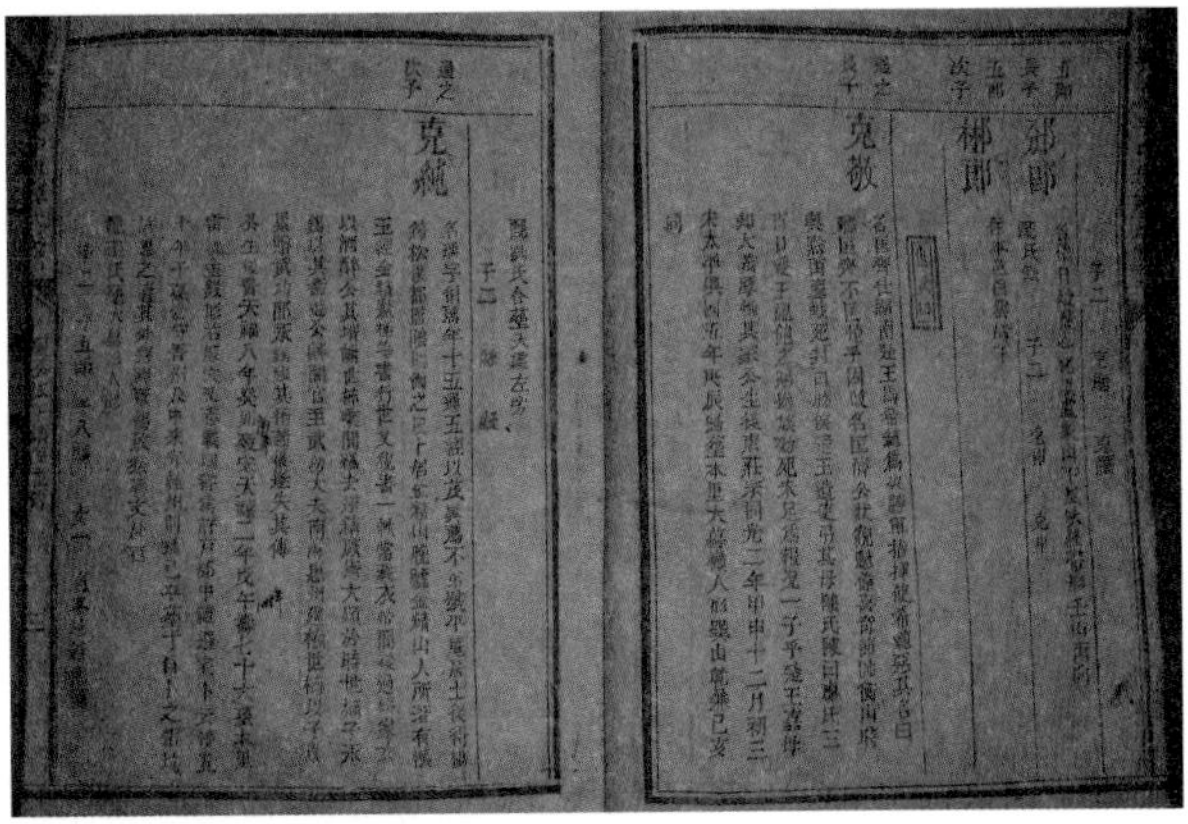
廖氏族譜に記載の廖瑀（克純）の一生

廖氏族譜の記録を例に挙げると、

一、宋淳熙辛丑九月朔日有朱熹作廖氏族譜跋。
二、大宋淳熙五年戊戌歳十月望月，陸九淵撰江西寧都廖氏族譜序。
三、大元至元十六年建子月瑀之孫，翰林院侍講學士廖人俊題「人俊公宗圖説」。
四、宋開慶元年己未歳菊月朔日丙辰魁進士及第，廬陵文山文天祥撰有梅州廖氏宗譜序。
五、宋皇佑五年癸巳歳孟秋月上浣吉日，翰林學士朝散大人吏部詩書郎中知制誥秉史館修纂，歐陽修撰寫廖氏族譜序。

このように廖家は楊救貧が點地してから才能のある人物をずっと輩出しています。たとえば、五代十国時代において寧都で文学者の著名人に、「四廖《しりょう》」と呼ばれる、廖正圖《りょうせいと》、廖匡圖《りょうきょうと》、廖融《りょうゆう》、廖凝《りょうぎょう》がいます。「四廖」の詩集は、その後みな『四庫全書《しこぜんしょ》』に収められています。『全唐詩《ぜんとうし》』には、廖匡圖の詩四首、廖凝の詩三首、廖融の詩七首が掲載されています。

「船形《せんけい》」——楊救貧が選んだ中壩の廖氏宅基

谷川の中にある巨石の名を「璜《こう》（半円形の玉《ぎょく》の意味）」といいます。それゆえにこの谷川の名を璜渓《こうけい》と呼びます。

この地域の谷川は南北に分かれ二つの川の名を子午水《しごすい》といいます。子午水は中壩を包む形に流れており、璜渓は南側の河川です。中壩の地形は、「船形」に酷似しています。二本の河に挟まれた場所にある船形の土地です。

璜渓の河原にあったという巨石の位置

廖氏家譜の中にある璜渓八景図

伝説中の廖瑀旧宅の入り口

大門前の小さな砕石でできた白鹿

廖瑀旧宅の前に立つ古い樹

廖瑀旧宅の基礎の坐向は、壬山丙向、兼子午

廖瑀旧宅の基礎、喝形は「船形」である

楊救貧がみずからの手で、中壩に住む廖氏の宅基《たくき》（住宅の基礎）を選んだといい、しかも璜渓の美名は後世に流伝し、千秋万世（年代が長いことの形容）、長い年代朽ちることがありません。

廖瑀の旧宅の基礎は、璜渓に対して向かい、坐向は、壬山丙向、兼子午。璜渓は、右から左に流れています。年がすでに七十歳になる廖近遠先生は、指を差しながら「子どもの頃は巨石がまだあった。その後に爆破して排除された」と、璜渓について語りました。


大門の前方1mの地面上に、正方形に白石を砕いて作った一頭のハナ鹿の図があります。縦横約1m、鹿の周囲には淡い褐色の小石がちりばめられ、図案はまだとてもはっきりとしています。ある人が言うには、中壩の地形は本来、船の形に似ています。花門楼が建設された後、中壩の船尾に立ち、まるで一本の帆柱（マスト）のように、船に帆柱ができたので、自然に一帆風順《いっぱんふうじゅん》（諸事順調）を意味することになりました。

◉「亀《き》坨《だ》上《じょう》亀《き》形《けい》」――廖欒《りょうらん》の墓

廖欒、崇徳公から七代目の後裔にあたります。太学生（太学で学ぶ生徒）でもって武昌刺史に抜擢。
※太学《たいがく》……古代中国に設置された官僚養成のための官立高等教育学校。
唐の大和《だいわ》四年（八三〇年）庚戌年十月二十四日に生まれ、唐の天復《てんふく》年（九〇二年）壬戌年七月に逝去。

寿命は七十三歳。

鴨子湖に原葬した後、乾隆《けんりゅう》甲申年仲秋に遷葬。

雷坑（地名）の「亀坨上亀形」（亀の上に亀が乗る形）の地に本葬。

「左肩穴」（亀形の左肩部分に點穴。亀形の點穴は、正しくは眼と肩にする）

「内坤艮、外丁癸」（古風水術のある流派では陰宅立向の時、棺と墓碑の向きは一致しない。棺は内分金を用いて龍気を収め、墓碑は外分金を用いて水を納める）

配偶者の謝氏は、雷坑のそれと同じ塋《はか》（墓）に遷して埋葬。

廖欒公は、息子の三傳を、優れた「形家《けいか》」だと話しています。

廖欒は、廖屯の地から黄荊頭《こうけいとう》下に移居しました。すなわち中壩の地のことであり、したがって廖欒は中壩における始祖となります。

廖欒には三人の息子が生まれます。三傳、四郎、五郎です。

◎「亀《き》形《けい》尾《び》穴《けつ》」——廖三傳《りょうさんでん》の墓

廖三傳、春秋三伝（『春秋』について三種の注釈書）によく通じていたことがその名の由来です。別号は好古。

誌に載せてある公は僕都監（僕は姓。都監は官名）の伝えを得て、陰陽術に詳しいとあります。

今の中壩の宅舎は、いずれもその遺された卜宅の例です。

唐の咸通《かんつう》二年（八六一年）辛巳年に生れ、後梁末帝《こうりょうまってい》の龍徳《りゅうとく》元年（九二一年）辛巳年に逝去。寿命は六十一歳。

鴨子湖の後ろに原葬（最初に埋葬）。

乾隆甲申年秋、雷坑の「亀形」の地に遷す。

廖欒の墓は「亀坨上亀形」である

中壩の廖近遠先生と廖欒の墓

廖欒の墓の出水口《しゅっすいこう》

「尾穴」（亀形の尾の位置にある穴《けつ》のこと）

「内艮坤、外丑未」（古風水術のある流派では陰宅立向の時、棺と墓碑の方向は一致しない。棺は内分金を用いて龍気を収め、墓碑は外分金を用いて水を納める）

配偶者の曾氏は、二十八都琛渓金龍石下の「倒插金釵《とうそうきんさい》形《けい》（上下を逆さまにした金のかんざしの形）」に埋葬されます。現地の呼び名では堆轂峰《たいこくほう》下。

息子が一人生まれ、名は廖通《りょうつう》です。

◎廖瑀の父――廖通

廖通、字は絜矩。楊救貧の堪輿術に精通し、陰陽術を操り、大唐都監を授かります。

唐の乾寧《けんねい》四年（八九七年）丁巳年九月十八日に生まれ、後周《こうしゅう》の顕徳《けんとく》二年（九五五年）乙卯年に逝去。寿命は五十九歳。

原葬は、中壩大墓嶺「人形《じんけい》」。

その息子の廖瑀は、方術を使いながら福建を旅し、建寧《けんねい》県に「熱水獅《ねっすいし》形《けい》」（38頁参照）の地を得ることができたので、まもなくして遷葬します。

廖三傳の墓は「亀形尾穴」。亀形の尾の位置にある穴のこと

唐代の百勝侯、廖匡濟《りょうきょうさい》の墓の喝形は「人形」である

廖三傳の亀形尾穴の墓碑

廖三傳の墓の明堂には案山《あんざん》と朝山《ちょうざん》がある

廖匡濟の墓の明堂

廖匡濟の墓の来龍と靠山

そのとき、廖瑀と古氏が一緒にこの地を得たので、古氏と合議をした上で、古氏を「額門穴《がくもんけつ》」（獅子の額部分）に埋葬して、廖氏を「響鈴穴《きょうりんけつ》」（前方に円形の小さな案山があり、これを鈴とする）に埋葬します。両家は、お互いを侵すことなく、続けて石誌墓を建てました。配偶者の陳氏は賢明であると誌に記載されています。

廖通には、三人の息子が生まれます。名は、克敬、克純（すなわち廖瑀）、克謙です。

◎唐代の百勝侯《ひゃくしょうこう》――廖匡濟《りょうきょうさい》の墓

廖克敬《りょうかつけい》、名は匡齊《きょうさい》。湖南の楚王《そおう》である馬希範《ばきはん》に仕えて決勝軍指揮使となります。

しかし希範はその名（匡齊。齊の国を助けるの意味がある）を憎んでいいました。

「齊《せい》の国を助けたい……では楚の国を助けないのか？」

それが理由でその名を匡濟に改めました。

彼の容貌は身体が大きく立派であり、珍しくて非凡なことを好みました。

将軍は衡山《こうざん》にいて黔苗《けんびょう》と苦戦したときに戦死し、百勝《ひゃくしょう》侯《こう》の爵位を封じられました。

廖匡濟の墓碑「偉岸永存《いがんえいぞん》（壮大で逞しく永遠に存在する）」

楚王はその母である陳氏に弔問の使いを出したところ、その母の陳氏はこう言いました。「廖家一族は三百人分も王から十分な衣食の賜物を受けました。一族を挙げて死を尽くしてもいまだその恩への報いには足りません。まして子の一人など！」

楚王は母が大義を知っていることを褒めて、廖家を手厚く待遇しました。

百勝侯は、後唐の荘宗《そうそう》・同光《どうこう》二年（九二四年）甲申年十二月三日に生まれ、北宋の太平興国《たいへいこうこく》五年（九八〇年）庚辰年に逝去。寿命は五十七歳。遺体は故郷まで運び、中壩大墓嶺人形、巽山乾向、兼巳亥、に埋葬しました。

唐代百勝侯廖匡濟（字は克敬）。

墓位は中壩大墓嶺。

「人形」

「巽山乾向、兼巳亥」

「出艮口（古風水の用法。艮は出水の方位を意味する）」

廖匡濟は、廖欒の曾孫《ひまご》にあたる廖三傳の最初の孫です。

また、廖通の長男であり、廖瑀の兄にあたります。

匡濟は、馬革裹屍《ばかくかし》（その場で死した後、馬の皮で遺体を包むこと。ひいては英雄は戦場で命を尽くす意味）を解かれて弔われ、

廖瑀が自らの手で點穴した金華仙寺の楽山

妻の劉氏と合葬しました。

廖匡濟には、息子が二人生まれます。名は、廖融、廖凝です。一九九三年三月に、墓を改修しました。

第3節 一代宗師・廖瑀《りょうう》

廖克純《りょうかつじゅん》、名は瑀《う》、字は伯瑀《はくう》。十五歳にして五経に通じ、多くの推薦を受けたが官吏を志そうとは思いませんでした。号は平庵居士。後に、楊筠松を得て、僕都監の陰陽術の奥義を受けます。金精山《きんせいさん》に卜居《ぼくきょ》（居住地を選択）し、晩年の号は金精山人《きんせいさんじん》。著作は『懐玉経《かいぎょくきょう》』『金精鰲極《きんせいごうきょく》』といった書が世に流伝しています。


廖瑀は、後晋《こうしん》の天福《てんぷく》八年癸卯年（九四三年）に生まれ、北宋《ほくそう》の天禧《てんき》二年（一〇一八年）戊午年に逝去。寿命は七十六歳。

本里雷坑の「金釵形《きんさいけい》（金のかんざしの形）」「右股穴《うこけつ》」に埋葬。また記載によると、廖瑀は、かつて許戸部中祖の陰宅を選び、卜して言うには「五十年間、子孫は我が州を守り、ひいては贛州を守るだろう」

瑀はしばらくして亡くなり、自ら卜した雷坑《らいこう》に埋葬されます。

許思之は、その外甥（姉または妹の子）である謝永錫《しゃえいしゃく》に祭敕文《さいちょくぶん》を書かせて石碑につかわしました。

配偶者王氏は、大墓嶺「人形」に埋葬されます。廖瑀には、二人の息子が生まれます。名前は、千五郎、千八郎。その後、福建省に遷りました。廖瑀には、女の子が一人生まれ、その町の謝世楠《しゃせいなん》に嫁ぎました。

謝氏は、すなわち廖瑀の婿となり、その後に風水大師となります。

謝世楠の堪輿術の伝承に関しては、『璜溪中壩清河廖氏十修族譜』に記載があります。

「瑀又祕書一帙，常藏衣帶間，後過婿家，女兒以酒醉其公，其婿謝世楠乘間竊去，遂精厥術大顯於世，世楠子永錫以其術遊公卿間，官至武功大夫、南海惠州巡檢。世楠以子貴累贈武功郎，永錫祕其術，謝後遂失其傳。」

「瑀はまた一冊の書を秘しており、それを常に衣服の下に入れて持ち歩いていた。その後、婿の家に行ったときに、瑀の娘は酒で瑀公を酔わせた。その婿である謝世楠はそのすきに乗じてひそかに盗み去った。ついに秘蔵の術がやっと世に顕れた。世楠の子である長錫はその術をもって公卿間に遊んだ。官は武功大夫、南海惠州巡検にまで到る。世楠は子のお蔭で偉くなり武功郎を贈られ、謝永錫はその術を秘密にし、謝氏の後は遂にその伝承を失った。」

また、『贛州府誌』の記載にはこうある。

「僕都監，逸其名，官司天監都監。黃巢之亂，與楊筠松避地虔化，遂以青烏術傳中壩廖三傳，三傳傳其孫瑀，瑀傳其婿謝世楠，世楠傳其子永錫。」

「僕《ぼく》という姓の都監、その名を逸したが、官は天監都監を司る。黄巣の乱のため、楊筠松と虔化（寧都）の地に避難し、ついに青烏術は中壩の廖三傳に伝えられた。三傳はその孫の瑀に伝え、瑀はその婿の謝世楠に伝え、世楠はその子の永錫に伝えた。」

さらに、『寧都黃陂璜溪中壩清河廖氏族譜』（乾隆四十六年辛丑年潤五成編）記載によると、

「楊筠松の第三代目の伝人となった廖瑀は、その術を弟の克謙の子またの名を邦に授けた。廖邦は北宋時代の中

期に黄陂から興国三僚に遷居した」

とある。

◎白石仙跡《はくせきせんせき》

黄陂村付近から約500m先、西北部に一つの山があります。その山勢は、奔走する牛のようです。楊救貧は僕都監を訪ねたときに、この地を通過して、廖三傳とこの山の陰陽を占いました。

楊曰く、「盛り上がっていて、伏して隠れているのは、かならず雌《メス》である」。

廖曰く、「おおむね雄《オス》ならば、頭をもたげてぶよぶよしたものを蔵しているのが陽の形状である」。

その地を開拓して、陰陽を調べてみたところ、二つの白い石の塊を得られ、さながら二つの腎臓のような形状でした。聞き伝えによると、二つの白石は今もなおあり、すでに「中壩八景《ちゅうははっけい》」の一つに列しており、その名を「白石仙跡」といいます。

◎金華《きんか》仙《せん》――廖瑀が自らの手で點穴した寺院

金華仙は、村の西北五里のところに位置します。

五代十国時代に廖瑀が建てた寺は十数軒あり、授業以外で時間があるときに子弟に修行を教えたといいます。

金華仙の明堂と朝山

寺中の山下に、廖瑀が墓地の一穴のために選びました。
「仙人献掌形《せんにんけんしょうけい》」（仙人の手の平の内がくぼんでいる喝形。穴内が高くなっているのを忌む）
未葬（未葬とは、近くに他の墓や塚、埋葬した人がいないこと）。

その後、永昌公の配偶者である盧氏をここに埋葬します。嵊山《じょうさん》の頂から下に水は流れて東へ帰ります。

すべて廖が管理しており、山が周りを取り囲むところに、祖先の棺を埋葬しました。

金華仙の場所は、風水がとても良く、「天心十道《てんしんじゅうどう》」（前後左右四方に応じる山があること）「龍《りゅう》、砂《さ》、穴《けつ》、水《すい》」の四法がすべて揃って備わっています。

廖瑀は、自らの手で、ここに寺廟の點穴をしました。

一説によると、かつては捧げられる線香の火は絶えることがなく、寺院は盛んだったといいます。しかし現在は、立向《りっこう》（建物の向き）を誤ったために、線香の火は盛んではなく、わずかに民家の寺院を一軒残すのみです。

また、明堂・朝山《ちょうざん》・案山《あんざん》も、この辺りに鉱山を開き鉱物を採掘したために、破壊を受けました。

現在ある寺院は「天心十道」に従っていない。立向の誤りから参拝者は少ない

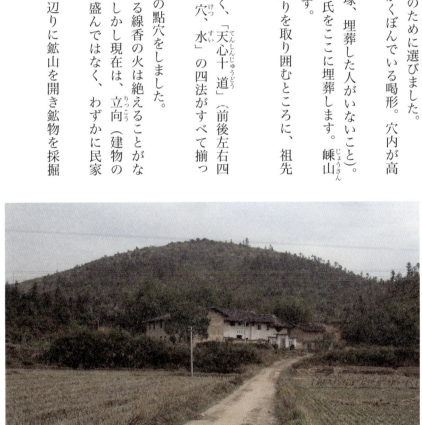

第4節 楊公仙蹟――盧《ろ》光稠《こうちゅう》の母、曾氏夫人の墓

さて、再び楊救貧に話を戻しましょう。

贛南各地には、いずれも楊公が調査して定めた陰宅あるいは陽宅があります。

その中でも今なお存在してなおかつ比較的有名なのは、盧母の曾氏夫人の墓及び前章で紹介した楊公壩の管氏宗祠です。

この二つの場所は、楊公が自ら実際に點地した場所として風水上の生きた教材になっています。


唐末の盧光稠の母親である曾氏夫人の墓は、寧都県洛口鎮《らくこうちん》麻《ま》田村《でんそん》の西北約2㎞の山坂の上にあります。楊救貧が自らの手で風水を見て埋葬したそうです。

墓は二つあり、分別すると盧光稠の母親である曾氏の墓と、盧光稠の妻である文氏の墓です。

この墓の土地は「龍馬形」（穴星と父母山が連なり龍馬形を成す。くぼみの中の突起を取り、穴點は龍馬の尾の部分にある。龍馬の首に父母山が起頂じ、その後ろの龍脈の祖山、少祖山は鳳形となる）。

坐向は、辛山乙向、兼戌辰。

内堂水は天盤の乙から出て、外堂水は天盤の甲から出ています。

巽水上堂（巽の方位から流れて来た水が前を流れる）。

入首龍は庚山、兼申。その穴は、玄武（北方の山）の方から来ている龍脈が有力。

山は開帳《かいちょう》（広々と開かれていること）し、剝換《はっかん》（龍脈が変化していくこと）、束気《そっき》（腰のように細くなり気が束《たば》ねられている）し、金星体が起頂して結穴しています。

左右の龍虎は環抱しています。

前方の明堂は広々としており、龍虎砂は幾重にも重なり両砂は閉じています。かつ刀剣《とうけん》、倉鼓《そうこ》、旌旗《せいき》は一斉に集まっています。

もしそうでなければ、たとえこの地が「龍虎環抱《りゅうこかんぽう》」(青龍砂と白虎砂が抱くように周りを取り囲んでいること)であろうと、また明堂が千軍万馬《せんぐんまんば》の勢いを容れられようとも、ただ孤独な君主にしかなれません。

盧光稠が虔州《ぐしゅう》で王と名乗ることができたのもこの風水のお蔭に違いありません。


この墓穴は、千年来、完全に保存されています。

もし、自分の目で実際に見なかったら、おそらく信じることができなかったでしょう。

楊救貧は盧光稠の母親のために地を選んで墓を建てた以外に、盧光稠の父親の墓もまた點地しています。

曾功孟先生が告げるには、盧家族譜にその地名の記載があったといいます。

彼は記録を根拠に三日間探したが、尋ねあてられなかったことを惜しんでいました。

そうでなければまた一か所多く、楊公仙蹟として後人の学習に提供できたことでしょう。


これらの二つの墓碑文は以下のとおりです。

盧光稠母墓碑：夫主允立
麻田范陽四世祖墳　妣生歿　誥命詳在譜内
唐敕封長沙縣郡盧田曾氏夫人之墓
孝男：光睦稠贊肅授蒞謙佳

寧都縣洛口鄉麻田村の民家

龍馬形の全貌

外堂巽水上堂、出甲口

前方の明堂に刀剣・倉鼓・旌旗が一斉に集まる

玄武からの来龍は有力。金星
体が起頂する

楊公仙蹟――盧光稠の母の墓

大清光緒十四年五月二十九日公達祖位下裔孫重修
墓碑對聯：負圖龍馬出，呻詔鳳凰來
横聯書「楊公仙蹟」四字，當然爲後人所刻上。

盧光稠妻子文氏墓碑：夫主光稠
麻田范陽五世祖墳　妣誥命　生歿詳在譜內　地肖龍馬形
唐敕封鳳門邑君盧田文氏夫人之墓
孝男：延巡昌進後裔族繁難以詳載
倡修廣東和平裔孫稟生大明
大清光緒十四年五月二十九日公達祖位下裔孫重修。

盧光稠母の墓碑：夫の允立が立てる
麻田范陽四世祖墳
彼女の生年月日や死亡日、及び朝廷からの誥命は族譜の内に詳しく記録される。
唐代に敕封した長沙県郡盧田曾氏夫人の墓
孝男：光睦稠贇肅授蒞謙佳
大清光緒十四年五月二十九日　公達祖位下裔孫が修復した
墓碑對聯：龍馬は八卦圖を出し、鳳凰は美しい音楽を歌う。
横聯に書かれた「楊公仙蹟《ようこうせんせき》」の四文字は、もちろん後から彫られたものである。

盧光稠の妻文氏の墓碑：夫の光稠が立てる
麻田范陽五世祖墳
彼女の生年月日や死亡日、及び朝廷からの誥命は族譜の内に詳しく記録される。
この墓の地は「龍馬形」
唐代に敕封した鳳門邑君盧田文氏夫人の墓
孝男：延巡昌進の後裔。親族が多く詳しく載せられない
修繕を提議したのは、広東和平の末裔　稟生大明
大清光緒十四年五月二十九日　公達祖位下裔孫が修復した。

◎一席十八面、各々の面から天子を出す

言い伝えによると、楊救貧が盧光稠の卜地をしたときに、「ここは天子《てんし》（皇帝）を出す地である」と言いました。その場所に盧光稠は、父母を改葬しました。

盧はまた問う、「このような土地はまだあるのか？」

楊曰く、

「一席《せき》（極めて狭い地）に十八面《じゅうはちめん》がある。その一面一面から天子を出すだろう」

盧氏は他の姓の人がこれを得るのを恐れ、ついには楊に毒を盛ります。

それゆえ伝説では楊救貧は盧光稠によって毒死させられたことになっていますが、他の説では、楊救貧は背中に腫物ができて病死したとも言われています。

この二つの話は、楊救貧と盧氏はつきあいがあったことの依拠となります。

しかし、盧氏はわずかに贛州の地で王というだけで、勢力はまだまだ盤石ではなく、楊公への対応は急がなくていいし、毒手《どくしゅ》を下すのは遅くてもいいはずです。

このような理由から、楊公は病気でこの世を去ったのだろうと推測できます。

そうであれば、また贛州府誌の記載とも符合します。

盧光稠と従兄（いとこ）の譚全播《たんぜんはん》は南康《なんこう》県石渓《せきけい》（今の上猶《じょうゆう》県双渓《そうけい》）大勢の人を集めて、抵抗や暴動を抑えるための義軍を起こします。

唐の二十一代皇帝の僖宗《きそう》の頃、光啓《こうけい》元年（八八五年）に虔州に攻め入り占領しました。自ら刺史（官職名。州の長官）と名乗り、それから虔州を三十年近く割拠します。

後梁《こうりょう》の開平《かいへい》三年（九〇九年）八月、盧光稠は梁の太祖・朱全忠《しゅぜんちゅう》から「留侯《りゅうこう》」を封じられ、百勝軍防禦使と五嶺開通使を授かり、虔州《ぐしゅう》、韶州《しょうしゅう》と吉州《きつしゅう》南側の諸県を管轄しました。

第5節 「仙人坐帳形《せんにんざちょうけい》」——唐代・東平侯の孫諷《そんてん》の墓

寧都近郊の梅江鎮高坑村《ばいこうちんこうこうそん》馬家坑（原州南第三橋烏石営）に、唐朝の東平侯《とうへいこう》（官職名）、孫諷の墓があります。

孫諷。生年と卒年は不明。

唐代、僖宗の時、中和《ちゅうわ》三年（八八三年）に文武の才から百人の将軍に選ばれ、黄巣の乱に対抗し、兵を引き連れ南下しました。

『寧都城南富春孫氏伯房十二修族譜』の記載によれば、

「始祖孫訷，乃中書舎人拙之子，原籍河南陳留，中和四年，因黄巣之亂，領兵遊撃江右閩、贛之間，以功封東平侯，遂定居於虔化。歿葬第三橋烏石營，今呼馬家坑，子山午向肖人形，配陳氏，誥封一品夫人，歿亦葬於歸仁里烏石營，與公墳隔一堵，地肖繍針落槽形，卯山酉向。」

「始祖の孫訷。中書舎人（唐代の官名）の孫拙《そんせつ》の子である。原籍は河南陳留。中和四年に黄巣の乱により、兵を率いて江右閩と贛之間に遊撃する。功績をもって東平侯を封じられる。遂に虔化（寧都）において居を定める。亡くなった後は第三橋烏石営に埋葬され、今は馬家坑と呼ぶ。子山午向、喝形は人形に似ている。配偶者は陳氏。陳氏は皇帝から一品夫人を封じられる。亡くなった後はまた帰仁里烏石営において埋葬され、公の墳と一壁を隔てている。喝形は繍針落槽形《しゅうしんらくそうけい》に似る。坐向は卯山酉向である。」

これによって、孫訷と当時寧都にいた楊救貧は、皆、黄巣の乱によって寧都に南下したことにより、お互いに多かれ少なかれ、なんらかの関係があったことがわかります。

その墓の来龍と形法からして、もし仮に楊救貧の點穴ではなかったとしても、その伝承と関わりがあったと推測することができます。

孫訷の墓は「仙人坐帳形」。（仙人が座っているような勢。穴は腹、臍にある。穴前に小さな土の山があり案山とする）

玄武の少祖山《しょうそざん》（祖宗山の一種。穴山に接近している高大な山）と父母山《ふぼさん》（穴山の後ろに立つ山。直接龍穴を孕育する）は何度も剥換（変化）し、蜂腰（太っている）の過峡（山と山を連絡する部分）。

東北方（艮山）からの来龍。

孫墓入口に後人が
建てた牌坊

孫墓の太極暈《たいきょくうん》（穴の
場所にぼんやりと顕
れた円い暈(かさ)。
生気が凝縮した場
所）はすでに崩れて
破壊していた

第一節（本）の艮
山来龍は屈曲しな
がら入首している

第二節の来龍を尋ねる

来龍の第二節に立って明堂を見る。右前方に高く聳える山峰があり、形状は軍陣旗《ぐんじんき》に似ている

前方に梅江《ばいこう》があり、九曲水《きゅうきょくすい》をつくり、くねくねと明堂を過ぎる

墓地の立向は、子山午向。

孫氏の末裔は、歴代、皆この墓を整備し修復してきました。

一九八六年は孫中山《そんちゅうざん》誕生百二十周年にあたり、寧都県政府は特別に墓碑と碑坊を建て直しました。数十段の石段を築き、両脇には龍柏の樹を植えました。

筆者は、古人に倣って、穴星に立ち、上に向かって、二、三節（本）尋龍《じんりゅう》（龍脈の所在を尋ねる）しました。見ることのできた来龍は屈曲し、入首しています。束気と剝換は極めて良く、典型的な風水で「尋龍點穴《じんりゅうてんけつ》」の模範例です。

その穴前に面する案山は近く、旗鼓《きこ》（軍旗と太鼓のこと）・刀剣みな揃って取り囲み、左右の龍虎は抱くように取り巻いています。

左前方には梅江があり九曲水を形成して、くねくねと明堂を迂回しています。

右前方には高く聳える山峰があり、平地から隆起しており、山の形は軍陣旗に似ています。また龍角《りゅうかく》（龍の角《つの》）に似て、鵞鳥《がちょう》にも似ています。

その山の足元には、有名な穴が結ばれています。すなわち頼布衣の祖墳です。

また風水形家は、孫詡の墓は「将軍策馬穴《しょうぐんさくばけつ》」であるとも言います。

「金戈鉄馬《きんかてつば》（金の戈《ほこ》と鉄の馬。戦士の勇壮な姿）、気呑万里《きどんばんり》（気は万里を飲むようである。気勢が強い）」の勢いがあると見なすことができます。

「この墓は千年以上の時を経ても、やはり依然として後裔《こうえい》の国父《こくふ》孫中山先生を庇護することができる」とある人は言っています。

しかし実際のところ、この墓が千年を経ても、その庇護があるのかどうか確かめることはできませんし、おそらく間接的な影響力だけだと思われます。それよりも孫中山先生が孫訷の後裔であるのかそうでないのかはもっと大きな問題です。

孫訷の後裔《こうえい》である孫承事《そんしょうじ》は、宋代末に福建《ふっけん》の長汀《ちょうてい》の地に移り住みました。

明代の初めに孫友松《そんゆうしょう》は長汀から広東の恵州紫金《けいしゅうしきん》県に遷移します。

今も孫訷の後裔は寧都におり、現在の主要な居住地は、青塘《せいとう》鎮の孫屋村と、田頭鎮の孫屋村です。

◎孫訷の墓は、中山先生の遠い祖先であるのか？

筆者はかつて、孫訷の墓及び九龍半島西貢百花林《サイコンひゃっかりん》にある孫中山の母親である楊太君《ようたいくん》夫人の墓について書いたことがあります。その文章は二〇〇五年九月十八日付『全世界客家郵報』に掲載され、その後、客家ウェブサイト上に転載されました。

その後、ある人物から、学者の邱捷《きゅうしょう》教授の観点を引用して、以下のような指摘がなされました。

「…（略）…寧都の孫氏族譜をいかに詳細に書き写そうが、孫訷の墓の方位を把握しようが、埋葬品の描写がどんなに細緻に描写されていようが、やはり依然としてこれが孫中山先生の族譜と祖墓だと実証することはできない……」

そのウェブサイトに、実名を挙げてはいなかったのですが、批評を受けた内容について筆者としては無視するわけにはいきません。

筆者は史学家ではありませんが、風水研究者として大陸の山水について研究をしています。台湾に住んでいて大陸との往来には時間を費やし、いち早く情報や資料を手にすることもとても難しい状況です。

孫中山先生の祖籍については、広東紫金《しきん》県と、広東東莞《とうかん》県の二つの説があります。多数の学者は、史実と孫中山先生家族の口述を根拠に「東莞説」の可能性が高いと考えています。その根拠となるのは次の文献です。

『翠亨孫氏達成祖家譜』二十傳裔孫滿序

「吾翠亨孫氏之直系先世，據先輩歴代口碑相傳及家族之簡略譜牒所記，元末明初，常徳公避亂南來，徙南雄珠璣巷，後又移居東莞，是爲入粤始祖。始祖及二三四世，倶在東莞居住，五世祖禮贊公，自東莞上沙鄉遷來香山縣湧口村。禮贊公之長子樂千，居香山左埗頭，次子樂南仍居香山湧口。吾翠亨孫氏，乃樂南之裔。至十一世祖瑞英公，遷來逕仔蓢，十四世祖殿朝公，遷入翠亨。至十七世祖達成公所居，即今日國父故居之基址也。」

『翠亨孫氏達成祖家譜』二十代後の末裔、孫満の序文によれば、

「我が翠亨村の孫氏の直系祖先は、先人歴代の口碑相伝および家族の簡略譜牒に記された内容によると、元代末から明代初めに、常徳公は戦乱を避けて南に来て、南雄珠璣巷に移り、その後また東莞に移居し、これが粤《えつ》（広東省）に入った始祖である。始祖及び二、三、四世は共に東莞に居住し、五世祖の禮贊公は東莞《とうかん》上沙郷から香山県湧口村に移り住んだ。禮贊公長男の楽千は香山左埗頭に住み、次男の楽南はやはり香山湧口に住んだ。我が翠亨村の孫氏はすなわち楽南の後裔である。十一世祖の瑞英公に至り、逕仔蓢に移って来た。十四世祖の殿朝公は翠亨に遷入した。十七世祖の達成公に至るまでそこに住んだ。すなわち今日の国父の故居の基である。」

筆者は史学の争いに介入する気は毛頭ありませんが、邱捷教授が書いた『關於孫中山家世源流的資料問題』

（孫中山の家系源流の資料問題について）の文章、並びに『孫中山先生の末裔である孫滿の序文』を読んで、孫中山先生代々の遷居について、さらに一歩理解を深めることができました。

寧都にある孫誗の墓とは、広東惠州紫金県の孫氏と直接の関係にあります。そして広東中山市南朗鎮翠亭《すいきょう》村の孫中山先生直系の祖墳ではありません。

風水の観点に立つと、孫誗の墓は確かに極めて良好なのです。

しかし千年の時を経て、孫中山先生を庇護するには限りがあります。

孫中山先生は、むしろ祖居である翠亭村の風水宝地（風水の良い土地）の庇護を受けているはずです。

筆者は、客家ウェブサイトに寄せてくれた熱心な読者の方の回答に感謝しています。

さもなければ、風水を研究する人は、「人云亦云（人の言ったことを自分も言う）」して、冗談を言って騒ぐだけで、本当のことを知らないで終わるということになりがちですから。

実記録は、その墓の状況を詳らかにします。

ここに、左右両側の墓碑銘を読者の参考のために提供します。

墓左側碑刻　重脩故東平侯孫誗墓記

孫誗，唐中書舍人孫拙子。原居汴州陳留（今河南開封縣），爲中原世族。僖宗中和三年（西元八八三年）以才武選爲百將，黃巢義軍起，充承宣使提兵江右。中和四年勅封東平侯，遂定居虔州虔化縣（今江西省寧都縣）。元配陳氏生賓，賓生七子傳五，以公侯伯子男爲序立五房，後子孫繁衍，分別鶯遷江西于都、興國、贛縣、安遠、泰和、浙江紹興、餘姚、湖廣湘鄉、衡陽、福建長汀、寧化等地。明永樂年間，伯房後裔自長汀徙至廣州惠州府歸善縣（今廣東紫金縣），輾轉增城縣至香山縣翠亨鄉。近代革命之偉大先行者孫中山先生爲孫誗裔系。

孫誗歿於唐末，安葬虔化城南烏石營（今寧都縣馬家坑）。陳氏歿葬孫誗墓西側隔一堵，兩墓經千年滄桑，屢次修葺。清乾隆、嘉慶年間後裔曾重修兩墓，分別刻立墓碑，於六十年代初復記。值此紀念孫中山先生誕辰一百二十周年之際，特重修其先祖孫誗墓，謹以此緬懷孫中山先生之豐功偉蹟。

江西省寧都縣博物館　西元一九八六年十一月立石。

墓左側の碑刻　重脩（修復）唐故東平侯孫誗の墓記

孫誗。唐の中書舎人である孫拙の子。元々は汴州陳留（現在の河南開封県）に居住し、中原の世族（良き時代をつくった役人の一族）である。僖宗中和三年（八八三年）その才能と武勇をもって百人の将軍に選ばれ、黄巣の乱の際に承宣使として兵を率いて江右（現在の江西省）に派遣された。中和四年に東平侯の地位を封じられて、遂に居を虔州虔化県（今の江西省寧都県）に定める。最初の配偶者の陳氏は實を生み、實は七人の子を生みそのうち五人の子が伝わり、公・侯・伯・子・男（昔の役人の五階級）の五房を初めに立てる。その後子孫は繁栄し、それぞれ分かれて出世し江西の于都、興国、贛縣、安遠、泰和へ、また浙江の紹興、餘姚、湖広湘郷、衡陽、福建長汀、寧化等の地へ遷った。明の永楽年間に、伯房の後裔は長汀から広州恵州府帰善県（今の広東紫金県）に遷り、増城県から香山県翠亨郷まで流転し移り住んだ。近代革命の偉大な先行者の孫中山先生はこの孫誗の末裔にあたる。

孫誗は唐末に亡くなり、虔化城南烏石營（今の寧都県馬家坑）に埋葬された。陳氏は亡くなって孫誗の墓の西側に一壁隔てた所に埋葬された。両墓は千年の世の転変を経て、何度も補修した。清の乾隆・嘉慶年間に後裔が両墓を修復し、それぞれの墓碑を彫り立てた。六十年代初めに再び記す。孫中山先生生誕百二十周年の際にこれを記念して、特にその先祖である孫詡の墓を修復し、謹んでこれをもって孫中山先生の偉大な功績を追想する。

江西省寧都県博物館　西暦一九八六年十一月立石。

墓右側の碑刻には、孫詡の画像と宋代の蘇《そ》東坡《とうば》の〈唐東平侯詡公像賛〉が刻まれています。

〈唐東平侯詡公像贊〉

才全文德武備乾剛，兵平閩越屯鎮虔邦，
不疾終於桂竹之陽，英靈顯於太平之鄉，
廟貌如故至今闡揚，禦災捍患無求不應，
護國保民有禱必祥，千支萬流世代榮昌。
宋熙寧壬子歳蘇文忠公眉山東坡贊

「唐の東平侯詡公像を讃える」
才は文徳が完全であり、武力は天のような強さを備える。
福建浙江を征服し、虔化の地に鎮守する。
桂竹の南側において憂いなく終え、太平の郷に英霊が顕れる。
神像は昔のままで、今日も功績をたたえる力を発揮している。
国を護って民を保ち、願いがあれば必ず叶える。
河川の千支万流のように、世世代代栄え繁昌する。
宋熙寧壬子歳蘇文忠公眉山東坡が讃えて

墓左側の碑刻　重脩故東平侯孫訥墓記

孫訥の画像と宋代の蘇東坡の「唐東平侯訥公像贊」

◉「繍針落槽形《しゅうしんらくそうけい》」、孫訓の第一夫人陳氏の墓

孫訓の最初の配偶者である陳氏の墓の位置も、この山上の他の側面にあります。「繍針落槽形（刺繍針《ししゅうばり》が溝に堕ちている形）」（穴山と案山の間に一本の砂がつないでおり針に似ている。穴は針の溝の中にあることから喝形をこう呼ぶ）。

族譜には、坐向は「卯山酉向」と記載されています。

実際に現地で測ると「甲山庚向」でした。

「繍針落槽形」最初の配偶者である陳氏の墓

族譜に記載されているのは卯山酉向。現地で測ると甲山庚向であった

第6節 「仙《せん》人《にん》仰《ぎょう》睡《すい》形《けい》」――劉《りゅう》宗《そう》臣《しん》の鉄《てつ》墓《ぼ》

唐朝の劉宗臣、諱《い》（すでに亡くなった人の名を直接呼ばず尊称を使う）は詔、字は正朝、号は石坡、「宗臣」は帝王から賜った号です。

劉宗臣は、唐の玄宗開元《げんそうかいげん》二十五年丁丑年（七三七年）に生まれます。

唐の進士となり、官吏として清正廉潔、政務の功績が勤勉であったために、大唐の徳宗《とくそう》・貞元《ていげん》十二年丙子年（七九六年）八月二十五日に銀青栄禄大夫《ぎんせいえいろくたいふ》を賜ります。

劉公は、虔化（寧都）の龍驤《りゅうじょう》将軍である丁修政《ていしゅうせい》との間に友情があり、翠微峰《すいびほう》の風景優美な名勝を見ながら移動して歩き、金精十二峰を見渡し、ついに虔化に居を定めます。

安福《あんふく》の地に至り「山環水秀《さんかんすいしゅう》（山は取り囲むように周りをめぐり、河の水の流れが優れている）」のを見て、ついに安福馬跡營に留まり住みました。

税産や正朝之戸などの制度を設置し、その子孫は官吏となり、役職を歴任しました。

劉公は逝去し、唐の貞元十三年、勅令により埋葬されます。

劉宗臣の墓は、寧都県安福郷馬跡《ばせき》村後山の西北１㎞の場所に位置します。

当地では水護塘《すいごとう》と呼ばれています。

溶かした鉄で墓を封じ、世間では「鉄墓記《てつぼき》」と呼ばれ、これまでしばしば修復されています。

墓の表面には花崗岩を切り出したものが使われ、墓の高さ３ｍ、幅４・５ｍ、墓堂の直径は２・５ｍ、60㎡の

唐の劉宗臣「仙人仰睡形」の鉄墓

来龍は屈曲し入首《にゅうしゅ》する

来龍は田を通り、過峡し、起伏頓跌している

明堂は群山と秀水
が環抱する

正面の墓匾上に書
かれた「懿徳流芳」
の四つの大文字

劉宗臣鉄墓、明堂の全景

土地を占めます。

筆者が見た墓は、一九八一年劉氏の後裔によって修復したもので、二〇〇五年乙酉年九月初四日子時に立石(石を設置)、第五回目の修復をしました。


当墓の喝形は、「仙人仰睡形《せんにんぎょうすいけい》」(仙人があおむけに眠り、足を長く伸ばしている姿)。

坐向は、壬山丙向、兼亥巳。

来龍は屈曲して田を通り過峡《かきょう》し、起伏頓跌《とんてつ》(起伏があり、変化に富んでいる)。

群山秀水(多くの山と優美な川)は環抱して、左右の龍虎は穴を護る、風水宝地だといえます。


正面の墓匾《へん》(長方形の木板や石板に題字を書いて設置する額)上には「懿徳流芳《いとくりゅうほう》」(美しい徳は流伝する)の四つの大きな文字が書かれています。

両側には「宗英任唐居一品、臣鄰輔弼彪千秋」と書かれた対聯《ついれん》があります。

墓塚は大きくはありませんが、「気勢磅薄《きせいほうはく》(気の勢いが盛んで広大な様)」な格局があります。

この墓はすでに千年を超えています。今なお頻繁に後代の子孫の墓掃除と修繕があり、後代の子孫に出会えるというのは、やはり一族の運気が盛んだということがいえるでしょう。


劉宗臣には一人子が生まれ、諱は暉。劉暉《りゅうき》には、貴和、貴美、貴安、貴順、貴樂、貴盛、貴昌、貴隆(三県令五府道)八人の子が生まれています。

後裔の子孫の大部分は官吏となり、寧都、贛県、于都、瑞金にあまねく分布しています。

正配偶者の李氏、誥封(皇帝から賜った号)懿徳夫人《いとくふじん》は「左明堂奶乳穴」に埋葬されて、継室の曾氏、誥封永安夫人は「右明堂奶乳穴」に埋葬されました。

◎寧都城西彭城、劉氏三修家譜世傳

宗臣，行二郎諱韶，字正朝，號石坡，世居金陵勾鎔東鄉及西京徐州彭城。唐建中舉孝廉進士，同徐州張君修書赴東都殫厥才學黻黻，皇猷三捧祿秩累官奉政大夫。德宗貞元丙子進銀青榮祿大夫。

敕命判虔州事，歸民清慎克奏政績　特昭

賜「忠厚廉明」，擢金紫光祿大夫，大司農兼侍講大學士。

公卒，欲葬村後，土名木護塘仙人仰睡形咽喉穴。妻李氏、曾氏二夫人葬兩乳穴。仙人仰睡形咽喉穴，乾亥山發龍，壬山丙向，水上巽丁轉甲，百步長流。壬山丙向，陽河峰居左，石子峰居右，號曰天乙、太乙相迎。當熔生鐵封閉其塚，世號鐵墓記。奏奉　敕金紫光祿大夫劉宗臣墓。


『寧都城西彭城、劉氏三修家譜世伝』

宗臣、行二郎、諱は韶、字は正朝、号は石坡。歴代にわたり金陵勾鎔東郷及び西京徐州彭城に定住。唐代に科挙で孝廉進士になる。同徐州張君典籍の編纂で東都へ赴き、才能と学識と文章を用いて大いに尽くした。皇猷三捧祿秩累官奉政大夫。徳宗貞元丙子年に、進銀青榮祿大夫。

敕命判虔州事、帰民清慎克奏政績　特昭
「忠厚廉明」を賜り、金紫光禄大夫に抜擢され、大司農兼侍講大学士となる。

公が亡くなり、村の後方に埋葬した。現地名で木護塘と呼ばれる「仙人仰睡形咽喉穴《いんこうけつ》」である。妻の李氏、曾氏の二夫人は「兩乳穴」に埋葬した。

「仙人仰睡形咽喉穴」、乾亥山から龍が発している。坐向は、壬山丙向。水は巽丁の上から甲に転ずる、百歩長流。壬山丙向、陽河峰は左に、石子峰は右に位置して、天乙、太乙があい向い合う。熔かした鉄で封じ込めたその塚を、世間では鉄墓記と呼ぶ。奉敕金紫光祿大夫の劉宗臣墓。

劉宗臣公原配李氏夫人碑文

敕封懿德夫人虔州郡君劉祖妣李太君　　之墓

奉天承運

皇帝制曰：國家制恩之典，以寵任事之臣，其能效勞於國者，則必榮及其配，所以示褒贈而厚人倫也。爾李氏乃金紫光祿大夫、大司農兼侍講大學士劉韶之妻，夙嫻婦道，用相其夫，既以早卒，茲特追贈爾爲懿德夫人、虔州郡君，服茲榮恩，以光泉壤。

敕命　唐貞元十三載三月十三日之寶

劉宗臣公の正妻　李氏夫人の碑文

勅令　懿徳夫人 虔州郡君　劉家先祖及び亡母李太君の墓

奉天承運（天子は天命を受けて全国を統治す）

皇帝制定して曰く：国家制度の恩恵は、よく働く臣下を労わる。国に尽くす者は、その栄光も必ず配偶者にも及ぶ。それを示し褒め称えることで人倫を厚くする。汝、李氏は 金紫光禄大夫、大司農兼侍講大学士劉韶の妻で、つとに婦道を守り、夫をよく支える。すでに早世したが、ここで汝を特別に懿徳夫人、虔州郡君と追号する。その栄光と恩恵を服することをもって、あの世をも光り輝く。

敕命　唐貞元十三載三月十三日之寶

劉宗臣公繼配曾氏夫人碑文

敕封永安夫人劉祖妣曾氏太君　　之墓

奉天承運

皇帝制曰：朕爲人臣之克效勞於國者，雖本於父母，蓋亦勞心內助之力也。故推恩之典必及之，爾金紫光祿大夫、大司農兼職侍講大學士劉韶之繼室曾氏，厥德貞淑，用相其夫克盡心於臣職，茲特封爾爲永安夫人，祇服隆恩，永光閨門。

敕命　唐貞元十三年之寶

劉宗臣公の二番目の正妻曾氏夫人の碑文

敕封永安夫人劉家先祖及び亡母曾氏太君の墓

奉天承運（天子は天命を受けて全国を統治す）

皇帝制定して曰く：朕が思うに、臣下が国によく尽くすのは、その父母がよく育てた以外に、内助の功も欠かせない。ゆえにその恩恵も妻に及ぶべき。汝、曾氏は金紫光禄大夫、大司農兼侍講大學士劉韶の二番目の正妻で、貞淑であり、夫が仕事をできるように支える。ここで汝を特別に永安夫人の号を与え、その恩恵を服することをもって、閨門《けいもん》（夫婦仲）は永く輝く。

敕命　唐貞元十三年之寶

第7節

洛《らく》口《こう》鎮《ちん》の霊《れい》村《そん》——邱《きゅう》氏《し》祠《し》堂《どう》

邱氏祠堂は洛口鎮霊村に位置し、「丘氏宗祠《きゅうしそうし》」と「邱氏家廟《きゅうしかびょう》」により組成されています。

両建築の構造は基本同じであり、内部の配置は贛南地方の大多数の祠堂《しどう》（一族の先祖を祭ってあるところ）と似ています。

廳堂《ちょうどう》（広間）、天井《てんせい》（中庭）、回廊、鏤花斗拱《ろうかときょう》（花模様の彫刻のある梁の間の弓形の木）、紅石簷柱《こうせきえんちゅう》（紅い石の庇）があり、門の上には祖先の功績を書き表した匾額《へんがく》が掛けてあります。

また廊下の柱にある楹聯《えいれん》（門の側や柱の上に掛ける対聯）は、文章伝世（徳行を子孫の世代に引き継ぐこと）の象徴です。

丘氏宗祠の坐向は、子山午向、兼壬丙。

明代の万暦年間に建設を開始し、飛簷翹角《ひえんぎょうかく》（鳥が尾を反り返らせたように尖った屋根の先）、白牆灰瓦《はくしょうかいが》（白壁で灰色の瓦）、平らに順に積み重ねた青レンガの壁でできており、気勢は広大で盛んです。

邱氏家廟の坐向は、子山午向、兼癸丁。

清代の嘉慶《かけい》甲戌年（一八一四年）に建築を開始します。

二つの大祠堂は隣り合って建つ。十分に壮観である

廳堂、天井、紅石
簷柱

霊村「丘氏宗祠」

「丘氏宗祠」前にある半月池《はんげつち》の朝向《ちょうこう》(向き) は珍しい

霊村「邱氏家廟」

邱氏先祖の穆公《ぼくこう》像

一九九六年に修復をして、さらに盛大壮観さを顕しました。

霊村の邱氏家廟には、「邱」氏、のみならず「丘」氏があります。

聞き伝えるところによれば、清代の康熙《こうき》年間、聖人の孔丘（孔子のこと）の名号と同じなのを避けるために、部首に阝を加えて「邱」としたといいます。

雍正《ようせい》皇帝年間にまた邱姓の人々は元々の丘姓に回復させました。これによって「邱」氏と「丘」氏が、同時に存在するのです。

『靈村邱氏七修族譜』の記載によると、霊村の邱氏の先祖である姜太公《きょうたいこう》の第三子は穆公《ぼくこう》。穆公は山東營丘を領土としており、地名に基づいて丘を姓とします。穆公の後の子孫はみな姓が丘です。丘の姓を持つ人はその後、洛《らく》陽《よう》に増えて、当地の名家となりました。

丘氏の先祖第五十九世崇公《すうこう》と次男の恭公《きょうこう》は、爵位の左武衛《さぶえい》将軍を父から継承します。

唐の乾封《けんふう》二年（六六七年）唐の皇帝・高宗に憚《はばか》らず進言し、皇帝の怒りに触れ、虔州の都指揮使《としきし》に降格させられたのが、寧都の邱氏の始祖です。

唐の開元年間（七一三〜七四一年）、第六十一世の文仲公《ぶんちゅう》は、寧都の霊村に定住します。

文仲公は、贛《かん》（江西省）、閩《びん》（福建省）、粤《えつ》（広東省）、台《たい》（台湾）、湘《しょう》（湖南省）等、国内外の邱氏の始祖であり、その子孫の数は百万人を超えるほどに発展しました。

◉「仙人献掌形《せんにんけんしょうけい》」——霊村始祖の墓

霊村の始祖邱文仲《きゅうぶんちゅう》の墓および邱祖の温氏の墓は、寧都県洛口鎮霊村の南側にある大阜坪《だいふへい》に位置します。二つの墓は隣り合っています。

喝形は、「仙人献掌形」。

坐向は、申山寅向、兼坤艮。

邱文仲。字は簡甫。崇公の孫。才能と行いに優れており、郷邑《むら》（郷里）の模範となります。人々は三十一居士と呼びました。恭しく礼儀正しい行いで書を重んじ、唐の天宝《てんぽう》年間に金紫光禄大夫（従一品）を贈られます。妻の温氏には夫人の称号が封じられます。

四人の息子が生まれ、齊之、魯之、晉之、楚之、と名づけられました。

邱祖の温氏の墓

唐代に誥命（皇帝の命令で朝廷から爵位を賜る）を受けた一品夫人、邱祖の温氏の墓。

温太夫人は、唐の延載甲午（六九四年）三月一日に生まれます。

天宝辛卯（七五一年）四月十四日に逝去。

温氏は、光禄大夫の邱文仲の妻です。

霊村の始祖墓の
来龍

光禄大夫・邱文仲
の修復された墓

邱文仲の墓の明堂

「仙人献掌形」邱祖の
溫氏の墓

「仙人献掌形」邱祖の溫氏の
墓碑文

第8節 「飛鵝過江《ひがかこう》」——寧都における頼氏の始祖、頼仲方の墓

頼仲方は、寧都における頼氏の始祖です。

頼仲方は、頼氏の一族を除いて、あまり他の人に知られていません。

ただし頼布衣《らいふい》の名については、皆よく知っているはずです。

特に、頼布衣の有名な「頼公撥砂法《らいこうはっさほう》」は、風水を学ぶ上で必修の課程です。

頼文俊。字は太素。号は布衣。宋代、贛南定南《ていなん》県鳳崗《ほうこう》村の人。

曾文辿の孫の婿であり、著作に『催官篇《さいかんへん》』があります。


頼布衣の先祖といえば、これこそが寧都における頼氏の始祖、頼仲方なのです。

頼仲方。名は碩《せき》。字は仲方。晋の太尉相国の頼匡の子。

南北朝時代の元嘉《げんか》年間（四二四～四五三年）、元々は桴源《ふげん》（寧都県肖田郷桴源村）に帰郷し隠居していましたが、その後に桴源村から雪岳坪《せつがくへい》（またの名を赤竹坪《せきちくへい》。今の寧都県治梅江鎮高坑村）に遷居し、築室《ちくしつ》（家を建設）開基しました。仲方の号の「築室翁《ちくしつおう》」はここからとったものです。

隋の開皇《かいこう》十八年（五九八年）、赤竹坪は県の管轄区域に改められました。州の管轄の時の古い名は雪竹坪《せっちくへい》といいます。

もともと頼氏の地盤であったことから、祠を設置して頼氏の祖先を永遠に祀ります。

これにより頼仲方は寧都の県城（県政府の所在地）を定めた人だといえます。

実際には、頼氏一族はさらに早い時期に寧都に入植しており、最初の忠誠公から今に至るまで千七百年以上が

賴布衣始祖の賴仲方は
築室開基した

墓碑の文字ははっきりと見る
ことができる

来龍の形は飛ぶ鶩鳥が河を渡る姿のようである

梅江の「逆水朝堂《ぎゃくすいちょうどう》」を収める

経過しています。

『桴源頼氏族譜』に、頼忠誠公についての次のように記載があります。

「頼忠、字は忠誠《ちゅうせい》、蜀漢の都尉《とい》を任命され、役職は太常卿《たいじょうけい》。公が生れたのは後漢（蜀漢）の建興《けんこう》十四年丙辰年（二三六年）、豊甯県平寧里徙掲陽之桴源。永熙《えいき》戊午年（西暦二九八年）二月十八日に逝去。三都熱水に埋葬された。火龍吐珠形、丑山未、兼癸丁　三分。」

また『桴源頼氏初修族譜』は、同時期の寧都で最も早い家譜です。唐の長安二年（七〇二年）に所修。墓碑と族譜に均しく、その始祖が頼忠誠であることが書かれています。

その年代は、文字記載の中では、最も早くに寧都に遷移した漢人《かんじん》（漢民族）です。

西晋の永嘉《えいが》年間、頼忠は潁川《えいせん》から桴源に引っ越します。忠誠公は、桴源が水秀山青《すいしゅうさんせい》、風光明媚なのを見て、ついに卜居（風水を見て點穴し住まいを定めること）します。

したがって、寧都における頼氏の始祖仲方の墓は隋代に建築を開始し、今から約千五百年の歴史があります。

坐向は、未山丑向。

左側の辛戌と壬子の位置で梅江は合流します。

水は左から右に流れます。

水口《すいこう》（水が合流して流れ出ていくところ）は丙午。

この墓と、唐代の孫詡の墓の外明堂《がいめいどう》は遠い位置ではありません。

背もたれとなる来龍の山である金星体、その山形は珍しくて「飛鵝形《ひがけい》（飛ぶ鵞鳥のような形）」です。「飛鵝過《ひがか》江《こう》（飛ぶ鵞鳥が河を渡る姿）」ともいい、またの名を「伏地獅形《ふくちしけい》（地に伏せる獅子のような形）」とも呼びます。

梅江の逆水を収め、発福（発財。財運が良くなること）は速い。

撥砂法で有名になった頼布衣を生み出しても不思議ではない土地です。
祖墓は、今に至るまで保存が完全であり、確かに得がたい貴地だと言うことができます。

賴氏始祖仲方太翁之墓表

進士授建昌府儒學司訓邑後學楊龍泉頓首拜撰。

公諱碩，字仲方，晉大尉相國茹公諱匡之子也。宋元嘉間，避地寧都之桴源，最後愛赤竹坪佳勝，遂築室居焉。生三子，長徽，次鬱，幼燦。徽生辰早世，鬱生定，任潭州轉運使，遂家潭州。燦生七子，昭、得、度、明、思、求、彥。皆才器軼人，富甲郡邑，人皆知其地靈。有司奏請遷陽田營縣治於赤竹坪。官廨內多先世墓地，歷此地者，咸稱不吉。乃建之廟額稱華表、靈山、神司，以祀徽公三兄弟。燦公之子，或徙他邑。獨長子昭承祖業，子孫散處鄉城。寧都賴氏皆碩公之後，而碩公爲肇基之祖。

康熙丁亥年賴氏修家乘，兵燹之余，文遺殘缺，請予追表公之墓。按賴氏原始穎公，爲周文王第十九子，封於潁，至春秋爲楚國所並，子孫以國爲姓，散處吳楚之交，代有顯仕。碩公相國生子長紈綺，有田園之樂，宮室之美，玩好之供輿馬之侈。安土重遷，情所必至。當其時，盜賊環於外，奸臣擅於內，更姓改物之際，名簒華胄，駢首僇辱者不知其幾。公獨具先機之哲，視富貴如敝履，擇地而蹈，不辭播越之勞瘁，以保其身名，昌其後嗣，豈非豪傑之士哉！

公歿，葬歸仁里麥佘埏，地飛鵝形。亦肖伏地獅形，未山丑向，予表其概，以告其後之人。

明賜進士第巡查鳳陽等處地方都察院檢都御

清賜進士第禮部左侍郎通政使前翰林院庶吉

松陽撰誌銘藏內

頼氏始祖の仲方太翁の墓表

建昌府儒学司訓邑に任命され、後学である進士楊龍泉が拝して書く。

公の本名は碩《せき》、字は仲方《ちゅうほう》、晋の大尉相国の茹《じょ》公（諱は匡《きょう》）の子である。宋の元嘉年間、戦乱を避けて寧都桴源に遷居する。最後は赤竹坪の美しい風景を愛し、ついに室居を築く。子が三人生まれ、長男は徽《き》、次男は鬱《うつ》、三男は燦《さん》。徽は生れた日に早世した、鬱は成長して、潭州の轉運使に任命され、潭州に居住した。

燦には七人の子が生まれ、名前は昭、得、度、明、思、求、彦。皆才能は人を超え、財富は群を抜き郡村に溢れ、人は皆その地霊《ちれい》（山河の霊秀の気）を知る。

ある官職が赤竹坪に陽田營県治を遷移するのを依頼した。官廨《かんかい》（官吏が事務をする場所）内には先代の墓地が多く、歴代この地の者は、みな不吉だという。

そこで、建てた廟の額を華表、霊山、神司と称して、徽公三兄弟を祀ったという。

燦公の子は、おそらく他の村に遷移し、長男の昭だけが祖業を継承したが、その子孫は郷や都市に散り居住した。寧都の頼氏は皆、碩公の後、碩公を肇基《ちょうき》（最初に産業を興した）の祖となす。

康熙丁亥年、頼氏は家乗《かじょう》（家の記録）を著述したが、兵火で焼かれ、文は欠け失われ不完全となり、公の墓の追表碑を書いてくれと私に頼んできた。

頼氏の最初は穎公《えい》であり、周の文王の第十九番目の子であり、穎の領地を封じられ、春秋時代に至って楚国と併合し、その子孫は国を姓とし、呉と楚の国の交わる地に散り居住し、連続して官が顕れた。

碩公相国（職官名）に子が生まれ、紈袴《がんこ》（絹のズボン。上流階級の若者の意味）に育ち、田園の楽や宮殿の美があり、良き輿や馬に乗って贅沢に遊んだ。

長いこと故郷に住んで軽々しく移さなければ、土地に愛着を持ち、情感も生じてくる。

その当時、盗賊が外を取り囲み、奸臣は内部をほしいままにしていた。時代が変わる際に名家の姓を名乗り、首を並べて侮辱された者が幾つあったかわからない。

公は独り先機の哲学（知恵のある人は、別の人には見えないこと、未来の発展をすでに知っている）を具えていた。富貴を破れた靴のように見て、注意深く地を選び、移転の労苦を厭《いと》わない。その名誉と地位を保つことで、その後継ぎは栄える。これこそ豪傑の士ではないか！

公は逝去、帰仁里麥佘埏の地に埋葬される。この地は飛鵝形。また伏地獅子形に似る、未山丑向。その概要を墓表で与え、後世の人に告げる。

明朝で進士第鳳陽等處地方を巡査する都察院《とさついん》の検都御。

清朝で進士第禮部の左侍郎、通政使、元翰林院庶吉。

松陽が誌銘を撰して内に隠す。

◎頼氏三世祖墓（頼氏三代目の祖墓）

頼氏始祖の仲方の墓がある場所から東北に30ｍのところに、三つの墓があります。

墓主は頼仲方の孫にあたる昭《しょう》、得《とく》、思《し》、これは三公の合葬墓です。

頼仲方の三番目の息子頼燦《らいさん》（文輝）から生まれた得公（宣仁）の墓を真ん中にして、昭公（宣著）、思公（宣繹）の墓が左右に並んでいます。

地の喝形は「虎形《こけい》」。

坐向は、申山寅向、兼坤艮。

清の道光《どうこう》五年　歳次乙酉　十一月初九日吉旦に立石。

頼氏三世祖墓は、墓前にレンガ工場があり、年々墓堂の前面の土を採掘した結果、数メートルの深さの孔が形成されました。

加えて年代が古く、明堂を護る土が徐々に流失し、墓体もまた危険な状態にあります。

頼氏續修始祖仲方公墓碑記

頼仲方の孫　昭、得、思の三公合葬墓

予涖任時，遍謁諸神祠，有雲華表、靈山、神司皆土神也。惟神司廟在州署儀門外，神極靈顯，州人事之虔。詢之吏目張君，言三神兄弟也，賴姓，州署即其舊宅，曰徽曰鬱曰燦，神司廟祀燦公，州中賴姓悉燦裔。燦父諱碩字仲方，當晉安帝時避劉裕篡晉難，從父太尉相國茹公徙赤竹坪而居焉。其後，易赤竹坪爲陽都治，支庶遂遷各鄉邑。碩公葬歸仁裏麥皤埏，爲賴氏合族之始祖，子孫世業詩書，以科第著。明中丞甘公士階，清少宗伯王公思軾皆爲公志其墓而銘之。其墓自隋唐至今，屢修弗替。本朝於雍正五年複修，後曆歲九十有九年矣。碑碣頹壞，山岡亦多崩圮。近地豪強誕謀風水，啓越畔盜售之釁。予廉得實塗契而歸侵地。孝廉賴君溶清感予斷之果，急思修其墓。惟恐效尤而無有質其成者，乞予誌之。予聞之鄉先生沒而祭於社，以其有功德也。碩公生三子，今皆祀於陽都，州人水旱疾疫禱之，無不應，其功德爲無窮矣。沒而祭之禮也，非碩公具先幾之哲，貽燕翼於子孫，何以克昌厥後哉！

其子奉神明之祀，其父綿奕葉之墳。孟子謂，君子之澤五世而斬者，不足以例賴氏。也至於賴之得姓受氏，或以爲炎帝後，或以爲周後，其譜牒載之甚詳，不必復誌。碩公其爲賴姓不祧之祖歟！從孝廉之請誌之，亦以發凡爲人子孫者，仁孝追遠之心而不至泥於五世親盡之說也。

賜進士出身誥授奉政大夫知寧都直隸州事　湘東王泉之撰　清道光五年乙酉歳孟冬月穀旦

賴氏始祖方々の共同墓を修繕する碑文

予、王泉之が着任した頃、遍く諸神祠を謁見した。雲華表、霊山、神司は、皆、土地神である。ただ、神司廟は州署の儀門の外にあり、神は極めて霊験があり、州の人々は慎んで神事をする。吏目の張君に尋ねてみると、三兄弟の神様で、苗字は賴で、州署はすなわち古い家宅であった。三兄弟の名は徽《き》、鬱《うつ》、燦《さん》。神司廟は燦《さん》公を祀り、州の中の賴姓の人は皆、燦

頼氏祖墳の明堂からみた梅江全景

公の末裔だという。燦公の父は、名は碩《せき》、字は仲方《ちゅうほう》。

東晋の安帝《あんてい》の時に、劉裕が晉の帝位を奪い取りその難を避けて、父の太尉相国・茹《じょ》公は赤竹坪から移転してきて住むようになった。その後、赤竹坪は陽都が治めることになり、支庶（本家から分かれた血族）達はそれぞれ各村々へ移住していった。

碩《せき》公は帰仁の中の麥皤埏に埋葬され、頼氏一族の始祖となる。

子孫はみな詩書を修め、科挙によく及第した。

明朝の中丞の甘《かん》士階《しかい》や清朝の若き王思軾《おうししょく》も皆、碩公のために墓誌銘を書いた。

その墓は隋、唐の時代から現在に至るまで修繕をしてきた。本朝は雍正五年に修復してからもう九十九年の歳月を経た。碑や碣《けつ》も倒壊して、山岡もまた多く崩壊した。最近では地元

頼氏三世祖墓の表面

の豪族が嘘の風水を画策して、土地を売り飛ばす悪事があった。予は廉価でその土地契約書を手に入れ、書き直して還した。孝廉（挙人）の頼溶清《らいようせい》君は予の果断に感銘し、急いでその墓を修復しようと思った。先人を真似て墓の修復をしたいが、形の無いものになる事を恐れ、予に墓誌を書くことを頼んできた。予は之郷先生が亡くなり社に祭られていると聞いた。それは功徳もあるからである。

碩公には三子がおり、今皆、陽都に祭られている。州の人々は水害、旱魃、病気、疫病の時、よく祈りを捧げて、乗り越えてきた。その功徳はまさに無窮である。亡くなって祭るのは礼儀である。碩公が先見の明を持って、子孫のために良き打算をしていなければ、代々の子孫も今の繁栄はないだろう。

その子は神として奉り、その父は累世の墓に連なる。孟子曰く、君子の遺風は、五世代もすれば尽きてしまう。が、その例は頼氏一族には当てはまらない。

頼氏の苗字は、炎帝の時代からか、或いは周の時代からあるのか、族譜に詳しく書かれているからここでは述べない。碩公は、まさに頼氏の不祧《ふちょう》の祖（永遠に尊敬されるべき創業の祖）である。孝廉が自ら墓誌を頼んできたのも、子孫たるものが持つ仁孝の心、先祖を敬う心は五世代で尽きてしまうの説には固執しない。

進士出身　奉政大夫知寧都直隷州事を任命された　湘東の王泉之が撰す。清の道光五年乙酉歳孟冬月穀旦

第9節　「伏地虎形《ふくちこけい》」――唐代の何循轍《かじゅんてつ》の墓

唐代の何循轍の墓。

寧都県青塘鎮青塘村《せいとう》に位置し、臍橙《さいとう》場内にあります。

風水祖師楊救貧が自らの手で卜葬しました。

喝形は「伏地虎形」（地に伏せる虎のような形。伏地虎形は虎頭の王の字に點穴する）。

坐向は、坤山艮向。

後方には一つの金星体（やや尖った円形の山）が立ちます。

玉帯水《ぎょくたいすい》は過堂（明堂を過ぎること）して環抱しています。

前方の朝案山の地形はすでに破壊されており、また識別考証に提供できる墓碑もありません。


何循轍、唐の会昌《かいしょう》年間（七一三～七四一年）に生まれます。

粤東《えっとう》（広東東部の地方）から虔州（今の贛州）へ推官されます。

家は虔州城東水木洞に住みます。

唐の天復年間（九〇一年）に到り、夜、夢に神人《しんじん》が現れて告げるのには、

「塘《とう》（池）に遇えばすなわち安んずる、ゆえに青塘の草丘《そうきゅう》に茅《ぼう》屋《おく》（草ぶきの家）を結べ」と。

ちょうど良いことに、楊救貧先生が道を通り、何家《かけ》に宿を借りたいとやって来ました。楊公は何氏に会い、発している気が月並みでなく、また語ることが俗っぽくなく、その国を憂い、民を憂うる士気の高さと、もてなしの厚い情に心を動かされて、その家のために陰宅の點穴をしました。

鉗記《かんき》に云う。

後方に一つ金星体がある。この円い山は虎の尻の部分にあたり、伏せた虎のように見える。穴は「伏地虎形」

唐代の何循轍の墓の所在地

前方の朝案山の地形はすでに破壊を受けている

「天からの恵みの牛が落ちる穴、幸福と官禄は何氏に兆しが顕れている、百世代の久遠に祖先が残した産業の計画図となり、千秋の永きに渡り消滅しない」

第10節 「真武踏蛇亀形《しんぶとうだきけい》」——宋朝の曾奉先《そうほうせん》の墓

宋朝の曾奉先の墓は、寧都県梅江鎮背村蓮花《はいそんれんか》峰《ほう》の南に位置します。配偶者の廖夫人と合葬されています。

朝案山（朝山と案山）は、きわめて独特な形です。

喝形は「真武踏蛇亀形」（北極大帝が蛇と亀を踏む形）。

坐向は、壬山丙向。

訪れてみると、すでに墓は盗掘されていました。曾功孟先生は、半年前にこの地に来た時はまだ完全だったと言います。このことからわかるように墓の盗掘はとても蔓延しています。墓碑も破損を被り、とても惜しいことです。

しかしながら、ちょうどいいときに江西の地師が常用する呑葬法《どんそうほう》を観察することができました。

曾奉先，字魯寶，號紹宗，宋庚午科進士，初授羅源主簿，後爲歐陽文忠所倚重，升賀州法曹，累官至贊善大夫。

「真武踏蛇亀形」の明堂

「曾奉先。字は魯《ろ》寶《ほう》、号は紹宗。宋の庚午年に科は進士。初めの官職は羅源主簿を授かり、後の歐陽文忠《おうようぶんちゅう》に重く信頼され、賀州の法曹に昇進、官を積み重ねて贊善大夫《さんぜんたいふ》に至る」

墓碑の字体は今なお識別することができる

盗掘された墓口

第11節 「五星帰垣形《ごせいきえんけい》」――明末の林時益《りんじえき》の墓（易堂九子）

明末から清初の人・林時益の墓は、寧都県梅江鎮王幹《おうかん》村竹坑冠石《ちくこうかんせき》に位置します。

喝形は「五星帰垣形」（東西南北に各々五星の形の山がある）。

坐向は、辛山乙向。

兌龍入首（兌の方位から龍脈が入首している）。

離水上堂（離の方位から流れてきた水が前を流れる）。

出艮寅口（出水の方位は艮寅）。


林時益（一六一八～一六七八年）。字は確斎《かくさい》、本姓は朱《しゅ》、名は議滂《ぎほう》。

明の宗室《そうしつ》（皇族）益王の後裔。奉国中尉《ほうこくちゅうい》。南昌人《なんしょうじん》。原籍は安徽《あんき》鳳陽《ほうよう》。

甲申年、国家の重大な異変の後に、朱確斎は林時益と改名して、清朝の官吏に任じることなく、冠石《かんせき》に隠居しました。

墓碑はすでに色が混じりまだらで、小さな文字を識別することは困難でした。

ただ「顯祖考朱公確齋太府君」など、幾つか大きな文字は鮮明に見ることができます。

著作には『冠石詩集』五巻があります。


『地理啖蔗録』云：「金木水火土五星各得方位之宜，謂之五星歸垣。木居東，金居西，火居南，水居北。土居中，此爲正格最貴，萬不逢一。」

『地理啖蔗録』にこうあります。

明の宗室益王の後裔、朱確齋の墓

「金木水火土の五星は各々の方位を得ているのが好ましい。これを五星帰垣《ごせいきえん》という。木は東にあり、金は西にあり、火は南にあり、水は北にあり、土は中央にある。これは正格であり最も貴である。万に一つも逢わない（くらい少ない）」

この墓の前後左右を見ると、

震《しん》方（東方）には朝山の繋馬《けいば》椿《とう》、独り高く突き立つ東海神柱《とうかいしんちゅう》があります。（木星）

兌《だ》方（西方）には金星石《きんせいせき》。丸く綺麗であたかも龍珠《りゅうじゅ》が吉祥を呈するようです。（金星）

坎《かん》方（北方）の仙亀嶺《せんきれい》、清らかに長く彎曲しており水が小さく波打っています。（水星）

離《り》方（南方）の刀背石《とうはいせき》、高く聳え先が尖りあたかも火焔が燃え立つようです。（火星）

艮《ごん》方（東北方）の大石寨《だいせきさい》、横に広く厚実で天幕が垂れているようです。（土星）

まさしく、名実相伴う「五星帰垣」ということができます。

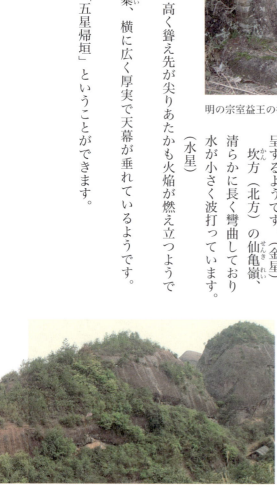

この墓はきわめて特殊です。

曾功孟氏は道程が険しいと先に言っていましたが、高さが人の背に勝るほどの草むらを経ながら、片側は断崖、もう一方は絶壁という道筋を戦々恐々としつつ、足がくたくたになるまでずっと歩き続け、ついに墓地にたどりつきました。もし読者のみなさんが訪れるなら地元の人を探して一緒に行くことです。

墓園を見ると、唇氈《しんせん》はたった一席入れるくらいの大きさです。

視野は極めてよく、墓園は整理整頓されています。

きっと後代の子孫が頻繁に墓を掃除しに来ているのでしょう。

この場所の形法は、すべて整っていて、間違いなく風水名家の作です。

前に繋馬椿があり、後枕《こうちん》の楽山《らくざん》が応えています。

案山は高く、黙穴もまた高い所にあります。

もし四方に険しく高い山石がなければ、本当に天下に君臨しているかのようです。

内明堂に立って、朝山である「繋馬椿」を見ていると、この石でできた一本の柱が馬をつなぐ椿《くい》であったことを思い出します。

この場所には、一つの美しい伝説があります。

言い伝えによると、むかし、翠微峰山上の野生の馬がいつも山を下りて来て、農作物を食い荒らしていました。そこで女道士《じょどうし》の張麗英《ちょうれいえい》は法術を施して、

朱確齋の墓は「五星帰垣亀形《ごせいきえんきけい》」である

野生の馬をこの繋馬樁につなぎ、百姓は悩みから解かれたといいます。

思うに、明朝皇室の末裔がこの断崖絶壁に點穴したのは、後代の子孫が激烈な手段で清朝に対抗して、一緒に滅びるつもりでいたのでしょうか。

独特な朝山の繋馬樁

五星帰垣亀形

第12節 「霊猫捕鼠形《れいびょうほそけい》」――清代の曾燦《そうさん》の墓（易堂九子）

清代の曾燦の墓は、寧都県城南食品工場の正門の北側に位置し、第一夫人の李氏が合葬されています。

原墓の喝形は、「霊猫捕鼠形（猫が鼠を捕まえる形）」（現在は建物が多くて案山は見えない。穴は猫の頭上にある。前方に一つの小さな案山がある。案山を鼠に見立てている）。

乾山巽向。

その後、鄭雲柱・黄彦升によって「天馬揺鈴形《てんばようれいけい》」（朝山の最高峰は天馬形である。空に駆け上がる姿。馬の前方にある小山は鈴に似ている。天馬が鈴を揺らす組み合わせになる）に改葬されました。

内壬丙、外辛乙。

彭任が誌を作り、翰林院庶吉梁佩蘭が篆、翰林院が編集し、徐元が書丹しました。

曾燦（一六二五年六月一日辰時～一六八八年十月十九日）。

兵部右侍郎兼都察院右検都御史の曾應遴《そうおうりん》の第二子。

本名は傳燦《でんさん》。字は青藜《せいれい》。号は止山。派裔は琳。自分で六松老人《ろくしょうろうじん》と号します。

易堂九子《えきどうきゅうし》（明末から清初めに寧都の九人が翠微峰に易堂を創った）の一人です。

『六松草堂詩文集』十四巻を著しました。

曾燦は年少の頃より優れた才能があり、気前がよく、人を助けるのを好みました。

曾は兵部職方司主事に任じられます。

「霊猫捕鼠形」、曾燦の墓

正面に立つ三つの青石碑
のうち、中央の墓碑

その後、政界で志を得られず山中に隠れ住み、家を伝舎《でんしゃ》（教室）としました。

この墓の正面には、三つの青い石碑が立ちます。中央が墓碑で、左右は墓銘です。来龍は、はっきりと見ることができます。

左右の龍虎砂は完全です。

ただ外部の環境が変化したことにより、前の明堂は不完全になりました。

聞き伝えでは、この墓を造って埋葬するときに地師は墓前に鉗記を記載した石を埋めて、「もし将来この場所に道を開くときは、私に道を幾尺譲ってください！」とあらかじめ言っておいたといいます。

その後、道をつくる工員がこの石の鉗記を掘り出し、道をつくるのにコースを変えなければならなかったといいます。

果たしてこのような話は本当なのでしょうか？

第13節　「烏鴉抜頸形《うあばっけいけい》」——清代の彭士望《ほうしぼう》の墓（易堂九子）

清代の彭士望の墓は、寧都県湛田《たんだ》郷長楽《ちょうらく》村龍鬚《りゅうしゅ》に位置します。

彭士望（一六一〇年十二月一日〜一六八三年五月十七日）。

字は躬庵《きゅうあん》。また字は達生《たっせい》。号は樹廬《じゅろ》先生。自分で晦農《かいのう》と名乗りました。

南昌人。易堂九子の一人。著作に『恥躬堂《ちきゅうどう》詩文集』二十六巻があります。

士望は少年の頃からとても自負していて、凡庸な人にはなりたくありませんでした。

兵部職方司主事の楊廷麟《ようていりん》とは、交流が頻繁で関係が密接でした。

かつては楊廷麟のために九江《きゅうこう》で兵を募り、贛州を守るのを手助けしました。

楊廷麟が清兵に敗れ水死したのを機に、士望はついに自分から官職をやめて、自給自足の生活に入ります。その合間に相地《そうち》をしながら、四方へと歩いてまわりました。

その後代はすでに南昌《なんしょう》へと遷り住みました。

この墓地は玄武（穴の後方の山）が強力で、峰の頂には、石が重なり合っています。

楊救貧の『撼龍経《かんりゅうきょう》』にこうあります。

「凡是星峰皆有石，若是土山全無力。」

（おしなべて来龍の良い祖山には石がよくある、もし土の山なら全く無力である）

来龍過峡から明堂を望む

明堂の左右を護る砂は二つの翼のようである

「烏鴉抜頸形」の峰頂には沢山の石がゴロゴロしている

烏鴉抜頸の来龍

主峰からの来龍が屈曲している様子は、龍の鬚のようで、左右を護る砂《さ》（山）は、二つの翼のようです。喝形は「烏鴉抜頸形《うあばっけいけい》」。

「抜頸」とは、首を長く伸ばしている形で、つまり「烏鴉抜頸形」とは、カラスが首をのばした喝形のことです。龍脈がとても長く、カラスの頭部分に點穴します。

もしも、喝形が烏鴉抜頸であるなら、それは暗に形法の吐舌《とぜつ》を指しています。抜頸はかえって気を漏らしやすくなります。穴前に半月形の池を作るのが良いのです。截気法《さいきほう》で龍気が洩れるのを止めます。

第14節 寧都は文風鼎盛《ぶんふうていせい》――水口塔《すいこうとう》

風水塔は、二種類に分けることができます。

一つは、水口塔です。水口塔は、往々にして河流が屈曲し角を曲がっている場所に建てられます。水口の防壁になります。風雨のめぐりが良く天候が順調であること、およびその地方の無事安全を希求します。

もう一つは文峰塔《ぶんほうとう》です。文峰塔は、また文筆塔《ぶんぴつとう》ともいいます。普通は市や町の東南（巽《そん》）方位に建てられます。巽卦は元々文昌位《もんしょうい》に当たるので、民の平安を祈り求める以外にも、文学の気風を盛んにする助けがあり、科挙に合格する人材を出します。

寧都の水口塔、またの名「風水塔」は、県城東南外1㎞の梅江の浜に位置します。梅江は北から南に流れており、県城東南の雙魚洲《そうぎょしゅう》に水口を形成しています。

右前方の水口には、関攔がある。関攔とは、門を閉じて遮る意味。関（出入口）を遮り差し隠すこと

水口塔は水口が関攔《かんらん》する場所にあり、蔵風聚気（風を収蔵し気を集める）の効能があります。

その上、その塔は寧都の東南方「巽卦」に位置します。形状が筆に似ているがゆえに、「文筆塔」ともいいます。

この水口塔は、明の万暦壬辰年（一五九二年）、県知事の莫應奎《ばくいんけい》の発起により建てられます。

最初九層に建て、清の乾隆二十六年（一七六一年）に颶風《ぐふう》（強く激しい風）により頂きの部分が折れます。乾隆四十三年（一七七八年）、署州顧鑒《こかん》の提唱で修理され、修理後は七層となりました。一九九五年に再度修復しました。

寧都の水口塔も文筆塔である

水口塔を建設して以来、寧都は文風鼎盛《ぶんふうていせい》（文学の気風が盛んなところ）となり、「文郷詩国」と言われます。また「魚米之《ぎょまいの》郷《さと》（物産が豊かなところ）」の誉れもあり、そのため、寧都の民は、水口塔が寧都の風水に対してきわめて重要だと思っています。

水口塔は七層八面の構造で、二重の簷《えん》（ひさし）が出ています。塔本体は、外壁、内廊、塔心の三部分からなります。内廊の中には階段があり、上下各層に通じています。第一層は南面に門（玄関）が開かれており、東、西、北の各方位には虚門が設けられています。第二層以上は、塔の中心の東南西北に各一門が設けられ、内廊と塔の中心の部屋とを相通じさせるようにしています。

塔底の外壁にはまた四つの門が設けられ、観光客はここから遠くを眺めることになります。塔一階の外壁の四つの門の前には、後天八卦《こうてんはっか》の方位の各々に八卦図案の浮き彫りが嵌め込まれています。

並べて書き記すと

「乾元啓運《けんげんけいうん》（西北）　坎水生精《かんすいせいせい》（北）　艮峙淩霄《ごんじりょうしょう》（東北）　震蛟騰漢《しんこうとうかん》（東）
巽榜傳芳《そんぼうでんほう》（東南）　離明摛秀《りめいゆうしゅう》（南）　坤維奠位《こんいてんい》（西南）　兌風横秋《だふうおうしゅう》（西）」

乾《けん》は元《げん》（はじまり）、運を啓く。　坎《かん》は水《すい》（みず）、精を生ず。　艮《ごん》は山《さん》（やま）、高く聳える。
震《しん》は蛟《こう》（みずち）、漢に昇る。　巽《そん》は榜《ぼう》（立て札）、美名を後世に残す。　離《り》は明《めい》（あきらか）、秀を得る。
坤《こん》は維《い》（四角）、位を定める。　兌《だ》の風《ふう》（かぜ）、秋空を横に過ぎる。

それぞれ順に、後天八卦に則り、西北に乾、西に兌、南に離、東に震、東南に巽、北に坎、東北に艮、西南に坤が配置されています。

寧都梅江の浜

後天八卦の西北方位、乾方には「乾元啓運」と書かれている

第15節 風水宗師の廖瑀、霊山・翠微峰《すいびほう》に隠居する

翠微峰は、城区西郊外に位置します。

険しい峰と、幽玄な洞窟、美しい泉でその名を世に知られます。

翠微峰上には、金精洞《きんせいどう》と呼ばれる道家《どうか》第三十五福地《ふくち》があります。

翠微峰は遠くから見ると、丹霞《たんか》（日光が照らす雲上に形成される赤い色の雲）のようであり、高く真っ直ぐに聳え、その絶壁は削ぐようであり、気勢は雄大で堂々としています。

合掌《がっしょう》峰、瑞竹《ずいちく》峰、淩霄《りょうしょう》峰、雙桃《そうとう》峰、石鼓《せきこ》峰、三獻《さんけん》峰、獅子《しし》峰、望仙《ぼうせん》峰、伏虎《ふくこ》峰、披發《ひはつ》峰、蓮花《れんか》峰、とあり、これを金精十二峰《きんせいじゅうにほう》と言います。


伝説によると、西漢の初頭、女道士の張麗英《ちょうれいえい》は金精洞で修道し仙人になりました。張麗英は、その後に宋の徽宗《きそう》より「霊泉普應《れいせんふおう》真人《しんじん》」を封じられます。

金精山は、道家三十五福地に名を列し、贛南唯一の道家の名山です。

唐代の金紫光禄大夫大司農、兼侍講大学士である劉宗臣《りゅうそうしん》は、「金精十二峰を縦覧」した後、金精の優れて良い景色に引きつけ

翠微峰、高く力強く聳え立つ

られて、ついに居を寧都に定めたといいます。また宋代の堪輿宗師の廖瑀は、金精山で修煉《しゅうれん》（道家の煉丹・煉気の術を習い修めること）をしました。
世にいう「金精山人」です。

清代初め「易堂九子《えきどうきゅうし》」の魏禧《ぎき》、魏際瑞《ぎさいずい》、魏禮《ぎれい》、李《り》騰蛟《とうこう》、邱維屏《きゅういへい》、彭任《ほうにん》、曾燦《そうさん》、林時益《りんじえき》、彭士望《ほうしぼう》等は、翠微峰に隠居して、自給自足をしながら独学していました。

林時益は、姓を隠して名を改め、この山々が取り巻く山麓に住み茶を植えて、「芥茶法《かいちゃほう》」をつくりました。その茶葉は芳しい香りがするので、名を「林芥《りんかい》」といいます。四方から高値で相争って購買されます。

居宅の左側には「東岩《とうがん》」があります。その辺りに桃や李を植えてあり、春の日に茶を摘むと、まるで桃源郷に入り込んだようです。

彭士望及びその門人の任道援《じんどうえん》も、またここに居住しました。

「虎化石《こかせき》」もまた城西近郊にあります。岩があり形が虎のようであり、虎が石に化したものだといいます。その下には谷川があり名は虎溪《こけい》。ここを超えると水荘《すいそう》（現在の名は虎披《こひ》）があります。かつて魏禧が築いた「水荘」。ここで畑を耕しながら読書したり教えたりしていました。

かつて曾燦もまたここに「六松草堂《ろくしょうそうどう》」を築きました。

易堂九子が執筆した詩文は、三十余種一千余巻があり、寧都に「文郷詩国」の美名をさらに添えることになりました。

金精洞は、巧奪天工《こうだつてんこう》（人工に作ったものではあるが、天然の美を凌ぐほど巧みなこと）で、天然の神奇はまるで桃源郷のようです。

翠微峰には奇穴《きけつ》が多い。岩の形は亀に似ている

廖瑀が隠居した金精洞

金精洞は「巧奪天工」、女道士の張麗英はここで成仙した

絶壁は削ぐかのようで、気勢は雄大である

女道士の張麗英は、ここで仙人になりました。

廖瑀はここに隠居していました。

この石洞の入り口の所に、今なお一つの道観《どうかん》があり、名を碧虚宮《へききょぐう》といいます。

曾功孟先生の紹介で、筆者はここで修煉している羅《ら》道長と知り合いました。

羅道長は「この道観の風水はいかがでしょうか？」と質問したので、「向きを転ずると最も良いでしょう！」と口をついて言葉が出てしまい、自分の一時の興奮で直言《ちょくげん》の過失を犯してしまいました。そしてこの話は大変な不敬にあたるのではないかと心中恐れました。

推測に反して、道長はかえって思い当たる説があると言います。

祖師様は当時筆者が言った方向で修煉して成仏したのだといいます。

ただ、改築にかかる経費と旅行客の観光のことを考慮すると、望みどおりにする方法がないのだそうです。

翠微峰は、海抜わずか４００m余り。平地は急に起き上がり、起伏は変化が多くしなやかでとても美しい光景です。間近にまた八峰台《はっぽうだい》があり、これも寧都の名山です。
寧都に来たら必ず翠微峰の金精洞を訪れることを忘れてはなりません。

張玉正と碧虚宮の羅道長

碧虚宮と金精洞

第3章 楊救貧の風水は三僚にあり

第1節 国師《こくし》の故郷——三僚村《さんりょうそん》

三僚村は、興国《こうこく》県の東南60kmの梅窖鎮《めいこうちん》に位置します。

興国県に属していますが、ちょうど興国、于都、寧都三県の県境にあり、県城の距離でいえば、寧都の方にむしろ近いでしょう。

三僚村に住んでいる村民の大部分は、曾と廖の二つの姓を持つ人たちです。

村の場所は遠く、交通が不便な僻地にありますが、非常に歴史的な背景や成り立ちがあります。

三僚に住む曾氏の開基祖《かいきそ》（新しい地に遷移して事業の基礎を設立した第一代の祖先）となった曾文辿と、廖氏の祖先である廖三傳《りょうさんでん》（廖瑀の祖父）は、大唐《だいとう》国師である楊救貧の伝人《でんじん》（技術の伝承者）です。

これによって、唐末五代十国から今に至るまでの一千年余りの間に、多くの国師（官職。帝王の顧問の五術師）と有名な堪輿師が輩出しました。

さらに皇帝から欽天監博士《きんてんかんはくし》の官職を授かり、有名と見なされる人は20名を超えます。

欽天監とは、天文・暦数《れきすう》・占候《せんこう》などを担当し現代の天文台に相当する機関のことで、唐代は司天台《してんだい》、宋代は司《し》天監《てんかん》、明清代は欽天監にあたります。

なかでも明代の国師と言えば、ほぼ廖・曾両家の天下です。

それゆえに、梅窖三僚の誉れは、国内外に広く知れわたるようになりました。

長い時を経た古い村には、また輝かしい歴史があり、いつも美しい伝説があります。

それゆえ風水を学ぶ人たちを引きつけてやまず、彼らは千里の道の労苦も厭わずにやって来ては、楊公祠を祭祀し礼拝します。

ただし、贛南とその他の都市を比べてみると、交通や生活の便は遅れていますが、かえってそれが地形や景観を保存するのに役立ったといえましょう。

筆者は堪輿術に熱中して、五度も贛州を駆け回りましたが、なお依然として、その思いはつきません。

「中国風水第一の村」の称号がいつから始まったのかはわかりません。一九九七年以前に出版された贛南旅行の書籍には、梅窖鎮の廖均卿《りょうきんきょう》の墓をただ取り上げているだけです。しかも三僚村の紹介もなく、地図上で探し出すこともできません。

もし三僚村の堪輿について書かなければならないのなら、贛州興国県の作家である胡玉春《こぎょくしゅん》先生の著作を必ず参考するべきです。

胡先生は三僚の風水文化について詳細に紹介しているからです。少なくとも筆者は、彼の影響を受けて何度も贛州へ足を運んだのは確かです。

霧の中の三僚村、さらに神秘感が顕れている

胡玉春先生は、三僚を「中国風水文化第一の村」であると称しています。

当然、その風水には特殊なところがあるはずです。ですから、風水を学習する者はただ三僚に到着しさえすれば、「尋龍點穴」に関して、少なくとも10年の功力（技と力）を増加させることができるでしょう。

元来、三僚は唐末以来の古い墳墓があって保存が完全です。

特に歴代の明師《めいし》（智慧すぐれた師）の點穴は完全であり、活きた教材となります。

明師の後代の子孫も十分に頑張っています。たとえば、明師の點地に対し、それを犯すことを恐れてその近くに墓を造るのを避けます。

廖・曾両家の後代の子孫は、三僚の特殊な風水構造について慣れ親しんでいるので、知らず知らずのうちにその影響を受け、天性の風水師が代々相伝《そうでん》していったのでしょう。

厳格に言えば、三僚の格局は大きくなく、王者の風格もありません。

しかしこの小格局《しょうかっきょく》は、風水の形法には合っています。

三僚村で特に有名な羅経石

だからもしも、あなたが美しい景観を期待してこの地を訪れたとすれば、必ず興ざめして帰ることになるでしょう。けれども、風水の歴史について学ぶ心づもりで来たのだとすれば、ここの故事はあなたの知識欲を満足させて帰路につくのを保障します。

三僚村には、風水において有名な羅経石《らけいせき》（羅盤《らばん》に似ている石）があります。

また涼傘《りょうさん》（日傘）と包袱《ほうふ》（風呂敷包み）もあります。これは後代の子孫が羅盤を手にして、包袱を背負って門を出ることを象徴しているといいます。

封建制度の下にあって、三僚の人は、喝形においてその多くを「狗形《くけい》」「人形《じんけい》」「蛇形《だけい》」というように卑俗な名前をつけています。命名された風水格局は、帝王に対して脅威感がないように卑下された名づけがされています。

国師たちは移動し、形を変えながらも、その風水の仕組みに重点を置いて独自の格局を形成します。そして後世の子孫を風水大師として成就させ、富を満ち足りたものにしました。ある種の相対的な自我の保護です。これを信じて楊救貧は、廖・曾の後代の子孫に希望を託しました。そし

涼傘と包袱。羅盤を持ち風呂敷包みを背負って門を出る

てこの平安な地は、彼の風水術を世世代代と継承させて発揚することができたのです。

現在、三僚村にはいまだに二つの楊公祠《ようこうし》があります。これも三僚村の特色の一つです。曾家の楊公祠には、楊救貧祖師と開基祖である曾文辿の塑像が供養されています。専任の管理人がいて、焼香し参拝に来る人は多く、とても盛んです。

廖家の楊公祠には、楊救貧祖師を供養する外に、まだ廖瑀（金精）の塑像を祀っています。祀る理由は、先祖の廖瑀が楊公（楊救貧）堪輿術を伝承した人であることを尊んでのことで、三僚村の開基祖であるからではありません。

◉明の十三陵――廖均卿《りょうきんきょう》による経典の作

曾・廖氏、両氏の後裔からは、優れた人材を輩出しました。

特に明代に至り、永楽五年（一四〇七年）、三僚村の廖均卿などの風水師は、永楽帝《えいらくてい》（朱棣《しゅてい》）の皇陵を選択するために方々を観察し、北京昌平《しょうへい》県東の黄土山《こうどさん》を吉の地区として選びました。その観察及び測量した黄土山の図を永楽帝に進呈します。

朱棣は命令を下して黄土山を天寿山《てんじゅさん》と号します。

四方を包囲した土地八十里圏内、皇陵のための禁止区域をつくりました。これこそ世に名高い明の十三陵《じゅうさんりょう》です。十三陵の最高傑作は長陵《ちょうりょう》です。廖均卿や曾従政《そうじゅうせい》などの地師の代表的な作品であり、廖均卿による経典の作だと言えます。経典の作とは、制作が美しく永遠に流伝するに十分な後世のための模範作品の意味です。

廖均卿とその息子の廖信厚《りょうしんこう》による『均卿太翁欽奉行取扦卜皇陵及行程回奏實錄』の中に、その故事が記載されており、三僚もこれによってその名をはるか彼方まで知られることになりました。

曾文辿の後裔である曾従政、廖瑀の後裔である廖均卿は、永楽帝のために地を選び陵墓を建設した後に、各々に欽天《きんてん》監霊台博士《かんれいだいはくし》が封じられました。

明の嘉靖帝《かせい》は、先に在位した正徳帝《せいとく》が急死して、その後継ぎがいなかったことにより皇位を継ぎます。これが世宗《せそう》です。

嘉靖十五年（一五三六年）、また、廖文政《りょうぶんせい》と曾邦旻《そうほうみん》の二人の風水師は、世宗のために地を選び陵墓を建設しました。

北京の十三陵から、故宮、万里の長城、どれもみな三僚の国師が参与しています。つまり、明朝の国師は、三僚村の曾・廖の両家の天下と言うことができます。

明の十三陵、筆者は全部の陵区に何度も足を運んでは考察を重ねてきました。

特に定陵《ていりょう》については、五回行きました。

明朝においては神宗の萬暦《ばんれき》（一五七三〜一六二〇年七月）から衰退と没落が開始しており、特別に研究する価値があると思ったからです。

聞き伝えによると、清の東陵は明朝時代のものであるといいます。

明の十三陵の分布図

国師らは提案し、明の思宗《しそう》の崇禎帝《すうてい》もまた陵墓を建てたいと願いました。しかし、建設に取りかかる前に明朝は滅亡してしまいます。そのため、崇禎帝は意に反して妃の墓中に一緒に埋葬されています。

筆者もかつて、わざわざそのためだけに北京にある清の東陵まで二度ほど赴き、康熙帝《こうき》、乾隆帝《けんりゅう》、咸豊帝《かんぽう》、および慈禧太后《じきたいこう》（西太后《せいたいこう》）の陵寝《りょうしん》（陵墓と宮殿）を見ました。

贛南にいた期間に、寧都旅遊局の曾功孟氏の紹介で、何人かの三僚から来た廖・曾両家の地理師と知り合いになりました。

廖瑀の子どもが福建省の外に遷移したのを除き、多くの族人はやはり依然として寧都黄陂と興国三僚に住んでいます。

曾家も三僚に限らず、一族の末裔は枝を開いて葉を散らすように各地に分布し、後代の子孫はいまなお十分に栄えています。

しかしながら、風水界は、すでに廖・曾両家の天下ではありません。

楊公は、かつてこう予言しました。

明の成祖《せいそ》、朱棣《しゅてい》

曾家の楊公祠。気勢は盛ん。戌山辰向

曾家の楊公祠の外壁は全て青石《せいせき》彫刻

楊救貧祖師と開基祖曾文辿の塑像

「今卜此地爲爾居，代代拜皇都。」

（今この地をトして住むならば、代々皇帝の都を拝むだろう）

「三十八代官職顯」

（三十八代続いて官職が顕れるだろう）


明末から清初に、後代の気運は衰えました。

現代の堪輿明師の伝承は、多かれ少なかれそれに関連があるでしょう。

第2節 曾家の楊公祠

曾家の楊公祠は三僚村《さんりょうそん》盆地の中央に位置し、今の三僚誠真《せいしん》小学校の前にあります。

楊公祠の坐向は、戌山辰向。

後方の来龍は、著名な涼傘と包栿のある山を父母山《ふぼさん》としています。

楊公祠の気勢《きせい》は盛んです。

用地の選定と配置は独特の風格があり、祠堂は非常に壮観です。


正面には一幅の対聯があります。

「學究天人澤被九州士庶，功參造化名傾萬國衣冠。」

（学問が広く深く天道人事に通じ、その恩恵を九州［古代の九つの行政区］の士人百姓は受ける。その功労は名を育て、万国の名門氏族を傾ける。）

楊公祠は歴代みな修復があって、内側には楊筠松と曾文辿の塑像を祀り供養しています。

曾家は、曾文辿の時から楊筠松の後ろに従い、風水の術を代代相伝してきました。そのため曾氏の後人も、楊救貧を祖先と見なして供養しているのです。

一九九八年にもう一度、復旧工事をしました。

筆者は二〇〇四年から三年連続で赴き、参拝して内部の装飾がそのたびに変わっているのを発見しました。外壁はすべて青石《せいせき》彫刻であり、正面の壁上には、楊公の著書、遊歴、政務、風水等の内容のレリーフがあります。下面には風景彫刻、山水高楼、花鳥草木、その古建築工芸を真似した造りは大変に趣向が凝らされています。

楊公祠は、前後両殿に分かれていて、大殿に楊筠松と曾文辿を祀っています。殿堂上で楊筠松は左に位置し、曾文辿は右に位置します。第二進《しん》（外から第二番目の場所）には、当坊の福主《ふくしゅ》が祀られています。

◉陰陽渓水——楊公祠前の三叉《さんさ》水口《すいこう》

詩曰：「明師看水口，俗師滿山走。」

詩に曰く、「良い師は水口（水が合流するところ）を看て、一般の師は山を歩き回る。」

雪心賦云：「入山尋水口，登穴看明堂。」

雪心賦《せっしんふ》にいう、「山に入れば水口を尋ねよ、穴《けつ》に登れば明堂を看よ。」

水は分岐と合流が必需であり、そうしてやっと地理（山岳河川と土地の環境形勢）があります。二つの水が合うのは、すなわち三叉《さんさ》水口《すいこう》です。

したがって、もし真の龍穴を探したいのであれば、まず二つの水が交わり合うところを探さなければなりません。すなわち三叉水口のことです。

撼龍經：「凡到平原莫問蹤，只観水遶是真龍。」

撼龍経：「おしなべて平原では龍脈はどこか問わなくていい、ただ水が巡っているのを見れば真龍かどうかがわかる」

平原の龍は龍がどこから来てどこへ行くのかわからない。平原においては水を得れば上々である。ただ水を見て、円くめぐっているか、屈曲していれば真龍《しんりゅう》である。

これらも、三僚の格局は決して大きくはないけれども、風水形法には合っている明らかな証拠です。

曾氏の楊公祠の後ろには横龍《おうりゅう》があり開帳しています。金星体が起頂して、前方には二本のくねくねと曲折している

二本の蜿蜒《えんえん》と曲折する小川、楊公祠の前で二つの小川は合流して一つになる

小川があります。楊公祠の前で二つの小川が合流し一つになり、三叉水口を形成しています。龍の真穴《しんけつ》です。

◎ 曾家楊公祠の碑文

以下に、曾家の楊公祠にある碑文を、原文のまま掲載します。

楊公仙師傳略（楊公仙師の伝記のあらまし）

楊公仙師，祖籍山東竇州，父名淑賢，生三子，長曰筠翌，次曰筠殯，三曰筠松，字益，即仙師也。生於大唐中甲寅歲三月初八日戌時，幼習詩書，一覽無遺，十七歲登科及第，官拜金紫光祿大夫之職，掌管瓊林御庫，至四十五歲，因黃巢之亂，志欲歸隱山林，攜秘笈棄職，雲遊天下，遇九天玄女指點青烏之奧，遂明堪輿之旨，精星術之機，寄情山水，印證所學，至虔州之崇賢裏黃禪寺，遇曾公文辿，嘉其神慧而收爲徒，盡心指點青囊之妙，又知文辿公非終老林泉之輩，親爲卜宅，得今之興國三僚，肇基立業並鉗記。文曰：僚溪山水不易觀，四畔好

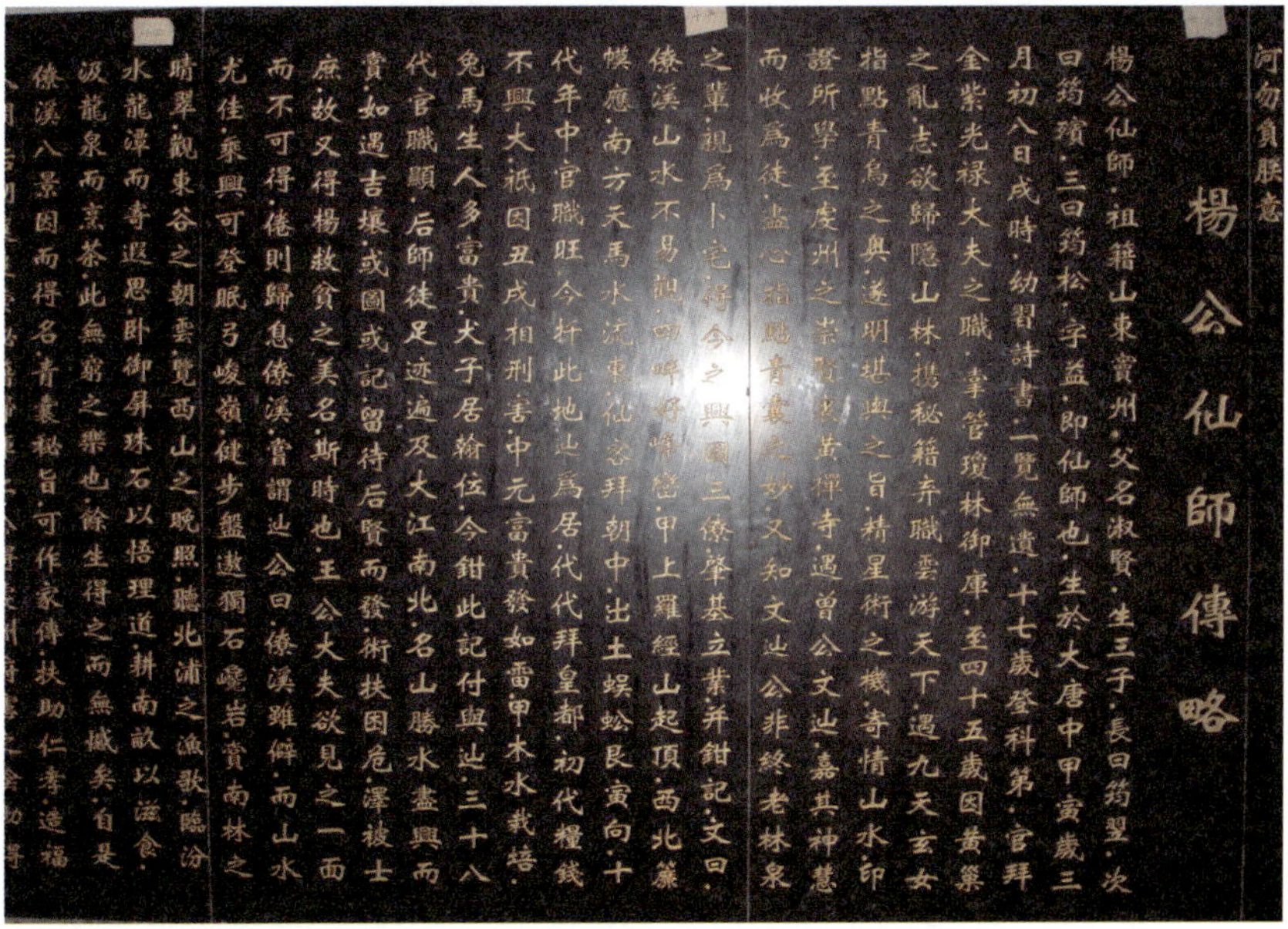

楊公仙師傳略の石刻

峰巒；甲上羅經山起頂，西北簾幕應，南方天馬水流東，仙客拜朝中；出土蜈蚣艮寅向，十代年中官職旺；今扦此地辿爲居，代代拜皇都；初代糧錢不興大，只因丑戌相刑害，中元富貴發如雷，甲木水栽培；兔馬生人多富貴，犬子居翰位。今鉗此記付與辿，三十八代官職顯。

後師徒足跡遍及大江南北，名山勝水，盡興而賞，如遇吉壤，或圖或記，留待後賢而發，術扶困危，澤被士庶，故又得楊救貧之美名。斯時也，王公大夫欲見之一面而不可得，倦則歸息僚溪。嘗謂辿公曰：僚溪雖僻，而山水尤佳，乘輿可登眠弓峻嶺，健步盤遨獨石巉岩，賞南林之晴翠，觀東谷之朝雲，覽西山之晩照，聽北浦之漁歌，臨汾水龍潭而寄遐思，臥玉屛珠石以悟理道，耕南畝以滋食，汲龍泉而烹茶，此無窮之樂也，餘生得之而無憾矣，自是僚溪八景因而得名。青囊秘旨，可作家傳，扶助仁孝，造福人間。後朝廷追索秘笈歸庫，二公得虔州府憲之陰助，得免於究。

光化三年庚申歲三月初九日，師徒出遊至寒信峽藥口壩，楊公仙逝，享年六十有七，辿公親爲卜葬八仙下棋形。

嗚呼，一代地仙雖作古，而救貧美名與囊經妙術，則共泰斗同存，略爲記。

曾公文辿傳略（曾公文辿の伝記のあらまし）

世有非常之人，抱非常之志，成非常之功業者。或治國安邦，名標青史，或經綸滿腹，潔身隱跡，或倡公益之舉，扶濟困危，或挾奇異之能，行道於世，此所謂人同非常，而道志各別，皆能留芳千古者也。

考吾始祖文辿公，生於大唐中甲戌歲，字繼輿，號逸真，兄弟三人，曰文遄、文辿、文迪，世居于都小溷，文辿公幼習詩書，生有異相，星眸炯炯，嶽狀嚴嚴，熟究天文讖緯黃庭內經諸書，尤精術數，懷抱濟世之才，因潔身黃巢之亂，隱居於崇賢裏黃禪寺，嘗夜夢彩霞護體，緣遇楊公筠松，以師事之，朝夕跟隨，職盡弟子之禮，楊公嘉其神慧，每呼爲仙輩而不名，盡心指點青囊之旨，公得明其道，斯時也，則堅出塵之想而不思仕進矣。

厥後隨楊公足跡遍及大江南北，普濟有緣，仁人孝子，獲福尤著，地理妙術，依法施爲，無不響驗如神，如遇吉地，或圖或記，留傳後賢，世人皆呼爲仙輩，王公大夫欲見一面而不可得，後楊公親爲卜宅，得今之興國三僚，留以鉗記，肇基作祖，辿公遂于中和二年徙家居焉，師徒常以僚溪八景而樂遊，性若松雲，悠然自得林泉之楽。

光化三年楊公仙逝，文辿公親爲卜葬寒信峽藥口壩八仙下棋形，囊經祕旨，傳子十七郎，徒一賴布衣，乃其婿也。梁之貞明丙子歳，公與子婿于袁州觀邱山覧勝，見山水形肖五牛飲水，穴結池心，爰指謂曰・・吾死葬此。公果於臘月仙逝，子婿如命安厝，名其地曰曾仙塘。次年元宵，子婿于豫章復見辿公行於市，追之不及，疑其未死，歸發其塋，果空棺耳，始知文辿公屍解，真成地仙矣。公著青囊奧與八分歌二卷行世，子婿塑二公遺像，立廟四時祭祀，以彰公德。元翰林學士歐陽圭贊曰：大道無形，公獨有像，神仙不死，公獨有葬，至哉斯言也，略爲記。

曾家楊公祠にある石刻の記載に依拠すると、曾氏の三僚における始祖の文辿公は、

「生於大唐中甲戌歳，字繼輿，號逸真，兄弟三人，曰文遄，文辿，文迪，世居于都小洄，文辿公幼習詩書，生有異相，……。」

「唐代の甲戌歳に生まれる。字は繼輿、號は逸真。兄弟は三人、文遄、文辿、文迪といい、代々小さな村に住んだ。文辿公は幼い時に詩書を習い、生れつき一般の人と異なる人相であった、……。」

なんと、文遄、文辿、文迪は、三兄弟だったのです。しかし多くの人は同一人物だと誤認しています。あるいは同じ家族ではない風水の達人であると思っています。

楊公祠の石刻は新しいといえども、それなりの考証を経たもので、参考にする価値はあります。堪輿を研究して伝承する学者は、この記録を重要な根拠とみなすことができるはずです。

◉曾家國師與明師名錄（曾家における国師と明師の名の記録）

曾氏祠堂內牆刻碑石，國師與明師名錄共四十七位（國師と明師の名の記録四十七名）

唐代

曾文辿，楊公弟子。

曾十七郎，字宴坤，號九八，辿公之子。

宋代

曾　沂，曾　煒，曾煥欽，曾月堂。

修築中の廖氏楊公祠堂

廖家の楊公祠。大門上の「依憑祖神」（祖神をよりどころとする）の文字

廖家の楊公祠内。楊公の金色の彫像が中央に位置する

元代

曾　衡，曾　惠。

明代

曾從政，曾邦旻，曾鶴賓，曾永章，曾國瑞，曾汝秩，曾栩鶴，曾應寵，曾德器，曾秉瓘，曾成紀，曾誠論，曾應良，曾　漢，曾舉鴻，曾舉仕，曾繼列，曾日茂，曾宗亮，曾國輝，曾兆康。

清代

曾家暄，曾贄賡，曾貴峰，曾傳惺，曾傳樽，曾茂興，曾毓玉，曾鳳廷，曾羲亭，曾慶度，曾昭輝，曾紀狄，曾傳科，曾紀伍，曾紀蒸，曾寶光，曾廣洲，曾廣琳。

第3節　廖家の楊公祠

廖姓の楊公祠は元朝の至《し》正《せい》年間に建設が開始しました。今から約六百五十年前のことです。

坐向は、子山午向、兼癸丁、庚子分金。

廖氏の楊公祠堂は、三僚村盆地の西北部、玉屏峰の下に位置します。

規模は比較的小さく、左右両側に民家があり、最近また修築を進めています（二〇〇六年末完工）。

廖氏楊公祠の祠堂の坐向を測ってみると、子山午向、兼癸丁。

本来上下両殿に分かれていましたが、現在は一殿が存在するのみです。

大門の上に「依憑祖神（祖神をよりどころとする）」の文字が刻まれ、両側の対聯にはそれぞれ「竹杖青奇萬里山河歸杖下」「青囊元妙一天星斗蘊囊中」とあります。

また祠内にも「抽爻換象堪移一天星斗，避凶趨吉真是萬國神仙」という、一副の対聯があります。

これは、宋朝の丞相《じょうそう》である文天祥《ぶんてんしょう》がここに遊歴したときに、書いた詩句だという言い伝えがあります。

楊公の金色の彫像が中央に置かれ、左側には廖瑀、右側には老官、その外に左下座には薬師の華陀《かだ》が、右下座にはこの坊の福主が祀られています。

楊公塑像の顔の表情は荘厳で慈しみに溢れています。

ただ、どういうわけかわかりませんが、楊公が着ている官服が宋時代の服装でした。

寧都の「黄陂清河廖氏族譜」の記載によれば、廖瑀の実弟にあたる克謙の息子の廖邦は北宋の中期、黄陂中壩から興国三僚へ移り住みます。これが記録上の三僚の開基祖です。祠内には廖瑀を供養しており、おそらく風水の伝承を尊重して、形式上の開基祖とみなしたものだと思われます。

◉廖家の国師と明師

廖家楊公祠内の両側の壁上には、二つの額匾が高く掲げられています。その上には、歴代の廖姓の国師と明師の名前が書いてあります。

左側の一額は、

「歴代國師匾」

欽天監國師……廖金精，廖興，廖均卿，廖旺隆，廖文政。

欽天監博士……廖景庵，廖必旺，廖用成，廖岐山，廖紹定，廖覺先，廖炳，廖紹寵等。

歴代国師匾

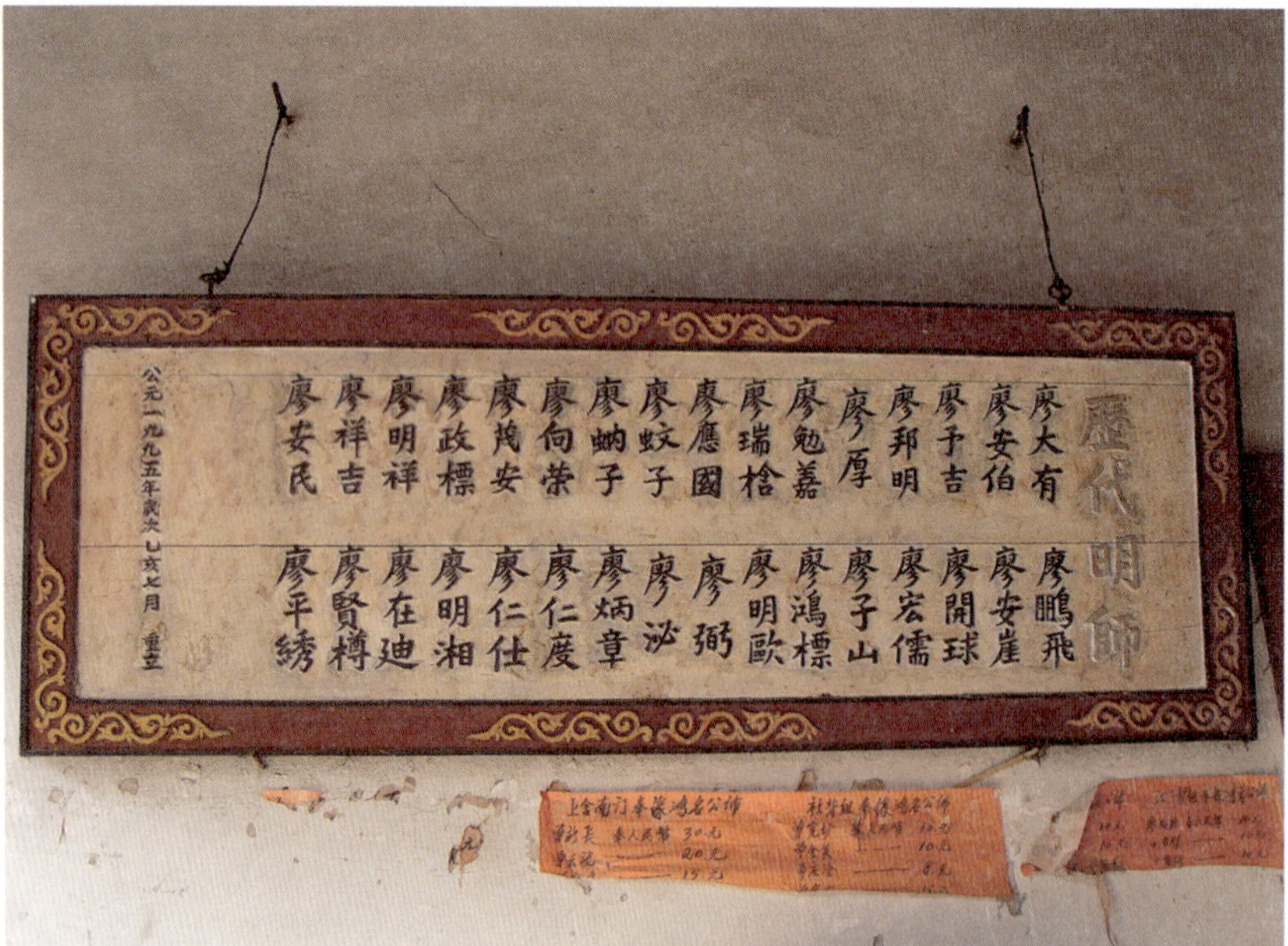

「歴代明師匾」名録

もう一方の額は、
「歴代明師匾」名録
廖大有，廖鵬飛，廖安伯，廖安崖，廖予吉，廖開球，廖邦明，廖宏儒，廖　厚，廖子山，廖勉嘉，廖鴻標，廖瑞栓，廖明歐，廖應國，廖　弼，廖蚊子，廖　泌，廖蚋子，廖炳章，廖向榮，廖仁度，廖茂安，廖仁仕，廖政標，廖明湘，廖明祥，廖在迪，廖祥吉，廖賢樽，廖安民，廖平綉，等三十二名。

第4節　楊公の予言

楊公は、曾文辿の家族を手助けして、三僚において卜地（風水を見て選地）します。その際につくった鉗記文に曰く、

「僚溪山水不易觀，四畔好峰巒；甲上羅經山起頂，西北簾幕應，南方天馬水流東，仙客拜朝中；出土蜈蚣艮寅向，十代年中官職；今扦此地辿爲居，代代拜皇都；初代糧錢不興大，只因丑戌相刑害，中元富貴發如雷，甲木水栽培：兔馬生人多富貴，犬子居翰位。今鉗此記付與辿，三十八代官職顯。」

三僚の河や山水は容易には見られない、周りには良い山峰がある。三僚の二十四山方位における甲の方位の羅経山が起頂し、西北に簾幕がかかる、南方の天馬水は東へ流れ、仙客が朝拜する。

出土した蜈蚣は艮寅に向き、十代続けて官職は旺ずる。今この地を卜して住むならば、代々皇帝の都を拝むだろう。初代はお金や食料があまり興じないのは、丑戌の刑害があることに因る、中年から富貴は雷のごとく発し、甲の方位にある水口の水は甲木を栽培する。

兎馬年生まれの人は多く富貴になり、犬年生まれの人は翰林の位まであがる。今この鉗記をここに記し曾文辿に渡す、三十八代続いて官職が顕れるだろう。

この鉗記は、曾氏の一族が三十八代にわたって皇帝の都に拝すと、予言しているのを除き、三僚の山水地形に対しても最も好ましい叙述がなされています。

鉗記の中に「甲上羅經山起頂，西北簾幕應。」という箇所があります。

筆者による三僚村の訪問が三度目のとき、ちょうど良い天気だったのが急に変化し始めて、天空の半分は青空でもう半分は鴉《カラス》のような黒雲になり、西北方位はまさに垂れ幕のようになりました。楊公はこのような景色を見て鉗記を書いたのかもしれません。

◎ 前には金盤玉印《きんばんぎょくいん》があり、後ろには涼傘遮蔭《りょうさんしゃいん》がある

三僚村の地形は独特で、群山環抱《ぐんざんかんほう》（多くの山々が周りを円く取り囲む）の円形盆地です。

盆地の中央の平原上に、一つの小さな石灰岩の山が突起し、石灰岩が溶けて洞窟をつくっています。深淵幽玄でその険しさ

楊公鉗記之一、羅経石

は、目測で測ることができません。その山は、坐北向南で、北は先が尖り、南は広くなっています。

清代には、兵士が千人余りここにかくれて天然の要塞として清に抗《あらが》ったと伝えられています。そして今でもやはり遺跡は存在し、訪ねることができます。

円形盆地を羅盤とみなすと、この山峰は羅盤中の磁針（磁石の針）の部分にとても似ているため「羅経石《らけいせき》」ともいいます。

これもまた風水の秘訣で、この地は山環水抱《さんかんすいほう》（山は取り囲むようにめぐり、水に抱かれる）であり、出口はたった一つ。明堂は千軍万馬を容れられるほど広かったとしても、もし内側が空っぽで一つも物がなければ、気を集めることはできません。

羅経石には、官印山《かんいんさん》（官位と玉印を象徴する山）のように、堪輿国師が代々官職となる意味があります。風水学者も「前有金盤玉印（前に金盤玉印がある）」と書いています。

さらに面白いのは「後有涼傘遮蔭（後ろに陽光を遮る日傘がある）」についてです。

盆地の北方には平らで厚実した黄土崠《おうどじょう》があり、そこに日傘のような形の一本の松の木が生え、その樹の傍らには一塊の石があります。

楊公鉗記之二、甲上の羅経山は起頂し、山環水抱で一ヶ所出口がある

楊公鉗記之三、西北に垂れ幕がかかる

楊公鉗記之四、出土した蜈蚣は艮寅に向く

楊公鉗記の五、涼傘と包袱。涼傘遮蔭（日傘が陽光を遮る）

遠くから見ると「涼傘遮蔭」の様子に本当に似ています。
筆者はこれを見て、元々この石と松の樹は物語に合うように故意に人が造景したものではないかと思いました。
しかし、三度目の訪問の際、曾功孟先生とこの山に登頂して、尋龍して見たのは五、六mの高さの巨石でした。とても大きくて、まるで天の外から飛来したかのようで、神の造形物の巧妙さに嘆息させられました。数百年の巨大な松樹《マツノキ》が痩せて小さく見えたほどです。

◎虎形の山下にある歴代の各種古墓

北面の黄土嵊は、二つの金星体が連なって起きていて、横龍《おうりゅう》となっています。

「涼傘遮蔭（日傘が陽光を遮る）」は、別名「涼傘《りょうさん》包袱《ほうふ》（日傘と風呂敷包）」ともいいます。

ちょうど龍脈上の良い位置にあり、尋龍點穴する際の最もよい観測地点となり、目標の位置を定めることができます。

曾功孟氏の後ろの巨石、すなわち「包袱」である

虎山上にはくねくねと続いて下に向かう龍脈があります。それは曾・廖の両家の楊公祠であり、および五代から民国に至るまでの各時期の墓群が集まっています。

全体は盆地の地形で、左青龍が祖山《そざん》をつくり、金星体が起きて各々結穴しています。

つまり「離郷砂《りきょうさ》」を形成していて、当地に留まるとかえって発展しにくいことになります。

「離郷砂」は後代の子孫が、かならず羅盤を手に持ち風呂敷包みを背負い、家を離れ遠くへ行かなければならないことを楊公は暗示しているのです。

外出して始めて発達でき、かつ子孫は代々にわたり官職に就くことができるのです。

◎伝説中の廖均卿の墓

風水大師「欽天監博士」の廖均卿の墓は、墟北の虎形の山の中腹に位置します。

青石の墓碑には、墓面がなく、墓堂もありません。

墓碑の下方に、七個の土堆（土の山）があり、聞くところによると天葬穴《てんそうけつ》だといいます。

出会う縁がないのを残念に思いました。

涼傘と包袱の下にある歴代の明師が點穴した墓葬区

虎形の山の中腹にある歴代の墓葬

虎山下に古墓を所々見ることができる

虎山下の亀形墓区

虎形墓《こけいぼ》

この墓は、北宋の曾氏十八世祖、曾玉屏《そうぎょくへい》太公の墓です。

喝形は「下山虎形《げざんこけい》」。

坐向は、申山寅向兼、庚甲。庚申分金。

その左右にはそれぞれ左輔《さほ》と右弼《うひつ》の二体の副碑《ふくひ》があり、まるで虎の二つの目のようです。

来龍は「涼傘包袱」の虎山。

過峡は、田を穿《うが》ち（通って）、龍脈上に止まります。

墓前には人工の小さな池があり、乾季で水は枯れていましたが、これもまた催財《さいざい》の作用があります。池の後ろには、樹木を植えて案山をつくっています。

天気が良いときには、三僚村全体の出水口を見ることができます。

震方の龍虎も環抱しています。


虎形墓の保存は完全です。曾氏が三僚に移り住んだ時、最初は住民数が少なく人口は増えなかったそうですが、この墓を造ってから良くなり、長房《ちょうぼう》（長男の家系）の人口が増えて隆盛したそうです。それに比べて二、三男の家系の

「下山虎形」曾玉屏太公の墓

左右の二つの副碑は、まるで虎の二つの目のようである

右弼の碑石

左輔の碑石

虎形墓の向首と明堂

虎形墓の来龍

発展は弱かったようです。

　墓前の樹木や建物が、「龍虎環抱」の格局をさえぎったため、後の子孫が虎の頭上の方に碑石を建ててこれを二つの虎の目としました。それから各分家もやっと興隆し始め、不足と損失を家に与えなくなりました。

　後世の人はこの虎形を無理にこじつけて、山下にある狗《く》形祠《けいし》（犬の形のほこら）に対して、二つの虎の目を用いて狗形祠を監視しているのだと語ります。

◎「金亀《きんき》荷《か》塘穴《とうけつ》」、人丁《じんてい》旺じる

　虎山にある「涼傘包袱」の来龍の正脈《せいみゃく》下に、廖姓の虎形墓があります。

　喝形は「猛虎跳牆形《もうこちょうしょうけい》（猛虎が垣根を飛び越える形）」です。前に池があるため、「金亀荷塘穴（蓮池にいる金亀の穴）」とも呼びます。

　この墓の坐向は、壬山丙向、兼子午。

三僚においては比較的広大な墓であり、関係のある多く人たちが合葬されています。

　伝統的な客家人が常用する「進金圓墳《しんきんえんふん》」でもあります。

三僚の金亀荷塘穴

これは多くの先人の骨を集めて一緒に再び埋葬する葬法であり、この種の墓はまた「二次葬」といいます。

ちなみに、進金圓墳という言葉の中に、金《きん》の文字が用いられている理由は、死生は厳粛なことであるからです。また遺骨は、一番大切なものだから金にたとえられています。

圓墳の言葉には、円満に完成したという意味が含まれています。

大陸の伝統的な埋葬法は骨を拾いませんので、台湾の習俗とは同じではなく、とりわけ客家人は「二次葬」を常用しています。

筆者をもてなしてくれた廖・曾二家の風水師は、とても友情に厚い方々でした。

曾寛潤《そうかんじゅん》先生曰く、「陽背塋《ようはいのう》は元来、曾姓の人の祖墓山であったのですが、龍脈が大変に旺盛であることから、廖姓の人もここで一箇所を分けてもらって墓をつくりたいと考えました。その一筋の龍脈を共有するために、その後、廖氏の分家にいた一人の娘が曾家に嫁ぎ、縁組した後にとても多くの方法を採り入れました。

雨の中の金亀荷塘穴

ついには陽背垴でこの風水宝地を買って墓を建てた」のだそうです。

廖姓の人々は、この墓を「下山虎形」と呼んで、二《に》房《ぼう》（次男の分家）の祖墳とします。

墓を建ててから廖姓の二房は人丁が旺じ、人口があっという間に数千人に到達したそうです。ちなみに、人丁が旺じるとは、家族が大きくなる、人口が増える、の意味です。丁《てい》は壮健な男を指します。特に農業時代は強壮な男性が増えたほうが家族にとっては有利だったのです。

この一座の墓は、陽背垴の南麓の斜面に位置します。廖屋村《りょうやそん》に通じる道の交差点の傍らにあります。墓前には二つの低い壁がありましたが、地勢が低いために、最初の訪問の際には、雨が降って墓には水が満ちていました。

しかし三回目に行ったときは、すでに手直しされて建っているのを見ることができました。

その途中で、廖家の萬方祠《まんほうし》を経由しました。

坐向は、申山寅向。

水口は艮寅。

明堂前に一つの池がある

向首と朝案山

古墓は雨降りにあい満水だった

三僚廖家の萬方祠。申山寅向

廖姓の貞潔牌坊《ていけつはいぼう》は、約五百年の歴史があります。

これを維持し保つ人がいないのは惜しいことです。

廖姓の貞潔牌坊。約五百年の歴史がある

◉楊公が自分の手で植えた九尾杉《きゅうびすぎ》

三僚村の秤桿形山《びんかんけいさん》の上に、一株の千年古樹「九尾杉」があります。樹の高さは約10m、樹の周囲は直径約4m。

楊公仙師が自らの手で植えたものだと言われています。

樹の幹を見ると、すでに空洞となった古い杉の木ですが、いまだに濃密な枝葉があって、生命力の貴さは人を感嘆させます。

この風水祖師が植えた一本の九尾杉には、霊気が充満していると言われており、三僚を参観する人は必ず訪れる場所となっています。

◎鯉魚肚形《りぎょとけい》、曾羅山《そうらざん》の墓

鯉魚肚形《りぎょとけい》（鯉の腹の形）墓《ぼ》、またの名を「羅山公墓《らざんこうぼ》」といいます。曾屋《そうや》楊公廟の左側、３００～４００ｍほどに位置します。

三僚盆地中央道路の傍らにあって、三僚に出入りする人は必ずその場所を経由します。

明の萬暦年間に墓を建てます。清代に四度修復されました。

鯉魚肚形墓は、曾家の祖墳です。

墓主は曾邦旻《そうほうみん》。字は寅甫、号は羅山《らざん》。

嘉靖《かせい》丙申年に皇帝の命令を受けて入京します。

明の世宗嘉靖帝《かせいてい》のために地を選び陵墓を建設しました。欽天監博士を授かります。

死後、曾羅山の遺体は、皇帝が派遣した二人の内侍従に護送されて故郷に帰り、安葬されました。

千年古樹、楊救貧が自分の手で植えた九尾杉

曾羅山墓の坐向は、寅山申向、兼甲庚。庚寅分金。

とても小さな金星体が一つ起きて、わずかな気脈があります。

墓脊《ぼせき》（背骨のような尾根）は魚肚形を呈しています。

前の明堂には順弓水《じゅんきゅうすい》があり朝山から流れて来ています。

前の貯水池は人工的に築いたものです。

遠い所に順弓の山があり環抱しています。

羅城《らじょう》は緊密（龍脈が高い山から降りてくる時の余枝が城壁のように穴の周りを護ることを羅城という。周囲の護りは緊密である）。

回龍顧祖《かいりゅうこそ》（山龍が曲がって祖山をふりかえって見ているような形）、逆水《ぎゃくすい》を収めています。

墓前に元々は二本の大きな松の樹がありました。形は鯉の二本の長い鬚に似ています。

現在はわずかに一本の細長い巨松を残すのみですが、聞くところによると樹齢はすでに五百年を超えるそうです。

墓の傍ら左右には二つの小さな墓があります。羅山公の二人の夫人鍾氏、溫氏の墓です。

碑の記載に、

回龍顧祖、鯉魚肚形

向首にある一つの池

来龍

鯉の長い鬚と天空の簾幕（垂れ幕）

青龍方の古墓

「皇明萬暦祖父母記載家譜
葬三僚魚土嵊寅山申向兼甲庚地肖魚形。
皇明二十三世祖妣考　公邦旻字羅山太公　母鍾、温氏
太婆老府君之墳墓」

皇帝が明朝の萬暦帝の時、祖父母が族譜に記載。
三僚魚土嵊に埋葬する、寅山申向、兼甲庚　地は魚形に似る。
明朝二十三世祖　公邦旻字羅山太公　母鍾・温氏太婆老府君の墓

◉ 白鵝《はくが》展翅《てんし》形《けい》、白い鵞鳥が羽を展ばし蜈蚣《むかで》を食べる

楊公鉗記の中には、「出土蜈蚣艮寅向」とあります。
三僚の東北方位の山勢は比較的険しく、蜈蚣山形《ごこうさんけい》（むかでのような山の形）が多く、伝説では、沈《しん》という姓との人たちが蜈蚣の形をした地方に住んでおり、その近くの曽姓を持つ一族の運は盛んではなかったといいます。

そこで、まもなくこの祠堂を建築しました。山形や山勢の組み合わせは、あたかも伸びた鵞鳥《がちょう》の首の形状を呈し、「白鵝展翅形（白い鵞鳥が羽を展ばす）」と呼びます。

艮寅方、蜈蚣を多く出土する

「後山前水」の典型的な民家

「白鷺展翅形」の来龍

鷺鳥の冠を象徴する石

なぜなら鵞鳥は蜈蚣を食べることができるからです。

これを境に、曾姓の一族は人口が大いに増え、沈姓の一族は次第に没落していったといいます。

◎狗形祠《くけいし》の前にある食槽《しょくそう》

三僚村の来龍および地理的な位置からみると、狗形祠の坐向はやや特殊です。

龍脈に依らず向を取っていて、それはあたかも虎山下の歴代の祖墳を見守っているかのようです。

右が高く左が低い形勢は、三房（三男の家系）を栄えさせる主な手法です。

これは曾氏の三房の総祠《そうし》です。


狗形祠の坐向は、甲山庚向、兼卯酉。

華麗な外観はありません。

祠堂の前方に犬用の食槽（エサ場）があります。

祠堂の右側にはまた開いた側門があり、形が犬の耳に似ています。

狗形祠堂を建て終わった後に、三房は人口と財の両方が盛んになりました。

狗形祠

狗形祠は来龍に依らずに向を定めている

祠堂のちょうど前方に犬の食槽がある

三僚では喝形で穴を呼ぶ場合、すべて動物の形で命名している

これも三僚風水の特色の一つです。穴に関する喝形はすべて人形《じんけい》、狗形《くけい》、蛇形《じゃけい》、鵝形《がけい》といった小さな名で命名がされていますが、小さくても格局はあります。これは標準の名実相伴うものであり、現実的なつくり方で、そのレイアウトは人を感嘆させます。

それに比べて現在の地理師はややもすれば、龍と言い鳳と呼ぶような命名法を好みます。名は大きいが格局は小さく、甚だしい場合は形法に合わず、格局などまったくない。両者には大変な違いがあります。

霊蛇出洞《れいじゃしゅつどう》の蛇形祠《じゃけいし》

三僚では、楊公祠を除き、最も有名な陽宅建築は、蛇形祠といえるでしょう。

蛇形祠、また喝形の名は「霊蛇吐《れいじゃと》珠《しゅ》」「霊蛇出洞」といいます。

明朝初期の風水名師の廖炳《りょうへい》が挿しました。

蛇形祠は横龍に属し、五行の土に属します。土は金を生じ、金星体が穴を結んでいます。

三僚の後靠の龍脈は真っ直ぐ奔走して下り、来龍は有力で彎曲し蛇形をつくり、まるで錦蛇《にしきへび》が下山しているかのよ

狗形の向首にある明堂と照壁

うです。

金星体が起頂してすぐさま坐穴《ざけつ》しています。

宗祠は蛇形七寸のところを選んでいます。

祠堂全体は龍脈の勢いと一致し、造型は珍しいレイアウトで、玄機《げんき》（玄妙な道理）が充満しています。

蛇形祠の坐向は、壬山丙向、兼巳亥。

蛇形祠の入り口は蛇の穴のようです。必ず先に小門を通り抜けなければなりません。

祠堂は池の後ろにある壁によって遮られており、必ず蜿蜒と曲折した小道を回り道しなくてはいけません。そうしてやっと祠堂の建築を見ることができます。

蛇形祠は左右の廂房《しょうぼう》（母屋の手前両側にある建屋）は大小不対称です。しかも同一水平線上に存在しません。

天井《てんせい》の雨簷《うえん》も、前が高くて後ろが低くなっています。

部屋の中央には二つの香炉があります。

高い所のものは神台《しんだい》（祭壇）の上に置かれ、低い所のものは地面上にあります。

霊蛇出洞祠堂の全貌

また祠堂の門前には、一つの半月形の水塘《すいとう》（貯水池）と照牆《しょうしょう》（廟堂と正門に相対する短い壁）があり、それと祠堂は他では見られないユニークな宗祠建築を形成しています。

この建築設計者は、分家に損をさせる、つまり各分家の子孫の興隆の程度は同じにさせないという意図をもって建てたようです。

そのため、二房は明堂が妨害されていることが原因で興隆できません。しかし、壇前の地上に置かれた香炉により二房はだんだんと興隆します。

それは、二房は跪《ひざまず》いて拝むことにより、明堂が照壁からの妨害の影響を受けなくなり、ようやく発達することができます。

この説は広く知られており、かなり面白い説ですが、筆者はこれらは祠堂の地勢がくねくねとして蛇形であることから来ているだけだと思っています。

つまり、その土地の状況に応じた風水師の巧みなレイアウトを施しただけで、決して故意に後代の子孫をこらしめようして設計したのではないと考えています。

玄武からの来龍は有力である。「界水則止（気は水にくぎられればすなわち止まる）」

来龍の入首

入口はすべて小門を通る。蛇の穴のようである

蛇形祠の半月池と照壁

祖先の壇前には二つの香炉があり、二房の香炉は下に置かれている

左右の廂房（両脇にある棟）は大小不対称である

第4章

楊救貧の風水は興国にあり

興国県は、江西省中南部、贛南北部に位置し、羅霄《らしょう》山脈の東、武夷山《ぶいさん》の西にあります。

西隣は、吉安《きつあん》市轄区万安《まんあん》県、西北は泰和《たいわ》県、北境は永豊《えいほう》県になります。

東・北・西の三方に山があって周りを取り囲んでいます。山並みは幾重にも重なり、全体の地勢は東北がやや高く、西南に向かいだんだんと低くなっています。

武夷山の支脈は、石城《せきじょう》の牙梳山《がそさん》、寧都の齊雲山《せいうんさん》を経て、彎曲しながらやって来ます。

興国は、「地霊人傑《ちれいじんけつ》（傑出した人物が生まれる霊秀な地）」です。

清の乾隆二年、興国県令（古代の県長）の徐大坤《じょだいこん》は、当地の有力者の推薦に応じ、三僚の名師である廖應梓《りょうおうし》に頼み卜地して「瀲江書院《れんこうしょいん》」を建設しました。

それから県内は文風（学習の風気）が盛況となり、優れた人材を輩出しました。

第1節 将軍県の将軍館

贛州の興国県は、近代までに百名以上の将軍を出していることから、またの名を将軍県といいます。

興国県は将軍県

名だたる将軍を輩出した地であるので、よい風水をたくさん看ることができるはずだと一度目の旅に際して、筆者は楽しみにしていました。

そんな気持ちを抱いて赴いた私たちを、旅行ガイドが連れて行ったのは将軍館でした。将軍館の前には将軍広場があって、六十二名の将軍の石像がありました（国民党の将軍は含んでいないと推測していますが、何のためにただ六十二名の将軍の塑像があるのでしょうか？）。将軍館はただ資料が陳列されているだけで、風水の良し悪しとの関係は特にありませんでした。

その後、再び贛州に行った際に、興国県の文化と歴史の仕事をしている胡玉春先生と知り合いになり、ようやく将軍県の好山《こうざん》好《こう》水《すい》を見聞する機会が得られました。

また風水教科書上の活きた教材ともいえる「状元家山」等、興国三僚村以外の風水宝地も見ることができました。

第2節 状元《じょうげん》家《か》山《ざん》——潘氏、状元を出す

状元家山は、興国県均村郷《きんそんきょう》長竹村《ちょうちくそん》に位置します。五里《ごり》隘《あい》と呼ばれる地方です。

状元家山とは、南宋時代の潘従源《はんじゅうげん》（琴《きん》公の後裔、福建汀州《ていしゅう》人

将軍広場には六十二名の将軍塑像がある

氏）夫婦の墓のことを指します。

今からさかのぼること約七百年余り、墓地は前後して四回の修復を終えて、保存は完全です。毎年、潘氏の子孫が訪れては掛紙《かし》をします。掛紙とは掃墓《そうぼ》（墓参りをすること）を意味し、墓を清掃して、墓の四周の樹木や土に長方形の紙を埋めることに由来します。

潘氏はもとより学問に優れ、堪輿風水の術も理解しており、この地をその生前に注文しました。彼が埋葬されてまもなく、彼の息子である潘仝《はんどう》は状元に受かりました。

状元とは、中国古代の科挙制度の中、科挙の最終試験である殿試《でんし》で首席合格者をいいます。

ただし本当に有名なのは、その後代の子孫の潘任《はんにん》でしょう。潘任は文天祥《ぶんてんしょう》の補佐をして元に抗った大将であり、南宋最後の兵部尚書《へいぶしょうしょ》を担任しました。

潘任はまた烏項山《うこうさん》を尋ねた潘氏の開基祖です。したがって後代の子孫は文武の両方を具えていたといえるでしょう。

風水上は、「財・丁・貴（お金・人口・地位）」をすべて具えた格局に属します。

七百年余り保存、今なお子孫の掛紙がある

水聚天心《すいじゅてんしん》は富貴を発する

潘氏状元家山の来龍は、興国・万安・泰和三県の天湖《てんこ》山に介在し、脱卸剥換《だっしゃはくかん》（山脈は高から低へ、再び低から高へ、太から細へ変化する。石山は土山に変わり、大山は小山へ、あるいは小山は大山へ変化する。一つの形状はまた他の形状に変化する。これらを脱卸剥換という）を経て、この地に至り、面を開いて獅形をつくります。

墓地は獅頭の中心に位置します。

亥龍入首。

坐向は、辛山乙向。辛酉分金。

水出甲口。

石碑の対聯は非常に面白いものです。

「能以鳳毛延世澤」（鳳の羽毛で世の恩恵を延ばすことができる）

「恰似芽露振家聲」（あたかも芽の露で一族の名声を上げるのに似ている）

それぞれ気勢がみなぎる横聯《おうれん》の「状元家山」とは強烈な対比を形成しています。

墓地に立って外をみますと、

状元家山の墓碑

龍虎環抱《りゅうこかんぽう》（青龍砂と白虎砂が抱き合うように取り巻くこと）。

層が幾重にも重なる案山は、朝拝《ちょうはい》（皇帝に拝するように穴に向かう）し、気勢は雄偉です。

最も人に印象を深く刻ませるのは、前面の明堂にある玉帯水が纏腰《てんよう》（腰に巻きつくように流れる）していることです。

水は左から右へと流れ、墓前を流れ過ぎるだけでなく、「四水帰堂《しすいきどう》」（四本の川が明堂に集まる風水格局）が、「水聚《すいじゅ》天心《てんしん》」（水が真ん中に集まる風水格局）をつくっています。

その様子が魚網に似ているために、この墓穴は喝形で「仙人撒網《せんにんさんもう》」（仙人が網を撒く。四方から真ん中に水が集まりその姿は魚網に似る）とも呼ばれます。

来水は見ることができますが、下手砂《かしゅさ》（明堂の水が去っていくほうを下手という。または下関《かかん》）に関攔があり、去水は見えません。下手は緊密であるべきで、広々としているのを忌みます。

水は屈曲して流れていき、さほど遠くない所に集まり、獅子潭と呼ばれる小さな貯水池をつくっています。

これにより「水は財禄《ざいろく》をつかさどる」ことが看てとれ、後代の子孫は必ず富み栄えると断定することができます。

状元家山の来龍と靠山

水聚天心の「仙人撒網」

令旗峰《れいきほう》は水口山でもある

令旗峰・筆架峰《ひっかほう》・四水帰堂の全景

第3節 筆架《ひっか》は状元を得る、令旗《れいき》は将帥《しょうすい》を出す

状元家山の明堂の前、右手前方に一つ、筆架峰《ひっかほう》（筆を置く道具の形をした山）があります。これは文筆をつかさどり、文状元を出すことができます。

右側にはまた特別な形の山があります。まるで将軍が出陣して勝利の旗を得たように見えます。これを令旗峰《れいきほう》（軍の三角旗の形をした山）と言い、後代に将帥（軍隊の司令官）が雲のように集まることをつかさどります。手を伸ばせば筆架や令旗を触ることができるような近さにあるのは、後代の子孫は能力が高く文武を兼ね具えており、また次第に高い地位に昇ることを表しています。

第4節 青牛臥槽《せいぎゅうがそう》は人材を輩出する

興国県の城東10㎞のところは、「青牛臥槽《せいぎゅうがそう》」という喝形名がそのまま実際を体現しています。山を背に池に面している李氏の旧居、名は「霖漢堂《りんかんどう》」の風水はきわめて良好です。後靠《こうこう》となる山は、一頭の俯いて俯《うつぶ》せる牛に似ていて、その牛の頭上には、また一個の巨大な石の洞穴があり、牛が鼻で突いているように見えることから、これを穿鼻岩《せんびがん》といいます。

この種の天然の地形は、一目見てすぐに、一頭の牛と知ることができます。

これに比べると、一般の地師の「喝形」は充分な想像力を用いなければならず、尾ひれをつけてようやく命名の含意がわかる程度です。

霖漢堂は1903年に再建されました。
坐向は、巳山亥向、兼巽乾。
建物は牛背峰《ぎゅうはいほう》を背にして、丙山から来龍があります。
水は庚酉方から来て、左から右へと流れます。

門前には元々一本の小川があり、その後、河の流れが道を変えたため、旧い河筋が大小異なる大きさの池に変わったといわれています。

そのため、ちょうど横たわっている青牛が池に生える水草を食べることができるのです。

これこそ興国の胡玉春先生が著書に書き記した「華坪青牛臥槽《かへいせいぎゅうがそう》」です。

霖漢堂は田舎の目立たない古い住宅ですが、輝かしい過去を持っています。

家主は、清末の李昌漢《りしょうかん》。名は炳《へい》、字は毓霖《いくりん》。ゆえに堂名が霖漢堂なのです。

三十七歳になった李昌漢にはまだ跡継ぎがありませんでしたので、三僚の曾継迪《そうけいてき》地師を招いて、場所を選んで家を建てました。

その後、人口はたちまち増えて、後世に優れた人材もかなり出た

青牛臥槽の全景

俯せる青牛には水草があって食べることができる

霖漢堂は人材を輩出した

といいます。

牛の背中はまるで倉庫のような土形山《どけいさん》です。来龍後靠《らいりゅうこうこう》の山とみなし、丁（成年男子）が盛んになり人口が増えるのをつかさどります。また水に近いため富を築くのも速くなります。

胡玉春先生によると、百年間で男子の人口は六十数人にも達し、国内外に分散したそうです。大学教授や博士がいて、黄埔《こうほ》軍校卒業の李佐援《りさえん》将軍もその地から出ているといいます。

第5節 文房四宝《ぶんぼうしほう》に官印あり——壩南村《はなんそん》の陳氏祠堂《ちんししどう》

瀲江鎮壩南《れんこうちんはなん》にある陳氏祠堂は、興国県の有名な宗祠です。

壩南の陳家は、南宋末年に河南からこの地に移り住み、明初の永楽年間に卜地して祠を建てました。

歴代の修築はどれも三僚から廖家の風水名師を招聘して責任を持ってなされました。

陳氏祠堂は、一八九八年に一度修築されました。

坐向は、乾山巽向、兼亥巳。

背後の来龍の祖山は興国名山の萬石嶺《まんせきれい》です。

廳中の天井《てんせい》（中庭）は甲に水が置かれていて、右から左に流れ、水は癸丑方から出ています。

壩南の陳氏祠堂には文房四宝がある

祠堂前には10畝《ほ》（6670㎡）ほどの貯水池が開かれており、墨盤池《ぼくばんち》（硯）にあたります。宗祠の廳堂《ちょうどう》の水口は乙辰方に出ています。

右前方に一つ四角い井戸が掘られています。これは官印《かんいん》井《せい》（地位と学問の井戸）です。池の中央に立つ二本の四角い石柱は墨を意味します。右側のさほど遠くないところにある朱華塔《しゅかとう》は文峰であり文筆をつかさどり、大地を紙として、文房四宝である「筆、墨、硯、紙」を象徴しています。文房とは、文人の書斎のことです。これらは充分に風水の「形法」を応用しています。

この祠堂は修築以来、百年余り経過していますが、その間に、壩南の陳氏からは将軍を三人出すなど才能のある人材を輩出しました。

大房（長男の家系）の人数が最も興隆し、二・三・四房の分家からはそれぞれ将軍を一人出しています。その中でも上将《じょうしょう》の陳奇涵《ちんきかん》（三房第七代）は最も有名であり、分家もみな発展しました。

陳氏の家宅前にある墨盤池および官印井

第6節 「武子観兵《ぶしかんぺい》」――威遠《いえん》将軍の墓

「武子観兵形」（喝形。孫武《そんぶ》［孫子《そんし》］が兵を眺める形、山の頂がよく見える格局）は、興国江背鎮《こうはいちん》に位置します。安葬された場所の地名は角東坑《かくとうこう》です。

清代の光緒年間、威遠将軍鄒復勝《すうふくしょう》の祖父・鄒芳《すうほう》の墓です。

鄒公洪芳は、嘉慶壬申年十月八日卯刻に生まれ、道光庚子年四月十四日卯刻に逝去。

その墓地の位置は水溝窯龍背上にあります。

坐向は、卯山酉向、兼甲庚。

言い伝えによると、鄒復勝の家の生活状態は貧乏でしたが、偶然遭遇した地師が點穴をしてくれたので、祖父と父親の墓を窯背峠の後ろに遷葬します。

その後、鄒復勝は家を出て、軍隊に入りましたが、次々に戦功を挙げて、提督の称号を獲得し、一品《いっぴん》（官位の最上級）の頂戴《ちょうだい》（清朝の官服で帽子の頂の丸い飾り。珊瑚や水晶などでつくってある）を授かります。

さらに、中法（清朝とフランス）鎮南関《ちんなんかん》の戦を指揮して、後に劉永福《りゅうえいふく》に随い台湾を奪回します。

地師が墓を建てたときに地鉗《ちかん》（地師鉗記のこと）を墓内に蔵しました。それを読むと、遷葬の成果が現れたことがわかります。

胡玉春先生は、筆者を連れてこの場所を見学しました。墓をみるとすでに盗難に遭っていましたけれども、墓地はいまもなお完全に保持されており、折よく有名な地師の呑葬墓の造法を見ることができました。

彼による鉗記の予言が傍らに放置されていました。予言は極めて正確でした。

墓碑石刻に、清朝亡き父鄒公、諱は華壽老府君と記載されています。

地師鉗記

「武仙崠下一條龍，窯背崠上勢尊容，水幛層層重疊裏。陰璣降脈產英雄，武子觀兵形最肖，點穴恰在肚臍中。峰巒秀麗情親切，分金坐度妙無窮，高低深淺俱合法。陰陽裁剪奪神功，文貴雖興不甚顯，鹿鳴宴罷震威風。雷趕金羊武貴發，甲乙庚生命運通，將略無雙推國士。名播華夷受皇封，四代之間及五代，雖發貴兮未善終。碑面重修或可免，若說起筋斷不容，即作俚歌爲應證。復叮嚀兮宜信從。地師塗周翰門人李武綸　仝謹識」

武仙の崠（山梁）から下りる一匹の龍、窯背崠の上に尊容を顕す、水幛は層々幾重にも重なり包む。

陰璣が降脈して英雄を生む、武子観兵に形は最も似ている、點穴はちょうど臍の中にある。

峰巒は秀麗であり情は親密、分金坐度数の絶妙さは

「武子観兵」（すでに盗墓に遭う）

来龍の降脈は頗《すこぶ》る強く、小吐唇の所に墓を造り埋葬した

「武子観兵」の水口は曜煞方《ようさつほう》にある

武子観兵墓前の筆者と胡玉春先生

極まりない、高低深浅共に法に合う。

陰陽の裁断は神功を奪い、文官は興るが甚だしくは顕われない、鹿鳴宴が終わり威風を震わす。

雷が金羊を追い武官の貴さが発する、甲乙庚生まれの人は運が通る、将軍の計略は無双で国士に推挙される。

名は国内外に伝播し皇帝の封を受けて、四代の間に五代に及ぶ、貴を発するが天寿を全うできない。

碑面は修復すれば或いは免れられる、筋を取り出すのは断じて許さない、即興の歌を作り応証とする。

繰り返し言うが信じて従うのが宜しい。

地師塗周翰の門人　李武綸　謹んで記す

その墓の来龍の降脈は非常に強く、地師は小吐唇《しょうとしん》のところに呑葬法で墓を造りました。

強く急な来龍を受け、旺気を引き継ぎます。

龍虎を斉しく具え、白虎は伸びて来て案山をつくります。

東北方から来水があり、去水は申口から出ます。

亀・蛇・旗・鼓、すべて具えています。

高いところから下を臨むと、たしかに満山兵将《まんざんへいしょう》の勢いがあります。これを「韓信點兵《かんしんてんぺい》」ともいいます。

その墓は、大きくはないけれども、造型は非常に心を尽くしたものです。

墓園は、大理石の丸石が二周、回りを巻いています。

内明堂《ないめいどう》が閉塞し、左青龍は逆に曲がって自分に向かい、水口は曜煞方《ようさつほう》にあります。

これらの条件により地師の予言は速やかに実現します。

ただし発達した後に改修する必要があり、それを怠ると不測の事態に遭う恐れがあります。

家族はこのことを忘れてしまい、第四・第五の両代の子孫は発貴しましたが、天寿を全うしていません。果たして鉗記通りになってしまったのです。

地師鉗記予言碑

第5章 楊救貧の風水は贛州にあり

名門の象徴である夏府村の入口牌坊

典型的な客家《はっか》宗祠《そうし》。夏府にて

第1節　夏府《かふ》――贛県湖江《かんけんここう》のよき風水

贛県湖江郷には、風水がきわめてよい場所があります。

山環水抱のこの古い村落は「夏府」と称します。夏府は昔、「下釜《かふ》」と呼ばれました。

北宋・四川《しせん》省生れの詩人蘇東坡《そとうば》は、かつてこの場所を次のように描写しました。

「十八灘頭一葉舟，清風吹入小溪流。三生有幸復游此，莫把牟尼境外求。」

（十八灘に浮かぶ一艘の小舟、清風は小渓流に吹いて来る。三生（前世、今世、過去世）を合わせたくらい、この上ない幸せなことに、ふたたびこの地に遊ぶ、釈迦牟尼（幸せの意味）を境外から求めることなかれ。）

蘇東坡（一〇三七～一一〇一年）は、宋代の詩人・書家・政治家名は軾、字は子瞻、東坡は号。文人として世に知られ、詩は宋代一とされています。

一九三九年三月、蔣経国《しょうけいこく》先生は贛南にやって来て、国民党江西省第四行政区督察専任員、兼保安司令に就きました。一般には贛県県長と言われます。

経国先生は贛州に六年間住んでいたため、彼が創立した小学校など至るところに彼の足跡があります。

彼は「下釜」という名は優雅ではないと思い、夏府に改名をしました。夏府の最も著名な特色は、客家宗祠だということができるでしょう。

第2節 戚《せき》家より武官を出し、謝《しゃ》家より宰相を出す

筆者らは、贛県旅遊局の江傳好《こうでんこう》局長に案内されて、湖江《ここう》で渡し船に乗り、二十分間足らずで唐朝の時から才能のある人物を輩出してきた夏府に着きました。

まず初めに見えてきたのは門楼です。門楼も古い建築物の特色の一つです。

門楼は、精神的なシンボルであること、そして歴史的な意義があることを除いて、風水上の気口《きこう》（気の入口）にもなっていて、吉気を納め入れます。

夏府にある祠堂の中では、戚家と謝家両家の祠堂が最も完全な形で残されています。

筆者らは一面にナツメが植えられている樹林を通り過ぎました。これらのナツメの木のあるものはすでに百年は経っています。

当地のガイドによれば、戚家の祠堂は明代における抗倭《こうわ》名将の戚繼光《せきけいこう》によって有名になったそうです。これらのナツメの木こそ、戚繼光の一族が山東省蓬莱《ほうらい》県から持ってきたものであると……。しかし戚家は本当

戚氏宗祠は宋代の建築様式を模倣している。風格は古風質朴

建築は古風質朴で趣向を凝らしている

文人を輩出した謝氏宗祠

に山東省から移り住んできたのでしょうか、それとも贛県湖江から来たのでしょうか。

なぜなら、戚継光は山東人である説と贛州人の客家人であるという説と、異なる二つの説が存在するからです。

戚家の祠堂の隣に立っているのが謝家宗祠ですが、戚家が武将を出しているのに対して、歴代の謝家からは文人を多く出しています。

謝氏宗祠の坐向は、坐北向南（子山午向、兼壬丙）です。

◉戚継光の宗祠

戚氏宗祠は二つあります。二つはさほど離れてはいません。

一つは「追遠堂《ついえんどう》」です。

坐向は、坐北向南（癸山丁向、兼丑未。庚子分金）。

宋時代の建築様式を模倣し、格式は古風質朴、気勢は雄大です。

建て始められたのは宋代の景定《けいてい》年間です。

戚應元公祠

もう一つは「戚應元公祠《せきおうげんこうし》」です。

坐向は、坐東向西（甲山庚向、兼卯酉）。

この建築物は、元運と龍運は別々にするべきという理由で、同じではない方向を採用しています。

「追遠堂」の傍らにある一本の「南洋奇樹《なんようきじゅ》」（南洋の珍しい木）」には大いに典故があります。

辛亥革命の時期、南洋に滞在していた戚氏の後人である愛国華僑の戚修琪《せきしゅうき》は、海外で資金を集めて孫中山先生の革命を手伝うほどの熟知の仲でした。

孫中山先生がこの世を去った後、戚修琪は推薦を受けて南洋華僑総代表となり、帰国して孫中山先生の奉安大《ほうあんたい》典《てん》に参加しました。

そして、南洋から金雞納霜《きんけいのうそう》（cinnine：マラリアの特効薬）の苗を持ち帰り、祠堂の前に植樹したうちの一本の木が、南洋奇樹と呼ばれるものです。

◎現面官星《げんめんかんせい》、官貴を出す

戚氏宗祠には、風水上、最大の特色があります。

それは前に小さな山や丘があり、大門（正門）から出

戚氏宗祠「追遠堂」と南洋奇樹

大門（正門）から見える案山と朝山

現面官星、官貴を出す

て行くときに見えることです。朝山と案山が特にはっきりと顕れています。

これは、「現面官星、主に官貴《かんき》を出す」という非常に得ることが難しい風水をつくっています。

「現面官星、主に官貴を出す」とは、官星とする山に面と向かえば、地位の高い役人を輩出するという意味です。この祠堂では、風水名師による手法を見ることができます。

祠堂の中には、孫中山先生から賜った門聯《もんれん》がまだありました。

「蔚和平景象，振國是風聲，發揚章貢英靈，崆峒秀氣」
「恢家族規模，建民治基礎，光大楚丘宏業，閥閲宗功」

この詩は、中華民国の時期に戚氏一族が非常に興隆していた証明に足るものです。

第3節　客家《はっか》文化城《ぶんかじょう》と楊仙嶺《ようせんれい》

客家文化城は、贛県県城の東南に位置します。

南方に貢水《こうすい》、真向いには伝説の風水祖師楊救貧の隠居地だった楊仙嶺を臨みます。

二〇〇四年十一月、第十九回世界客屬《きゃくぞく》懇親大会が江西省贛州で開催されました。

その会で、全世界の客家人の会合に協力する形で贛県の東南に客家文化城が新設されました。

文化城内の観光スポットとしては、大門牌坊《だいもんはいぼう》、客家《はっか》太極広場《たいきょくひろば》、客家宗祠、客家芸術長廊《ちょうろう》、客家博物館、風水護《ご》壁《へき》、楊公祠、客家名人彫塑園などがあります。これらの建築物と施設は、みな客家の情趣と文化が表現されています。

建築の中で風水との関係が見られるのは、やはり文化城の中で比較的大きな建築物です。主要なものに、大門牌坊、客家宗祠、楊公祠、客家博物館があり、楊救貧と客家人との関係がとても密接なのを見ることができます。

大門牌坊

早期に客家人が集まっていた地方には、居住用の家や祖先の墓の風水、官吏の子孫、あるいは大家族の家を問わず、多くの牌楼《はいろう》が建てられました。

牌楼は、精神的なシンボルです。

もちろん、出掛けていくときは必ず通過する場所でもあります。

風水上にあっては、もしこの牌楼の位置と方向が両方共に良ければ、吉気を吸収できて、後代の子孫は隆盛することができます。

客家宗祠

客家宗祠の坐向は、亥山巳向。

対岸は楊仙嶺です。

客家人は、六回の大移動を経て、流浪の民族ともみなされています。

そのため、後代の子孫にルーツを忘れさせないように、宗祠を大変に重視し、宗祠の風水についても十分にこだわっています。

贛県客家文化城の大門牌坊

客家博物館の円屋造型（円い家の造型）は風水文化を代表する

円楼客家の舞台。曲が終わり人々は散る

客屬懇親大会の時に、客家宗祠を参拝する人の波

宗祠が供養し安置する炎帝《えんてい》と黄帝《こうてい》

このように、贛南には大変多くの客家宗祠の風水を見ることができ、非常に完全な形で保存されているものもあります。

その多くは風水明師の點地に由来するもので、後代の子孫も非常に栄えました。

◎楊公祠

客家文化城の中に一座の楊公祠が建っています。

祀られているのは、楊救貧先生です。

楊救貧は、風水術を用いて贛南をあちこち流れ歩き民間に深く入っていきました。

中国では政府主導で廟を建てて、風水祖師を祀っているケースは多くはありません。これもまた贛南の特色です。

楊公祠中にある楊救貧の塑像は非常に特色を具えています（第1章の2頁参照）。

身体に一本の傘を背負っているのは、地理師がさまざまな場所の風水を見て歩き、吉地を探し求めたことを表しています。

また背後にある大きな羅盤は、風水術の象徴であ

客家宗祠の傍らに新しく建てられた楊公祠は荘厳広大である

り、羅盤は地理師にとって、なくてはならない道具です。

◎客家博物館

客家博物館の主要な特色は、展覧されている物品にはなく、その円い家屋の造形にあります。早期における客家の住宅は、円形の家屋、あるいは四角い形の伙房屋《かぼうおく》です。

この住宅は最もよく客家の風水文化を代表していますが、台湾の伝統的な三合院の住宅とは大きな違いがあります。

その建築設計と場所の選択は、機能と風水形法の特色を兼ね具えています。

贛南は、世界で三大客家人の居住地として知られており、およそ８００万人の客家人が住んでいます。

◎贛南の名山——峰山《ほうさん》

峰山は、贛州城の周囲では比較的高い山です。

海抜１０１６ｍ。峰山は晋代以来、贛州の名山です。

昔は仁空山《じんくうさん》と呼ばれましたが、宋代に崆峒山《こうどうさん》と改められます。そして清朝末年にはさらに峰山と称するようになりました。

蘇東坡は、峰山を〝贛州八境《かんしゅうはっきょう》〟のトップに列しています。

贛州への旅行については、たくさんのパンフレットがあり、それをもとに筆者は、二〇〇五年三月に出かける計画を立てました。

ところが現地の詳しい情報には乏しく、山頂にあるラジオ中継所が登る道を塞いでいるとは想像してもいませんでした。

また、現地に着くと、濃い霧で視野が悪く、山頂には到達できそうになく、ただ失意のままに下山し帰路につくしかありませんでした。

風水探索の旅は、本来「耗資費時（資材を消耗し、時間を費やす）」ものですから、このような不測の事態が起きることには慣れてしまいました。

第4節 楊仙嶺《ようせんれい》――風水宝地

「楊仙嶺」は、貢水の水辺に聳え立っています。

南嶺《なんれい》山脈の龍脈に属し、今の贛県沙河鎮《さかちん》東北部に位置します。

楊仙嶺は、風水祖師楊救貧によって、その名を得ました。

海抜412m。地域面積は約3㎢。

主山特立（主要な山が特別に高く立つこと）。

峰の頂上には険しく切り立った岩や変わった形の石が重なり合っています。

展肩開帳（山が肩を伸ばすように広く開いている様子）。

このような山は、風水においては最高の少祖山《しょうそざん》（太祖山から発脈した後、また大きな山が起きている。形や気勢は太祖山とは異なる。これを少祖山という）です。

また楊仙嶺から下の層の山並みは、屏風のように切り立った山が重なり合っていて、山勢はちょっと止まっては下がり、起伏があり、生き生きと動き活発です。

真っ直ぐ貢水に到達した龍脈は、「界水而止（水に区切られてやっと止まる）」となります。

楊仙嶺において、風水理論はまさに尽きると言ってもよいでしょう。

客家文化城から見た「楊仙嶺」

周囲の山形と水勢は、尋龍點穴の活きた教材です。

当時の楊仙嶺の自然環境は、未だ人為的な破壊を受けておらず、その山形走勢《さんけいそうせい》は、贛州城の巽方に位置しており、遠くから眺めると、三面を水に囲まれた三角亀形《さんかくきけい》の贛州城を形成しており、楊仙嶺は皇帝を出すことのできる地だと言えます。

また「合形合理《ごうけいごうり》（形が条件に適えば、理にかなっている）」に属します。

民間での楊仙嶺に関する伝説も数々あります。

たとえば、楊救貧が鞭をふるって牛や羊を後ろから追うかのように移山倒水《いざんとうすい》（山を移動させて水を入れる。法力がとても強いたとえ）して、贛州沙河周辺の人たちを安住させて、平穏に生活するようになり、あらゆる事業が盛んになったと言います。

楊救貧はここに教室を建てて、弟子に堪輿の術を教えたという説もあります。

筆者はかつて楊仙嶺に行ったことがありますが、まだ登頂していません。しかし山のふもとから山の傾斜を見るかぎりでは、山上に楊仙廟《ようせんびょう》が建っていたとしても、おそらくその規模は大きくないはずです。

楊公嶺は常に霧がゆらゆらとしている

「楊公嶺」の上から見た貢水

山を開き道路を建設したことで、楊仙嶺の龍脈を破壊した

一代宗師楊救貧は、風水中の伝奇的な人物で、後世の人に無限の思いをはせさせます。

現代の贛州市は進歩途上の都市で、建設はだんだんと展開しています。梅林大橋が建設されたことで、楊仙嶺と県城の距離は縮まりました。交通が改善され人々の生活は便利になったのですが、風水の龍脈はかえって道路によって切断されてしまいました。

第5節

八境台《はっきょうだい》——章水《しょうすい》と貢水《こうすい》が合流する所

章水と貢水は、八境台の場所で下に集まって贛江《かんこう》となり、北に向かって流れています。

三階建ての高さほどある八境台に登ると、贛州八景を余すところなく眺めることができます。

八境台は宋代の古い城壁の上に位置し、北宋の嘉祐《かゆう》年間（１０５６～１０６３年）に建て始められました。

八境台の坐向は、巳山亥向。

今まで九百年以上が経過し、何度も修復を重ねてきました。

贛州城は亀形に属し、八境台の場所は、最北端の亀の尾上にあり、名は亀尾角《きびかく》といいます。

唐末、盧光稠は混乱に乗じて兵を起こし贛南を割拠した後、楊救貧に要請して拠点となる基地を選び贛州城を築きました。

楊救貧は、贛州城の場所として「上水亀形《じょうすいきけい》」（亀が体を斜めに傾け、龍を追い払い、流れに従う形。穴は肩の上にある）を選び、亀の頭に南門を築き、亀の尾は章水と貢水の二つの河が合流したところにあります。亀形とは、尾があり四肢（砂手）があります。

章水と貢水が集まり贛江となる場所

八境台は最北端の亀の尾上にある

八境台正殿。亥山巳向

今にいたるまで東門と西門はやはり亀の両足であり、同じく水に臨んだ浜にあります。

贛州城は三面が水に臨み、守りやすく攻めにくい鉄城《てつじょう》（鉄のような堅固な城）です。

そのお蔭で、盧光稠は兵を一角《いっかく》に集合させ、南に向いて30年以上も覇を唱えることができたのです。

八境台の風景はとても素晴らしく比類がありませんが、風水宝地ではありません。ここは単なる場所の標識にすぎません。

章水と貢水の二つの水形はハサミに似ていて、なおかつ水勢が非常に大きくなっています。そのため何度も災難に遭い、祝融に遭いました（祝融は火と南の方位をつかさどる神。転じて火災に遭うこと）。

１９８４年、改修時に鉄筋とコンクリートを使い、古い構造に似せてつくり上げました。

歴代の府衙《ふが》（役所）や道台《どうだい》は同じく亀の背骨の上に設けました。

すなわち贛城州南北の中心線上に該当します。

第6節　古城壁《こじょうへき》

贛州の古城壁は、盧光稠が城を拡げた後に基礎を定めましたが、当時は土城《どじょう》（土で築いた城）でした。その後、城壁の土が年々河川の水の浸食を受けて破壊されていきます。

北宋の嘉祐年間に至って、孔宗瀚《こうそうかん》が贛州の主管に就いたのを機に、レンガを用いて城壁の修築を開始します。

特に貴重なのは、古城壁上に、万を数える製造年代のある城レンガが保留されていることです。記載された文字の内容を通じて、補修された時代を知ることができ、贛州古城の盛衰の証明にもなります。

これらのレンガは銘文磚《めいぶんせん》（銘文レンガ）とも言われています。

宋代の古城壁

贛州老城区建春門《けんしゅんもん》、申山寅向

第7節

蔣経国の旧居《きゅうきょ》

贛南の蔣経国の旧居は、宋代の旧城のそばの河畔に位置し、傍らに古い城壁があります。

鬱孤台から城壁沿いに500mほど歩くと、一軒の質素な建築物があり、これこそが蔣経国の旧居です。

旧居の坐向は、巽山乾向。

参観する人は途切れることがありません。家の下には河口に通じる地下道があり、当時、安全を考慮して建設されたのかもしれません。

蔣経国の旧居

蔣経国が贛南に居た時の故居、十分に隠密である

第8節　鬱孤台《うつこだい》

鬱孤台は、城区西北隅の田螺嶺《でんられい》の上にあります。

鬱孤台の坐向は、亥山巳向、兼乾巽。

建設が始められた年代は、史籍には詳しくは書かれていません。

歴代の文人墨客《ぶんじんぼっかく》（詩人や文学者）は、鬱孤台と題した詞を大変多く残しています。

特に南宋の辛棄疾《しんきしつ》による『菩薩蛮《ぼさつばん》』の詩は最も有名で現在に至るまで伝承されています。ちなみに、菩薩蛮とは、西域からもたらされたイスラム教徒の歌曲のこと。その曲に合わせて替え歌の詩を作ったもの。

辛棄疾（一一四〇～一二〇七年）は、南宋の詞人。字は幼安、号は稼軒《かけん》。

《菩薩蠻》

「鬱孤台下清江水，中間多少行人涙。西北望長安，可憐無數山。青山遮不住，畢竟東流去。江晩正愁餘，山深聞鷓鴣。」

鬱孤台の下でどれほどの人が涙しただろうか

『菩薩蛮』

「鬱孤台下の清らかな川の水、その中をどれほどの旅人が涙したことだろう。西北に長安を眺めようとしても、可哀相なことに無数の山がある。青山は遮り続けることはできても、河の流れを遮ることはできない。結局河は東に流れて行く。河の日暮れは憂い余る、山は深くシャコ（キジの一種）の声を聴く。」

第9節 文廟《ぶんびょう》

孔子廟《こうしびょう》。またの名を「文廟」といいます。

贛州の文廟は現在、贛南で保存されている最大級の古代建築物です。

文廟は、清代においては贛県県学（科挙時代、県ごとに設けられていた学堂）であり、建築が始まったのは、北宋（一〇五〇年）です。

建物の坐向は、亥山巳向。


ただ文廟は、何度も移転しています。

最近の移転では、清代の乾隆元年（一七三六年）、知県の張照乗《ちょうえいじょう》が贛州仕《し》紳《しん》（地方の有力な知識人）の意見を採用して、県学を鬱孤台下から祥符宮《しょうふぐう》県学の元の住所に戻しました。

現存するのは、大成門《たいせいもん》、大成殿《たいせいでん》、崇聖祠《すうせいし》の三進からなる欠けるところのない主要部の建築であり、中でも、大成殿は清朝乾隆年間に建てられており、二百年近い歴史があります。

その瓦の表面には景徳鎮《けいとくちん》の高温で焼きつけされたガラス瓦を用いており、磁器で瓦の表面をつくっていて、これは唯一無二の瓦です。北京の故宮の瓦の表面でさえどれもみな陶製です。

文廟。亥山巳向

大成殿の中にある至聖先師（孔子）

第10節 浮橋《うきはし》

古い浮橋は全長400mです。これは、実に100艙《そう》の木の舟を用いています。

木舟を鉄のロープで一つひとつを連ねてつくっており、舟の上に横にした木板を敷いて、これを橋の表面としています。

雨季がやってきて河の水が上昇したときに、浮き橋もまた一緒に浮き上がり、急な水流に押し流されるということはありません。

第11節 南康市《なんこうし》 生仏寺《しょうぶつじ》

風景が秀麗な南山生仏寺。元の名は「万安寺《まんあんじ》」といいます。

この寺は、江西省南康市西華郷《せいかきょう》境内に位置します。

三国時代の呉宝鼎《ごほうてい》年間に建設が始まり、後に「里安院《りあんいん》」と名を改め、その後に住所を南山に移して、さらに名を「南厳寺《なんげんじ》」と改め、その後、南山生仏寺となりました。

天王殿の坐向は、午山子向、兼丙壬。

二〇〇〇年九月に、南康市生仏寺大雄宝殿《だいゆうほうでん》が落成しています。

古い浮橋は100個の木の舟を用い、鉄のロープで連ねてできている

南康市にある生仏寺

天王殿の坐向は、午山子向、兼丙壬

台湾の廣化《こうか》和尚《おしょう》の舎利子《しゃりし》塔《とう》も寺の傍らにあります。

釋廣化《しゃくこうか》。字は振教、号は慚僧、俗家姓は彭、名は華元。

江西省南康県人。

中華民国十三年（一九二四年）甲子二月初十日、南康県潭口郷に生まれます。

中華民国四十六年（一九五七年）九月十九日観世音菩薩が出家した日に、台中の二分埔慈善寺《じぜんじ》において、律航《りっこう》老法師の手によって剃髪得度《ていはつとくど》し出家します。法名は振教、字は廣化。その時、三十四歳。

民国八十五年六月七日午時、弟子の念仏を唱える中、穏やかに座して往生したといいます。寿命は七十三歳。

廣化法師の一生で、弟子たちに対しての最も重要な教えは、「持戒念仏《じかいねんぶつ》」の四文字です。

法師は生涯戒律を厳しく守り、念仏を唱えてきました。「持戒念仏」することを何度も弟子に教えたといいます。

全球客家郵報社長の李純恩《りじゅんおん》氏と廣化和尚の舎利塔

第12節　景徳鎮の風水

景徳鎮市は、江西省の東北部に位置し、陶磁器文化の街としての歴史は悠久です。「新平冶陶，始於漢世」（新平《しんぺい》で陶器をつくるのは、漢の時代から始まる）と言われることから、漢代から陶磁器の生産が開始していたことがわかります（新平鎮は景徳鎮の最も早い名称）。

宋の景徳元年（一〇〇四年）、宮廷の命令でこの地では皇家御用達《こうかごようたし》の陶磁器を焼き始めます。陶磁器の底には「景徳年制」と名を入れ、これによって景徳鎮は名声を得ました。

元代から開始し、明・清代に至るまで、歴代の皇帝はみな景徳鎮に人員を派遣して宮廷用の陶磁器を監督・製造しました。瓷局《じきょく》を設け、御窯《ぎょうよう》を置き、無数の陶磁器の逸品を生み出しました。特に、青花《せいか》、粉彩《ふんさい》、玲瓏《れいろう》、色釉《いろゆう》薬《やく》の四つのジャンルの絵付け陶磁器が名品として謳われています。

景徳鎮の周りは、多くの山々が取り囲み、木々が鬱蒼としています。後ろには屏風のような靠山があり、左右の両側には護衛の龍虎砂があります。格局は完全で、ここは風水宝地です。

明末から清初に建て始められた佑陶靈祠《ゆうとうれいし》は、風火《ふうか》仙師《せんし》廟《びょう》とも呼ばれています。建築の構想は優れており、新しいアイデアを打ち出しています。明代の特徴がありながらも、また清代の風格を同時に具えています。

この建築物には、明代の「童玉　跳窯《どうぎょくちょうよう》」という故事があります。

明朝の頃、浮梁里《ふりょうり》の村人の童賓《どうひん》は、太監の潘相が景徳鎮にて大器青龍缸《たいきせいりゅうこう》を監督し造っている期間、長い間なか

景徳鎮の佑陶靈祠

風火仙師廟は「風火仙」を祀る

なか焼き上がらなかったため、自らを窯に投じたといいます。後に皇帝から「風火仙《ふうかせん》」の名を封じられ、彼を祭祀する祠、風火仙師廟が立てられました。佑陶靈祠の坐向は、艮山坤向です。

第13節 南昌《なんしょう》の滕王閣《とうおうかく》

南昌市は、江西省の省都です。古代は「南方昌盛《なんぽうしょうせい》の地（南の栄えた地）」と称されたため、南昌と呼ばれました。

南昌は歴史文化で著名な都市です。場所は贛（江西省の別称）中の北寄りのところ、贛江と撫河の下流、鄱陽湖《はようこ》の水際にあります。

都市を建てて以来ずっと府・州・省・道の治所《ちしょ》（地方の長官の役所が置かれた場所）です。

歴代の官吏や貴人が集まり、文化が集中するところで、商人の往来が途切れません。

南昌の滕王閣は「江南三大名楼」である

かねてより「物華天寶，人傑地靈」（豊かな産物、天の恵み。傑出した人物はその土地の霊気が育むもの）の美名を得ています。


南昌の滕王閣《とうおうかく》の坐向は、戌山辰向。

昔から「江南三大名楼」の誉れを受けており、滕王閣は南昌市のシンボルの一つです。

この楼閣は、千三百年以上の歴史の中、二十九回補修をしています。

唐代、洪州刺史《こうしゅうしし》の李元嬰《りげんえい》が、六五三年に建て始めました。

李元嬰は唐の高祖・李淵の子であり、唐の太宗・李世民の弟に当たります。李元嬰の封号《ほうごう》が滕王であるところから、楼閣の名を「滕王閣」といいます。

後に、初唐四傑の一人である王勃《おうぼつ》（六五〇～六七六年）が書いた「滕王閣序」の一文は、滕王閣の名を現在に至るまで伝えることになります。

楼閣の上に登ってみると、王勃が書いた文章を理解できます。


「落霞與孤鶩齊飛，秋水共長天一色」

（落霞《おちがすみ》、孤鶩と齊しく飛び、秋水長天と共に一色）


絶妙な景色です。

第14節 廬山《ろざん》

廬山は、特別に雄々しく美しさは抜きん出ています。

古人は次のように言いました。

「匡廬奇秀甲天下」
（思うに廬山は特別に美しい、天下第一である）

司馬遷により、廬山が『史記』に記録された後、陶淵明《とうえんめい》、謝霊運《しゃれいうん》、李白《りはく》、白居易《はくきょい》、蘇軾《そしょく》、王安石《おうあんせき》、陸游《りくゆう》ら歴代の詩人と墨客《ぼっかく》らがその名を慕って途切れることなくこの地を訪れ、多くの貴重な名編や佳作を残しました。

含鄱亭《がんはてい》の付近は、左に五老峰《ごろうほう》が聳え、右は太乙峰《たいいつほう》、東南は漢陽峰《かんようほう》、峰の上には古い松の樹が絡みつくように生えています。

含鄱亭の上に登って眺めると、空と海が溶け合い、壮大で美しい景色が広がり、遥か彼方に中国第一の大淡水湖である鄱陽湖が見えます。この光景は一見の価値があります。

第15節 九江《きゅうこう》

夏・商の時代、九江は荊《けい》と揚《よう》の二州に属する都市でした。また、春秋時代は、呉の東境にあり、楚の西境に属していました。

廬山太乙峰。雄々しく美しさは抜きん出ている

かねてより「呉頭楚尾《ごとうそび》」の呼び名があるように、昔から兵家必争《へいかひっそう》の地であります。

三国時代、九江は呉国の都市でした。

東漢末期に呉国の名将の周瑜《しゅうゆ》が、ここで水軍を訓練したと言われていますが、その訓練は「天下の東呉水師《とうごすいし》」の名を世に知らしめました。

唐の詩人、白居易が江州（今の江西省九江市）の司馬《しば》（軍事を司る官職）であった頃、「浸月亭《しんげつてい》」が湖の中心に建ちました。

白居易の「琵琶行《びわこう》」の中に、「別時茫茫江浸月」（別れの時に茫茫《ぼうぼう》と、川は月を浸す）の佳句があり、そこから「浸月亭」と命名されたといいます。

北宋の時代には、「山光水色薄籠煙」（山の光は水色で薄く霧がこもる）の意味から「煙水亭《えんすいてい》」と名を改めました。

また、周瑜がここで水軍を訓練したことに由来して、「周瑜點将台《しゅうゆてんしょうだい》」（周瑜が指名し任務を与えた台）とも呼ばれています。

張玉正と九江「周瑜點将台」

第6章 紫禁城と明十三陵を造営する

明の太祖・朱元璋《しゅげんしょう》は、明朝を建立した後、元朝の〝国を分封し諸子を王とする制度〟を踏襲します。

洪武《こうぶ》三十一年（一三九八年）明の太祖の死後、その孫である朱允炆《しゅいんぶん》が即位し、年号を改めて建文《けんぶん》とします。

明の恵帝・朱允炆は、諸国王の力が強大かつ横暴だと感じていたので、大臣の齊泰《せいたい》と黄子澄《こうしちょう》の謀略を受け入れて諸王の属地を削ぎます。諸王の兵権を回収するのが目的でした。


しかし、朱元璋の四男にあたる燕王《えんおう》・朱棣《しゅてい》（後の永楽帝）はこれに服従せず、建文元年（一三九九年）七月、北平府《ほくへいふ》で戦の誓いを立てて兵を起こしました。

そして奸臣《かんしん》である齊泰と黄子澄の殺害を理由に、「清君側、靖内難（君主の身辺の奸臣や小人を清除し、内部の騒乱を平定する）」という旗印のもとに、燕王は建文四年（西暦一四〇二年）六月、軍隊を指揮して首都に突き進みます。そして帝位に登って、明の成祖《せいそ》となり、翌年に永楽《えいらく》に改元します。

これが歴史にいう「靖難《せいなん》の変」です。

明の成祖は即位後、北京に遷都する命令を発布し、全土

明・清代二十四人の皇帝が居住した紫禁城

から堪輿明師《かんよめいし》を招聘します。

江西省贛州興国県三僚村、楊筠松の門人の曾文辿及び廖三傳の後代である曾従政や廖均卿などは帝王の通告を受けて上京し、明朝に代わる新都のための風水を見ます。

故宮《こきゅう》・紫禁城《しきんじょう》、それから北京昌平の黄土山《こうどさん》すなわち明の十三陵の地を相次いで観察して、永楽五年（一四〇七年）、北京宮殿と明の成祖の陵寝「長陵《ちょうりょう》」の建設が始まります。

朱棣は、永楽十九年（一四二一年）、正式に北京に遷都しました。

以来、三僚村の廖・曾両家の後代の子孫は、明代皇室御用達の堪輿師となります。

それと前後して数十名の国師が招かれ、欽天監の職を勅令で任され、専門に皇室の堪輿に関することを司ったといいます。

第1節　帝王の都　紫禁城

北京の故宮・紫禁城宮殿は、明・清両代の皇居であり、政治の中枢でした。

明代の十四人の皇帝と清代の十人の皇帝、全部合わせて二十四人の皇帝は、皆ここに居を定めました。その年月は、実に合計四百九十一年間です。

紫禁城は、中国に現存する最大かつ最も完成された木造古建築群です。

宮殿式建築の坐向は、坐正北向正南。子午線を天地正線《てんちせいせん》とします。

故宮全体の配置は、「前朝後寝《ぜんちょうこうしん》」、つまり、前方には政務を処理する宮殿があり、後方は帝王と皇后が居住生活する「三宮六院《さんきゅうろくいん》」様式となっています。

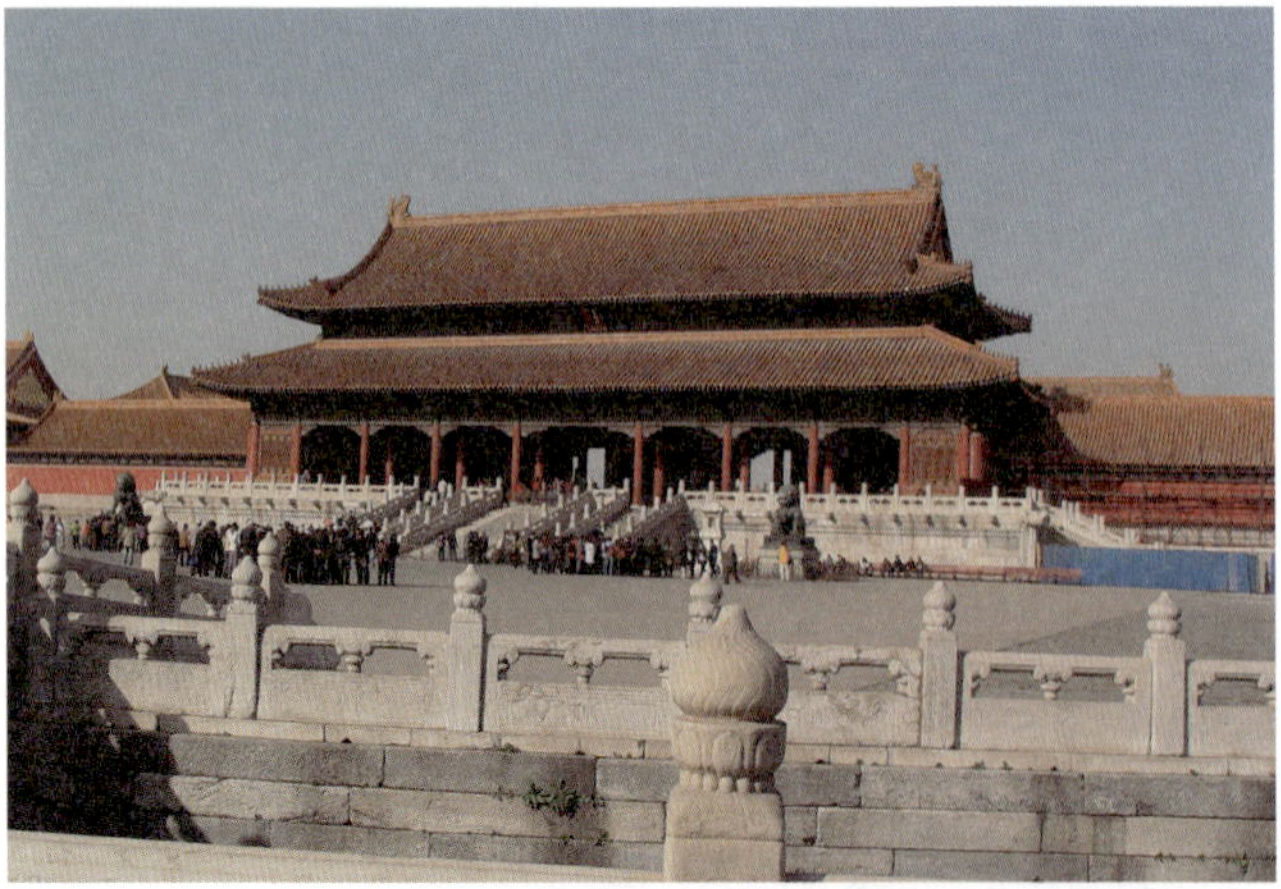

紫禁城の金水橋《さんすいきょう》と太和門《たいわもん》

紫禁城の乾清宮《けんせいきゅう》。室内の風景

紫禁城の太和殿《たいわでん》。室内の風景

主要な宮殿の建築物はみな正中線上にあり、また、左右対称に展開しています。主と従ははっきりとしており、礼の制度上にあっては、左が社《しゃ》で右が祖先です。すなわち、左が太廟《たいびょう》（霊廟）、右が祖廟となります。

第2節　紫禁城、配置の特色

紫禁城は、「左右対称、前後呼応《ぜんごこおう》」でバランスがとれた対照的な配置になっています。それ以外にも、風水上の「前低後高《ぜんていこうこう》」「後山前水《こうさんぜんすい》」の格局に符合させるために、太液池《たいえきち》の水を城壁の西北の隅から引き入れ、南に向かって廻らせて、紫禁城の午門《ごもん》内の内金水河《ないきんすいか》となり、玉帯水の風水格局を約５００ｍ形成し、その後、東南方向へ流出させています。

また、周囲には約50ｍの広大な護城河《ごじょうか》（防御のために城の周りに廻らせた河）を掘って、紫禁城の防守を厳密にしています。

護城河から掘り出した土は、宮殿の後ろに運ばれて、積み上げられ今日の景山《けいざん》となっています。このように自分の建築で出た土を使ってつくった靠山は、最も良い人工の障壁なのです。

経にこうあります。

「客土無情《きゃくどむじょう》」

（他の場所を掘り持ってきた土は無情である）

現在、とても多くの建築現場で他の場所から運んできた土を補填していますが、地気《ちき》はまったくないというこ

紫禁城の後靠となる景山

景山から見た金色に輝く後宮《こうきゅう》

紫禁城の護城河

とができます。

建設現場で掘り出した土を使わないで勝手に捨ててしまうのは、非常に惜しいことです。もし、計画に加えて善用することができれば、とても良い風水格局を造り出すことができます。

第3節 観光客は「定陵」を参観し、風水師は「長陵」を見る

明の十三陵は、明代の十三個の皇帝の陵墓のことを指しています。

十三個の帝陵の多くは修復中であり、定陵《ていりょう》・長陵《ちょうりょう》・昭陵《しょうりょう》だけが見学を解禁されています。2013年より、永陵、康陵、茂陵、泰陵、徳陵、慶陵は開放されました（個人見学は不可）。

長陵は、明の成祖・永楽帝（朱棣）の墓です。

定陵は、すでに掘って整理され、観光客に雄大な帝王地下宮殿の参観が提供されています。そのため、通常明の十三陵を参観しに来た観光客は、定陵だけを見て、その他の陵寝を少しも見学しません。

実のところ、地理師なら長陵を見学しなければなりません。

長陵は、三僚の風水師である廖均卿が主導したことを除いても、明の十三陵中で第一位の陵墓であるといえます。

坐山の来龍を立向の根拠にしており、風水形法はその中に尽きますが、定陵だけは、十三陵の中でこれに反していて、風水はやや劣ります。

楊公（楊救貧）は、唐朝以前の歴代の風水形法の精華を集めました。

唐代以前の帝王風水は、封土を陵とする、あるいは依山を陵とするのかを論じていません。しかも、そのほと

んどが子山午向（正北正南）の風水格局です。

宋朝に到っても、現存する河南省鞏縣《きょうけん》の宋室皇陵《そうしつこうりょう》を見てみると、各帝陵はひとしく子山午向、兼癸丁（坐山四度）、いまだ正南北の坐度（坐の度数）から脱却していません。

明の永楽五年（一四〇七年）、朱棣の皇后である徐氏がこの世を去ります。

朱棣は、礼部・工部及び風水術士に「万年吉壌《まんねんきちじょう》（万年続く吉の土壌）」を探すことを命じました。

それに前後して大臣が選定してきたのは、潭柘寺《たんしゃじ》・燕家台《えんかたい》・屠家営《とかえい》等の場所でした。

しかし、朱棣は、「潭柘寺は山が高くて溝が深く土地が狭窄しているので後代の発展に不利。屠家営は屠殺の意があり、皇帝の姓の朱と猪は同じ発音だから、朱を殺す意味になり不吉。また燕家台の燕家《エンジャー》は宴駕《エンジャー》と同じ発音で、宴駕《えんが》=帝王之死を意味するからこれもまた不吉」という理由によって、どれもみな採用しませんでした。

その後、廖均卿を通じて「北京昌平に名を黄土山という吉の土壌がある。万年の寿域をつくることができる」との意見書が上申され、それに加えて「獻山図《けんざんず》」をつくりました。

開大帳の天寿山と長陵の全景

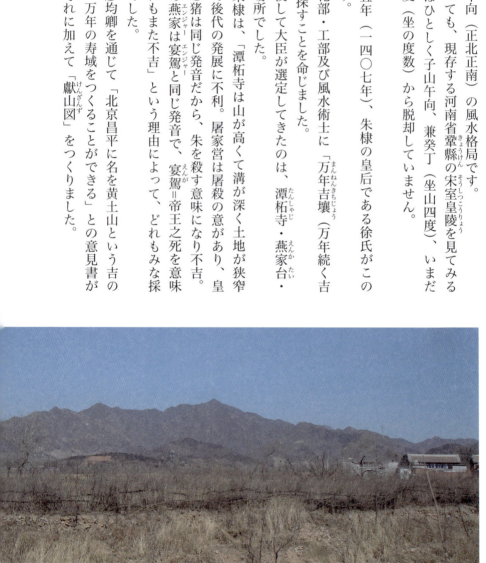

明の十三陵。長陵の入り口

「均卿太翁欽奉行取扞卜皇陵及行程回奏實錄」に記載があります。

奉天承運
十八嶺峰巍巍乎，四勢呈祥，形肖銅鑼，穴居中央。禮部尚書相六秀皆足，八景堪評。天門山拱震垣，地戶水流囚謝，風閣龍橫，卓列羅城，捍門華表鎮塞星，河山如萬馬奔趨，水似黃龍踴躍，內有聖人登殿之水，世產明君，外有公侯拜午之山，永豐朝貢，四維趨伏，八極森羅，青龍奇特，白虎恭降。太維天馬尊於銀潢之南，少府紫微起于天河之北，維皇作極，俾世其昌，發龍氣旺，帝業若勝，山河鞏固，地勢寬平，艮亥脈作癸山丁向卦，例相合王星聚會，主大臣股肱協力。木火得局王葉慶，衍繁昌悉合仙經，宜任陵室。
臣謹繪圖獻，伏乞親臨，高張慧目，廣邁皇風，玉燭清明，並立辰而永曜，金符浩蕩，亙萬古以長存，國祚無疆，邦家有慶，臣不勝戰慄，俟命之至。
奏曰：「臣廖均卿面奏穴事，臣觀黃土山，勢如鸞鳳之奔騰，

穴似金盤之荷葉，水繞雲從，位極至尊。・・・・」
（訳文省略）

これによって、成祖の朱棣に始まり末帝の崇禎帝《すうていてい》の朱由検《しゅゆうけん》に至るまでこれに従いました。全部で十四人いる皇帝のうち、景泰帝《けいたいてい》の朱祁鈺《しゅきぎょく》だけは、英宗《えいそう》の朱祁鎮《しゅきちん》に廃止されたために、皇陵に納められず、親王の仕様で北京西郊外に埋葬されました。それ以外の皇帝は、みなここに埋葬されています。

それによって黄土山は、天寿山《てんじゅさん》となります。

諸陵墓の朝向にも、とても大きな変化が起こりました。

かつてのように「南北正向」を帝王の坐向《ざこう》ではなく、完全に、山脈の来龍に依り立向《りっこう》（向きを決める）しています。

第4節　明の十三陵の坐向

明の十三陵は、廖均卿の巧妙な計画を経て〝坐山来龍《ざざんらいりゅう》をもって立向とする〟のを開始しました。

これは、完全な風水格局に基づきます。

「龍、砂、穴、水」の風水の形・勢に重点を置いて、建築と芸術を融合させた規模宏大な一座の帝王の陵区です。

この陵区を筆者は歩いて実地調査をし、陵寝の坐向を実際に測量しました。

長陵、献陵、茂陵、慶陵　　癸山丁向

景陵、永陵　寅山申向
泰陵、思陵　子山午向
康陵、定陵　戌山辰向
徳陵　卯山酉向
裕陵　丑山未向
昭陵　亥山巳向

全部の陵区の範囲は、約40㎞以上あり、雄偉壮観です。

北面には群山が高く聳え、重なりあい畳み掛ける山峰で、天寿山を主峰とし、大峪山《だいよくさん》・陽翠嶺《ようすいれい》の三峰が並んでいます。

主峰の天寿山の高さは、海抜７００m以上。これは陵区最高峰です。

山々は展肩開帳《てんけんかいちょう》、剥換し束気があり、金星体が起きて、結穴《けっけつ》しています。

特に長陵は、来龍の正脈に位置し、左に蟒山《もうさん》があり龍山を形成し、右に虎峪山《こよくさん》があり虎山を作り、南に向かい合い対峙しています。

温楡《おんゆ》河《が》とその他の小さな川は蜿蜒と彎曲して流れ、東南方に集まり湖を作っていきます（現在ではすでに貯水湖にな

景陵から見た長陵の来龍

長陵は天寿山の正脈中に結穴する

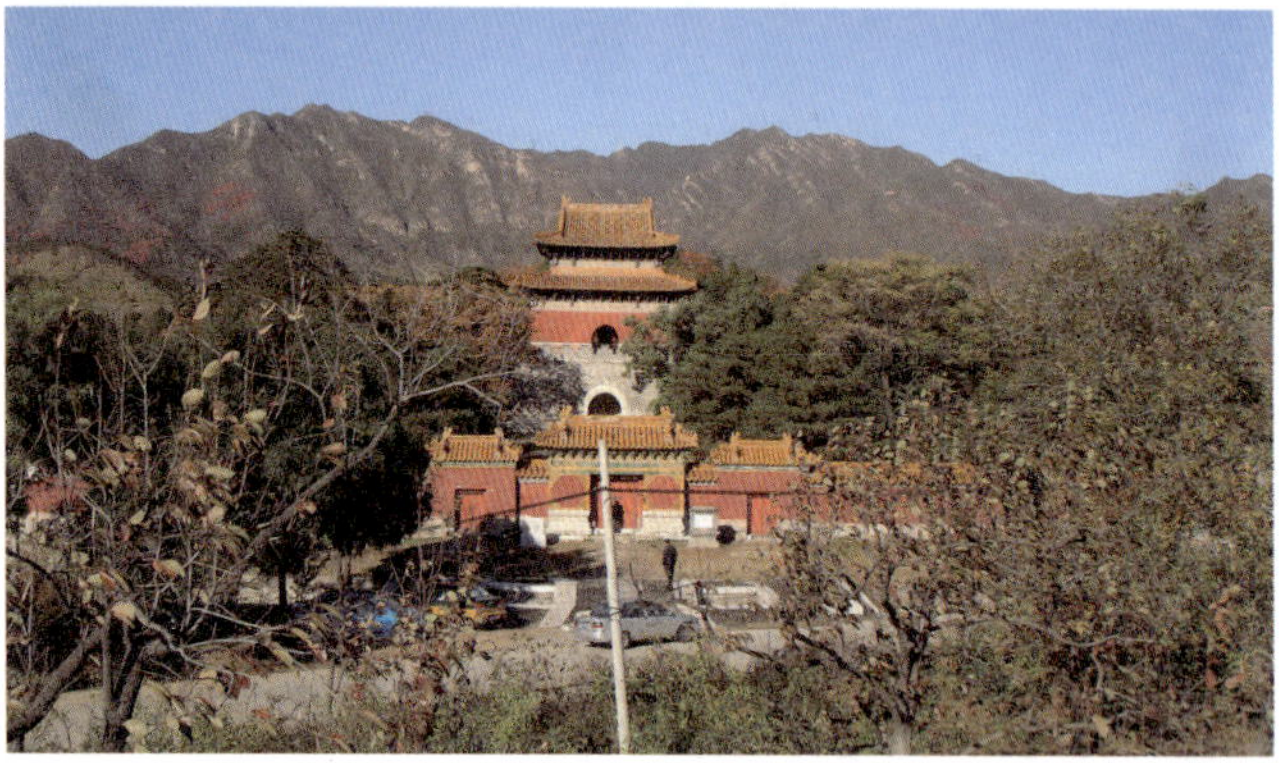

明の十三陵。献陵

っている）。
龍盤虎踞《りゅうばんこきょ》（龍はとぐろを巻き、虎は身をかがめる。地勢が雄偉なこと）、十三陵の水口を守っています。山々は重なり畳みかけるように高く聳え、両腕で抱くようにアーチ形に取り囲み、気勢は勇壮高大で帝王の陵寝にふさわしいものとなっています。

陵区に進入すると、まず初めに石牌坊《せきはいぼう》が見えてきます。五間六柱の石坊建築物で、漢白玉《かんはくぎょく》（大理石の一種）の彫刻でできており、屋根は廡殿頂《ぶでんちょう》（中国伝統建築の屋根の頂上の形式。中軸に沿い前後左右に四面を斜めに形成。最高等級の宮殿寺廟のみに使用。日本の寄棟造《よせむねづくり》と同じ）。やはり、中国最大の石牌坊ということができます。

正門は大紅門《だいこうもん》といいます。券門三洞《けんもんさんどう》（アーチ形の三つの入り口）があり、木棚の支えはなく、すべてレンガ造りです。屋根の構造は、単簷《たんえん》、廡殿頂、頂上を黄色い瓦が

明の十三陵。昭陵

長陵の明楼《めいろう》

覆い、壁は紅牆《こうしょう》（赤い壁）、白石《はくせき》の基礎です。門の南の両側には、それぞれに石牌坊と下馬碑《げばひ》があります。

門の北は総神道《そうしんどう》（参道のこと）です。

神道の長さは約1㎞。真っ直ぐ長陵に到達することができます。

南端に建っているのは大碑楼《だいひろう》です。重簷歇山頂《じゅうえんけつさんちょう》の建築であり、頂きは黄色のガラス瓦が覆い、四面に門が開かれています。

右に虎峪山があり虎山を作る

左に蟒山があり龍山を形成する

蟒山の上にある
天池

明十三陵水庫
（十三陵ダム）

五間六柱の大牌
石坊

明の十三陵、大紅門牌楼

神道の両側には十八対の石象生がある

内側には直立した龍首亀趺《りゅうしゅきふ》（龍の首で亀の足）の石碑があり、そこには「大明長陵神功聖徳碑《だいみんちょうりょうしんこうせいとくひ》」と書かれています。

碑楼の外の四隅には、それぞれに龍が彫られた華表が立ちます。

碑楼の北神道の両側には、石望柱《せきぼうちゅう》と巨大な石象生《せきぞうせい》十八対、向かい合って全部で三十六座の石彫があります。彫刻は大変に精細で、石象生と呼びます。

総計で、獅子、獬豸《かいち》（中国の伝説上の動物）、駱駝《らくだ》、象、麒麟《きりん》、馬各四頭。皆、二頭はうずくまり二頭は立っています。石人《せきじん》は十

総神道「大明長陵神功聖徳碑」

二人。武臣、文臣、勳臣《くんしん》、各々四人。

最北の所には、石柱組成の牌楼式欞星門《れいせいもん》があり、龍鳳門《りゅうほうもん》ともいい、天門《てんもん》（天帝の門。転じて帝王宮殿の門）の意を取ります。

神道北段には支道があり、各陵に向かって通じています。

第5節　長陵——明の十三陵の第一陵

長陵は、明の十三陵の中で第一位の陵寝で、約12万㎡の敷地を占めます。

三つの進院があり、中軸線は、祾恩門《りょうおんもん》、祾恩殿《りょうおんでん》、明楼、宝城、宝頂から成り立っています。

ちなみに、祾恩殿は祭祀用の殿堂であり、六十本丸ごと楠木で骨組みが作られています。明楼は、各陵最高の建築物であり、比較的顕著な目印にもなっており、宝頂は、陵寝の主体部分であり、下方に帝王の地下宮殿があります。

天寿山の下の長陵は、風水のレイアウトを配合した建築物であり、荘厳で雄大です。

一代宗師楊筠松の伝人が作ったのかと人に思わせるほど、

長陵の祾恩殿は祭祀に用いる

明代初めの廖均卿と三僚の風水師らは、風水の精髄を余すところなく発揮しています。そして風水芸術の極致をも表現してると思わせるほどです。

【補足】明の十三陵と被葬者

陵名	皇帝	年号	陵墓山脈	墓穴朝向
長陵（成祖）	朱　棣	永樂	天壽山主峰	癸山丁向
献陵（仁宗）	朱高熾	洪熙	天壽山西峰	癸山丁向
景陵（宣宗）	朱瞻基	宣徳	天壽山東峰	寅山申向
裕陵（英宗）	朱祁鎮	正統天順	石門山	丑山未向
茂陵（憲宗）	朱見深	成化	聚寶山	癸山丁向
泰陵（孝宗）	朱祐樘	弘治	史家山	子山午向
康陵（武宗）	朱厚照	正徳	金嶺山	戌山辰向
永陵（世宗）	朱厚熜	嘉靖	陽翠嶺	寅山申向
昭陵（穆宗）	朱載垕	隆慶	大峪山	亥山巳向
定陵（神宗）	朱翊鈞	萬暦	大峪山	戌山辰向
慶陵（光宗）	朱常洛	泰昌	天壽山西北峰	癸山丁向
徳陵（熹宗）	朱由校	天啓	潭峪嶺	卯山酉向
思陵（思宗）	朱由檢	崇禎	鹿馬山	子山午向

第7章 帝王風水

清の東陵、昌瑞山《しょうずいざん》

清の西陵の第一陵。
雍正帝の泰陵《たいりょう》

清の東陵《とうりょう》は、清朝が入関《にゅうかん》（清朝が山海関《さんかいかん》を越え北京に入る）した後に、建設された第一番目の陵寝です。

この場所は元々明朝の末代皇帝崇禎《すうてい》が白羽の矢を立てたという伝説もある地です。

崇禎帝は昌平の天寿山にはすでに帝王に相応しい風水のよい穴はないと思い、他に墳地を探していたのですが、当時天下は大いに乱れて、崇禎帝の時に、陵寝を建てるのが間に合わずまもなく明朝は滅亡してしまいました。

清朝は、順治《じゅんじ》帝の愛新覚羅《あいしんかくら》・福臨《ふくりん》が六歳で即位してから宣統《せんとう》三年に至るまでの間（一六四四～一九一一年）、十人の皇帝が二百六十八年間中国を統治した中国史上最後の王朝でもあります。

末代皇帝の愛新覚羅・溥儀《ふぎ》が皇陵を建てなかったのを除いて、他の九人の皇帝はひとしく明朝の帝王陵を模倣します。

河北省遵化《じゅんか》県に建造した清の東陵、他に雍正《ようせい》皇帝が易《い》県に建造した清の西陵《せいりょう》という、二か所の帝陵墓の規模を比較することで清朝帝国の興隆と衰退を検証することができます。

第1節 玉佩《ぎょくはい》で用地選定をする

歴史書によると、清の東陵のこの場所、順治帝がここに狩りに来た時に発見した風水宝地だといいます。

順治帝は、「この山は王気が鬱蒼として盛んである。朕の寿宮《じゅきゅう》（生前に用意する帝王の墓のこと）にできる」と言って、その上で佩飾《はいしょく》（首、または腰に吊した玉製の装身具）を取り外し無造作に投げました。

そして、「佩飾が落ちたところを朕の万年の吉穴《きちけつ》と定める」と言い放ちました。

満州族の皇帝は、自分で陵寝を選ぶことにより、天子の君権《くんけん》は神が授けたものであることを証明して、漢

清朝入関後の第一帝陵。清の東陵にある順治帝の孝陵

帝王の規格。七孔橋《しちこうきょう》

民族を統治する妥当性を取得します。

少しだけ考証を付け加えると、順治帝が即位してから順治十八年に病死するまでを数えると、年齢は享年二十四歳足らずでした。

清の東陵を風水上から見てみると「龍」「砂」「穴」「水」「向」は、堪輿学の精典の作と言うことが十分できます。明代北京十三陵の詳しい記載では、江西から来た地理師、廖・曾の両家の傑作だとあります。ひょっとすると大清帝国は、皇帝の陵寝が漢民族の風水師の手助けによると、人々に知られるのを望まなかったのかもしれません。これらについては、もし史書に次のように記載されていなければわかり得なかったでしょう。

「康熙年間に栄親王《えいしんのう》（清朝順治帝の第四子）の埋葬の時期を選択するために、湯若望《とうじゃくぼう》らは正五行を用いず、洪範五行《こうはんごぎょう》を用いたため、山向・年月などの禁忌《きんき》を犯した。それが上奏され、欽天監が何人も罪に問われた。楊宏量《ようこうりょう》、杜《と》如預《じょよ》などは法によって死刑に処されるべきだった。ただ、永陵《えいりょう》、福陵《ふくりょう》、昭陵《しょうりょう》、孝陵《こうりょう》の風水は、みな彼らによって選定されていることに免じて……」

と記載されていたことから、清の東陵の場所の選定にはやはり李祖白《りそはく》などの別の風水師の参与があったことが読み取ることができました。

さもなければ、歴史上、いったい清の東陵はどうやって選地したのでしょうか。

また、仏教を厚く信じた順治帝は出家し五台山《ごだいさん》に住んだと言われており、その死後、遺体は仏教に傾倒した本人の希望で火葬されたために、孝陵には骨壺はあっても棺はないという説もあります。これもこれから検証される一件だといえるでしょう。

◉五人の皇帝が永眠する清の東陵

清の東陵は、北京の東北約１２５㎞の遵化《じゅんか》県馬《ま》蘭峪《らんよく》に位置します。

北には相重なり畳み掛ける山峰の昌瑞山《しょうずいさん》が後靠となり、錦屏翠帳《きんへいすいちょう》（錦の屏風と緑の帳《とばり》）のように美景です。

南には、金星山があり朝山を作り、持笏朝揖《じしゃくちょうゆう》（笏をもって朝廷に拝する）するかのようです。中間には、影壁《えいへき》山《さん》が案山を作り、頼ることができます。

東には、鷹飛倒仰《ようひとうぎょう》があり、山は青龍盤臥《せいりゅうばんが》（青龍がまるく臥す）に似ています。西には黄花山《こうかさん》があり、白虎雄踞《びゃっこゆうこ》（白虎が堂々とうずくまる）の姿のようです。

東西二本の大河はやはりまつわりつくように挟んで流れ、二本の玉帯《ぎょくたい》に似ています。

この種の気勢は宏大であり、混然とした自然のものでありながら、天下に君臨する威厳があります。

もし、八国連合軍の兵が、都下に臨まなかったとすれば、おそらく、中国の帝王制度はまだ百年以上維持できたことでしょう。

ちなみに、八国連合軍とは、オーストリア、フランス、ドイツ、イタリア、日本、ロシア、イギリスとアメリカの同盟軍のことです。一九〇〇年夏、義和団の乱中の中国に八国連合軍は干渉して、北京の外交公使館の包囲を解きました。


清の東陵が建て始められたのは、順治十八年（一六六一年）。

帝王・皇后・王妃らが共有する陵寝は十四座あり、それぞれの陵寝を、興味津々で二度も訪ねてしまいました。さすが、近代において保存された最も完全な帝王風水です。

そして、一座ごとにどれも輝かしい歴史、あるいは人を深く感動させる故事を記録しています。

たとえば、最初に入関した皇帝の順治帝の孝陵。大清帝国の盛んな時代を創始した康熙《こうき》帝の景陵《けいりょう》。自分で文武兼備の十全老人と称した乾隆《けんりゅう》帝の裕陵《ゆうりょう》。聖世二祖の補佐をした孝荘文《こうそうぶん》皇后の昭西陵《しょうせいりょう》。咸豊《かんぽう》帝の定陵。

さらに、二度、簾の奥から政治を管理し国事を執り行った慈安《じあん》皇后（東太后）・慈禧《じき》皇后（西太后）の定東陵《ていとうりょう》。

さらに、同治帝《どうじ》の恵陵《けいりょう》。

これらの人々は、かつて国家の運命を主宰した中心人物で、今は、皆ここに永眠しています。江山《こうざん》（大河と山）は時が移り変わろうとも、古い姿のまま変わりません。しかしその時代の人はもう消失し、世の中も変わってしまいました。

歴史の功労と過失は、ただ人の評価に任せられるだけです。

◎風水の観点から見た清の東陵の龍脈

風水の中で言うところの「龍」、事実上これは山脈を指します。山脈を「龍」というのです。

うねうねと彎曲する起伏は、龍の身体が千変万化しているかのようで、山脈は綿々と延びて途切れることがありません。

いわゆる「尋龍點穴」とは、これこそ富貴の龍脈、並びに相応しい地点を探し出すことです。

風水における龍脈は、人と同じです。

古人は言います。

「人無祖宗何以出，山無祖何以來？」

（人間は先祖なくしてどうやって出生できるだろうか、山も祖がなくしてどうやって来られるのだろうか？）

清の東陵の案山である影壁山

それゆえに、尋龍とは山脈を見てどこからきているのか、必ずまず山龍《さんりゅう》の来源を丹念に調べることです。

つまり、それが山龍の先祖であり父母であり、それをもって龍の貴賤を分別するのです。

古書『雪心賦《せっしんふ》』にはこうあります。

「辭樓下殿，不遠千里而來，問祖尋宗，豈可半途而止。」

（祖山から起きた龍脈は、龍楼を辞して宝殿を下るように、千里も遠からずやって来る。まずは祖を問い、宗を尋ねて龍脈の来源を知ることだ。どうして途中で止めることができようか？）

祖宗聳拔《そしゅうしゅうばつ》、子孫から必ず貴人を出す

清の東陵の所在地は、遵化県馬蘭峪です。

黄河と鴨緑江《おうりょくこう》の間の北龍に帰属します。北龍は東北領域内の長白山《ちょうはくさん》を龍脈の発源地としており太祖山（龍脈の始まりとなる山岳。多くの山々の最高峰の山）となり、また興隆《こうりゅう》県領域内の霧霊山《むれいさん》を少祖山とします。

そして、完成した陵区の昌瑞山を父母山とします。

昌瑞山は後靠となる山でもあり、これがいわゆる「玄武《げんぶ》」です。

『雪心賦』にはこう記されています。

南方の朝山となる金星山

「祖宗聳拔者，子孫必貴，賓主趨迎者，情意相乎。」
（祖山が抜きんでて聳えていれば、子孫から必ず貴人を出す。主《しゅ》［靠山］と賓《ひん》［案山］はお互い情が合う）

したがって、祖山は必ず龍楼鳳閣《りゅうろうほうかく》（高く尖った山が配列していること）、あるいは廉貞《れんてい》が祖山を作っていなければなりません。それで官職はやっと三公《さんこう》（中国の官名。最高の地位にあって天子を補佐する三人）の地位に就くことができるからです。

もし国家の君主、あるいは大臣の地位に登ろうとするのなら、龍の走りは必ず蜿蜒《えんえん》と連なり伸びて来て、開帳展肩、過峡束気し、そのほかの星峰《せいほう》（小さな山々）も隆起していなければなりません。

このような活龍《かつりゅう》や強龍《きょうりゅう》の特徴を備えていて、やっと龍穴を結ぶことができるのです。

◉辞《じ》楼下《ろうか》殿《でん》、天子が巡幸《じゅんこう》に出る

辞楼下殿とは、高く大きく尖った楼殿《ろうでん》のような山が祖山を作っていることです。山脈が高いところから低いところまで多くの山並みを作っていて、まるで天子が巡幸に出ているかのようです。前方には、朱雀《すざく》が飛翔し舞い躍っています。案山があって、また朝山があります。左側は青龍であり、山脈が生き生きと動いて活発です。右側の白虎方は、山勢が従順です、まるで多くの臣下たちが朝廷に拝しているかのようです。

風水家はこれを、前呼後擁《ぜんこごよう》（前の人が声を上げ道を開き、後ろの人が周りを保護すること。たくさんの人により推戴されること）、護衛周密《ごえいしゅうみつ》（護衛が周到で落ち度がないこと。転じて、多層の龍虎砂が周囲を取り巻いていること）といいます。

楼殿が祖山を作る。
辭樓下殿。天子が
巡幸に出る

大牌楼から孝陵の
来龍を見る

牌楼から清の東陵
の朝山を見る

◎龍門水口《りゅうもんすいこう》、口を閉ざして言うべからず

清の東陵の「水法」も、非常に風水学の理にかなっています。

全体から眺めると、その西方には西大河《せいたいか》があり、東方には魏進河《ぎしんか》があって、陵区の左右にあって絡みつくように流れています。

南面には、天台と煙墩《えんとん》の両山が相対峙しています。

西南には「龍門口」という出水口が形成されています。

『地理賦《ちりふ》』にこうあります。

「大凡看地者，先觀水口城門，關欄周密，内有真龍融結，羅星龜蛇，獅象中藏，乃爲上格之龍也。」

（おおよそ地を看るのには、まず水口城門《すいこうじょうもん》を観るべし。關欄周密《かんらんしゅうみつ》であり、内には真龍が融結し、羅星《らせい》や護衛砂《ごえいさ》は亀形や蛇形であり、獅子

清の東陵の龍門水口

神道と案山・朝山

形や象形の小山を中に蔵すれば、上格の龍である。）

その上で、風水師には「口を閉ざして言わない」ことが要求されます。なぜなら天機《てんき》（天の秘密）を洩らさなければ、我が身を殺すような禍に遭わなくてすむからです。

上吉《じょうきち》の土壌は子孫を庇護する

すでに吉龍を尋ねて得られたのであれば、その次はちょうど良い地点を探さなければなりません。古人もこう言っています。

「随師十年，尋龍十年，點穴十年。」

（師に随い十年、龍を尋ねるのに十年、點穴するのに十年）

つまり、點穴を学ぶのにだいたい三十年の修行が要り、點穴は非常に難しいことを指しています。この言葉からも、「點穴」の重要さを知ることができます。

しかし、当然のことながら、順治帝のように「佩飾が落ちたところは、朕の万年の吉穴と定める」というように點穴することはできません。いわゆる穴位《けつい》とは、生気が凝集した場所を指します。ここに故人を埋葬すると、吉祥富貴が後代の子孫を庇護することができるのです。

第2節　立向は最も重要である

すでに龍穴を確立したら、その次に最も重要である立向をしなければなりません。

よい方向があって、やっと旺気を吸収することができるからです。

清の東陵にある帝王と皇后の陵寝の多くは、ちょうど真南にある遠いところの金星山に向かっています。金星山の一峰は突起しており、笏《しゃく》を持って天子に朝拝するような勢いがあります。

陵寝にあい対峙する昌瑞山からの来龍に、金星山は朝《ちょう》・拱《きょう》・揖《ゆう》・拝《はい》をし、これが陵寝の朝山となります。

ちなみに、朝・拱・揖・拝は、朝（向かう）・拱（持ち上げる）・揖（お辞儀する）・拝（拝謁する）の意味です。陵寝の本体建築と金星山の間には、一つの案卓（テーブル）のような形の影壁山《えいへきさん》があり、これが案山となります。


山峰に対し真正面にあれば「官貴《かんき》（社会的に高い地位）」を求め得ることができます。

巷では「山の凹に向いていると、財を求めることができる」と言われていますが、これは間違った観念です。

「福分が足りないので、風水が山峰の正面となる家には住んではいけない」という、まったくでたらめな話まであります。


現代の台湾では、たとえ貧しい家の出身者であったとしても、「有爲者亦若是。」（志のある者であれば進んで努力すればそのようになる、やる気さえあればできる）といって、総統に上りつめることもできます。

つまり、民主主義の時代の今日では、貴地《きち》さえ得ることができれば、誰も皆「天子《てんし》（皇帝）」です。


このようにして「龍脈」「水口」「坐山」「坐向」の原則を決めます。

すなわち物事には定則があり、小さい労力で大きな成果を得ることができるのです。

一般人なら、この原則のうちで、たった一つを得るだけで富貴を大きく生み出すことができます。

風水宝地を探して、多くの山々を歩き回る必要もなく、一生涯かけて土地を探し求めていたずらに嘆くこともないのです。

第3節 風水宗師 蔣大鴻《しょうたいこう》

蔣平階《しょうへいかい》。名は珂《か》、字は大鴻、号は宗陽子。門人らは杜陵《とりょう》夫子と呼びます。

江蘇省松江《しょうこう》県張沢鎮人。明末から清初の風水師です。

万暦丙辰（一六一六年）に生まれます。亡くなった年は不明です。

『平砂玉尺辨僞《へいさぎょくしゃくべんぎ》』における蔣大鴻の序文には、

「私は二十歳で父親を亡くした。まず祖父の安渓《あんけい》公が地理の学を習えと命じた。十年お願いして、初めて伝授してくれた。その伝授したのをもって、大江の南北、古今の名墓を検証した。また十年が経ち、初めてその旨がわかった。それからますます精通してきた。これを求めてまた十年、初めてその変化を極めることができた。そして私はすでに老いてしまった」

蔣大鴻『水龍経』に描述された紹興《しょうこう》・水都

とあります。

『華《か》亭縣誌《ていけんし》』の記載には、

「閩破，服黄冠亡命。假青鳥術遊齊魯，轉徙吳越，樂會稽山水，遂止焉。卒，遺命葬若耶之樵風涇。」

閩《びん》（現在の福建省）は攻め破られ、道士の服装を着て亡命した。青鳥術を応用して齊や魯を遊び、呉や越に移り変わり、會稽《かいけい》の山水を楽しんで、ついにとどまった。亡くなった後に、遺言で若耶《じゃくや》の樵風涇《しょうふうけい》の地に埋葬される。

紹興・水都（一）

紹興・水都（二）

つまり蔣大鴻は、堪輿術で山東一帯を周遊し、その後に浙江に行き着き、浙江紹興の山水を愛して遂にここに居を定めます。

そして、自分で卜した若耶の樵風涇の寿墳《じゅふん》（生前に用意する墓のこと）に埋葬されています。

彼の著書には、『地理辨正《ちりべんせい》』『天元餘義《てんげんよぎ》』『天元五歌《てんげんごか》』『水龍經《すいりゅうきょう》』『古鏡歌《こきょうか》』『陽宅指南《ようたくしなん》』などが世に伝えられています。

彼が作った羅経は、「蔣盤」と称され、後人は蔣大鴻を三元派《さんげんは》玄空派《げんくうは》の宗師としています。

筆者がとりわけ愛好するのは蔣大鴻が著した『地理辨正』及び『水龍經』の二書です。

１９９７年、筆者は、『三元玄空地理精要《さんげんげんくうちりせいよう》』という書名の本を書きました。

その本に玄空風水について詳しく著述しています。

堪輿術の先輩が紹興で大鴻が自ら卜した寿墳を見つけたと聞きました。

そこで筆者も、二〇〇六年八月、現地に赴いて考証を行いました。

◎「螺螄吐肉《らしとにく》」——蔣大鴻が自ら卜した墓穴

石帆山《せきほさん》は、紹興市の東南12㎞のところに位置します。

全体が岩石でできており、山の形は扁平であり細長くなっています。

東西の向きを呈し、風を受けた一枚の帆のような形状で、広々として果てしない雲海の間に浮遊しているかのようで、これが石帆山の名前の由来です。

左肩から降りる勢いの龍脈があり、最後は身を翻《ひるがえ》して閉じています。その形は、タニシが舌を出しているようにも見えます。

　そのため、風水形家は、これを「螺螄吐肉」と称しています。

　一九二二年、繁章静《はんしょうせい》先生が蔣大鴻の墓を訪れた時に、墓穴図を作成したそうです。蔣大鴻の墓は現存しませんが、そこには蔣大鴻が自ら卜した龍穴、来龍去脈《きょみゃく》が詳細に記載されています。

　しかし、堪輿理論を根拠にして考えられる位置を推測することはできます。

『青嚢序』には、

　「來山起頂須要知，三節四節不須拘，祇要龍神得生旺，
　陰陽卻與穴中殊。」

　（来山起頂《らいざんきちょう》を須らく知るべし、尋龍は三節四節に拘らず、ただ龍神が生旺を得ることが必要、陰陽はかえって穴《けつ》中《ちゅう》に極まる）

とあります。

　千里もの遠くからやってきた来龍が穴を結ぶその前には、

石帆山と金星落脈

左右龍虎は環抱し、外砂朝拱《がいさちょうきょう》は有情

樵風涇河《しょうふうけいが》、若耶渓《じゃくやけい》、屈曲して有情

必ず剥換を経て、そのほかに金星体が起頂します。尋龍は三節四節に拘らなくてもいいが、ただし「来山起頂」が必要です。そうすれば必ず真に結ぶ穴があります。

このことより、石帆山は穴星の父母山（穴の後ろに聳える山。直接龍穴を孕育することから父母という）であることがわかります。その峰は左肩より脈を発し、内に向かい、横に連なる連珠三峰《れんじゅさんぽう》に臨んで落ちます。

二座の金星体が連なって起きていて、必ず融結《ゆうけつ》（穴）があります。

筆者は梅花林を通過して、金星落脈の場所に登りました。

「天心十道《てんしんじゅうどう》」を用いて中央に立極して、穴所を挿す可能性のあるところを探し求めました。ただ左右の龍虎環抱のみが見えました。

特別だったのは、外砂朝拱《がいさちょうきょう》（外砂が朝廷に向かい手を合わせる形。外砂が外へ開いていない）であり有情《うじょう》（情がある＝吉の意味）です。

坐向は、壬山丙向。

青龍と白虎は対称で、三元水法にも符合します。

明堂の前には樵風逕河《しょうふうけいが》があり、水は右から左へ流れ、屈曲しており有情です。

ここに穴所を挿すのを除くと、峰の左肩に発脈の「螺螄吐肉」の穴の他に、石帆山からの正脈中に抽出できる龍脈もあります。天乙《てんいつ》と太乙《たいいつ》の双峰が挟んで対峙しており、後ろには金星体があり、前に水（小川）があり結穴しています。これもまた蔵風聚気の風水の吉穴です。

第8章

孫中山先生、祖墓の風水

孫中山《そんちゅうざん》先生は、二百六十八年間も中国を統治し続けた満州族の清政府を覆《くつがえ》しました。

その祖墓の風水は、間違いなく特別に研究する価値があるだけでなく、多くの人にとっても、興味があるはずです。

筆者は孫中山先生の祖墳を探究するために、江西の寧都と香港の九龍半島の百花林《ひゃっかりん》に、その後また広東省の翠亨村《すいきょうそん》へも出かけました。

その結果、寧都にある唐代の孫誗《そんてん》の墓は、孫中山先生に関わる遠い祖先に当たらないかもしれないということがわかりました。ただし孫誗の墓の風水格局も研究に値します。

孫氏の家族は、歴代にわたって皆きわめて風水を重要視しています。

たとえば、孫氏の旧居がある中山市翠亨村は風水宝地が多く、孫中山の母親の墓は九龍半島の西貢《サイクン》の百花林という、風水的に最高の場所にあります。

風水の庇護するエネルギーは絶えることなく蓄積していき、そして後世の孫中山先生の偉大な功績があったのでしょう。

第1節　偉人の故郷――翠亨村

翠亨村は、広東省香山《こうざん》県東南の五桂山麓にある一つの小さな村落です。

五桂山の主峰は海抜500m余り。一年中、草花が芬々《ふんぷん》と芳しく香っているので、この辺り一帯の古名は香山と呼ばれていました。

翠亨村は、広州から距離にして約100km、マカオから37kmのところにあります。

孫中山先生の故居。
翠亨村

故居の右側、孫中山先生記念館

蘭渓《らんけい》は左から右へ屈曲して有情。流れは故居を通過する

背山臨海《はいさんりんかい》という、山を背にして海に向かっている地形です。

村の前には、蘭渓という名の小川が蜿蜒と流れ、樹木は蒼く翠色に茂り、その風景は優美です。

清の同治五年十月六日寅刻（一八六六年十一月十二日）、夜がまさに明けようとする時、この地に一代の偉人が誕生しました。

それが、中国の民主革命の先駆者、孫中山先生です。孫中山先生は、孫氏十八世祖の徳明公《とくめい》。諱は文《ぶん》、号は逸《いつ》仙《せん》。世間では、中山先生と呼びます。

清の朝廷を転覆させ、中華民国を創建することを生涯の責務としました。

一九一二年、旧暦一月一日。孫中山先生は、南京にて中華民国臨時大統領に就任することを宣誓し、一九二五年、香山県を改名して中山県※とします。一九四〇年（中華民国二十九年）、国民政府は孫中山先生を尊んで国父とすることを明文で発布しました。

孫中山の故居は、中国式・西洋式建築が融合したレンガと木造による二層建築です。ホノルルに住む孫中山長兄の孫眉《そんび》（徳彰公《とくしょう》）から故郷への送金があり、孫中山先生の計画どおりに建てた家です。

故居は翠亨村の東南に位置し、その坐向は村にある他の家とは同じではありません。

すべての村の住宅は犁頭尖山《りとうせんさん》を靠山としているにもかかわらず、孫中山の故居だけが五桂山脈の東北からの龍脈に依《よ》っており、西南に向いています。

坐向は、寅山申向。

前にある蘭渓は左から右に流れ、明堂を通過しています。

孫殿朝《そんでんちょう》は、孫氏が翠亨村に最初に入った開基祖であり、息子の孫恒輝《そんこうき》が生まれ、孫恒輝には息子の孫敬賢《そんけいけん》が生まれます。

つまり孫敬賢は、孫中山の祖父にあたります。

孫敬賢より数代前の孫家はみな農耕により生活していました。

孫敬賢は、十四歳の時に父の喪に遭い、母一人の手により育てられますが、先祖が遺した十数エーカーの土地があったそうです。しかし、敬賢公は風水を篤く信じ、常に風水師と至る所へ行き風水吉地を探すために、財を惜しげもなく使いました。

その後、敬賢公から生まれた長男の達成《たっせい》公が孫中山の父親になります。孫達成も自分の父親と同じで、風水を非常に信じており、一年中嘉応《かおう》州から来た一人の風水師と風水宝地を探し歩いていたといいます。

まず先祖の墓地で風水が良くないものを付近の風水吉地に改葬しましたが、その費用のために田畑の一部を売って換金して家計を維持していたといいます。

孫中山の実姉である孫妙茜《そんみょうせん》は、こう言っています。

「各祖先の墳地は、みな父親が尋ね探して得たものです。祖父の墳墓については、地師は埋葬後十年で必ず偉人を出すと言いました」

そして、十二年後に、孫中山先生が誕生したのです。

※中山県……一一五二年（紹興二十二年）に香山県が設置されて以来、香山が使用されていたが、一九二五年に辛亥《しんがい》革命指導者であり中華民国初代総統であった孫文（孫中山）を顕彰しその号から中山県と改称された。一九八三年十二月に仏山市管轄の県級市として中山市に昇格し、その後の経済発展に伴い一九八八年一月に地級市に昇格し現在に至っている。

第2節 双龍戯珠《そうりゅうぎじゅ》――犁頭尖山

孫中山先生の近代の祖墓は、大多数が故居から遠くない犁頭尖山に集中しています。主山特立の犁頭尖山。天気が良い時には、山頂に登ると珠江口《しゅこう》を眺望することができます。その左右両側の青龍と白虎は、まるで「双龍戯珠」（二匹の龍が珠玉と戯れあう姿）のような景色です。

一九三二年、唐紹儀《とうしょうぎ》が中山県長に就いた時に、中山紀念中学（最初の名は「総理故郷紀念中学」）を建設するために、孫氏の祖墓の一部分を遷すことになりました。

そこで、孫中山公の子孫は、楊氏という名の風水師に依頼します。

風水師が調べたところ、孫氏の各場所の祖墓の風水を観察しましたが、犁頭尖山の山頂下、竹高龍《ちくこうりゅう》の各穴の祖墳は風水が良く、これらを移動するのはよくないことがわかりました。

特に孫中山祖父の敬賢公が埋葬されている皇帝田《こうていでん》の墓、および孫中山祖母の黄氏が埋葬されている黄草崗《こうそうこう》の墓の風水は最も優れていました。

犁頭尖山の脚下（今の中山紀念中学の背後）にある孫達成・孫眉・孫昌《そんしょう》らの墓もまた動かしませんでした。

孫中山祖母の黄氏が埋葬されている黄草崗の山墓。この地を描写した鉗記があります。

「土名黄草崗，大海作明堂。鼈魚游北海，旗鼓鎮南方。金星鎖水口，燕石在中央。誰人葬得著，黄金用斗量！」

（土地の名は黄草崗。大海は明堂を作る。鼈魚《べつぎょ》［伝説の大亀］は北海に遊び、旗と鼓は南方を鎮める。金星は水口

犁頭尖山の明堂前。多くの建物が遮っている

犁頭尖山の朝山。朝拱して有情

正面から見た犁頭尖山

龍方左側から見た
犁頭尖山

に鍵をかけて、燕石は中央にある。ここに誰かを埋葬すれば、黄金を斗《ます》で量るようになるだろう！）

風水師は、孫中山祖父の敬賢公が埋葬された墓一帯を「皇帝田」と命名しました。

並びに鉗記を作って曰く、

「龍在高山上，穴在深坑藏，中央有眉案，前面牙刀一字横，背後有個寶珠箱。上有樓，下有托，兩邊分開一牛角，覆鐘高侍母，覆釜矮侍父。左輔右弼，紫微象桓，紫微有化，化出獅象把門，有是獅象把門，定出公侯將相！」

（龍は高山の上にあり、穴は深坑に蔵する。中央に眉形の案山があり、前に牙刀一字横案、背後に宝珠箱がある。上に楼あり、下に托あり、両側は一牛角に分かれる。覆した鐘は高く母に侍り、覆した釜は低く父に侍る。左輔右弼、紫微は桓を象り、紫微に化があり、獅子と象が化け出して門番をする。門番をする象と獅子がいれば、必ず公侯や将相を出す！）

敬賢公を皇帝田に安葬した後に、孫先生はこの世に生まれます。

その母が懐妊した時、北帝（玄天上帝）が懐に入る夢を見たそうで、これによって孫中山の幼名も帝象《ていしょう》と呼ばれたのです。

現在、犁頭尖山の中腹に、今も始祖婆の陳氏、五世祖の礼賛《れいさん》公、六世祖の楽南《らくなん》公、七世祖の耕隠《こういん》公、八世祖の懐堂《かいどう》公、十四世祖の殿朝公、十六世祖の敬賢公等の祖墳があります。

その中で、風水研究家が最も多く訪れるのは、犁頭尖山脚下の西面にある近代における祖墳です。ここは、現在の中山紀念中学の背後、西南の山の中腹の「寿屏山《じゅへいさん》」に位置し、孫中山兄の孫眉の墓があるところです。

さらに東南に向かって行くと、孫中山父親の達成公（十七世）の墓があります。

ちょうど一世紀近くを経過して、犁頭尖山の付近では盛んに土木工事を興し、祖墳や故居は良い状態に保護されているとはいっても、周囲には建築物が充満しています。

そのために、風水中で重要視される前方の明堂はほとんどみな遮られてしまいました。翠亨村の繁栄がかえって良い風水を壊してしまっているようです。

第3節　なぜ孫中山の代になり、富貴を発したのか？

孫氏第十二世祖の連昌《れんしょう》公から十四世祖の殿朝公が翠亨村に遷入するに至るまで、そして十六世祖の敬賢になるまでほとんどの代が一子相伝《いっしそうでん》です。

十八世になってやっと発達し始め、三房の孫中山が官貴（高い地位）を得て、長房の孫眉は富（豊富な財産）を得ました。しかし次房の孫徳佑《とくゆう》は寿命七歳の命を享けました。

「翠亭孫氏達成祖家譜」には、

国父はかつて云う。

吾翠亨孫氏「世居香邑」，「先人躬耕數代。」「聞諸先輩及鄉人，吾翠亨孫氏歷代無人應清廷考試及捐納職衜，不聞於世；於地方文獻，亦無記載。及至清末，翠亨孫族，散居四方。」

（我が翠亨の孫氏は、心地よい村に代々住み、先人は何代にもわたり体を曲げて田を耕してきた。諸先輩および故郷の人に聞くと、我が翠亨の孫氏は歴代清の朝廷の試験や捐納《えんのう》（中国の歴代王朝で行われた公的な売官制度）で官職を得る者はなく、世間に名が知られていない。地方の文献にもまた記載されていない。清末になってから、翠亨の孫一族は四方に散居していった）

犁頭尖山は、龍脈の父母山にあたります。

必ず金星体が起頂しはじめて穴を結ぶことができます。剝換を経るのは必須であり、束気してやっと結穴があります。

青龍と白虎の高さを見てみると、先の何代かの葬穴《そうけつ》は高すぎます。これはきわめて惜しいことです。

なおかつ青龍砂が開脚したまま戻らず「離郷砂《りきょうさ》（郷里を離れて成功する砂）」の格局を形成しています。

十六世祖の敬賢公（孫中山祖父）の後になり、山の中

孫中山父親、孫達成の墓

腹より下にある竹高龍、黄草崗等の低い土地を選んでから風水の庇護の効力はようやく顕著になり始めました。

翠亭村の人は、海外に出て商いを営み、多くの人はそれによってお金持ちになりました。

孫中山の兄、孫眉はその中でも非常に抜きん出た人です。単身でハワイに移住し、商いを営み一代で成功して財富を築きました。

翠亭村の北・西・南の三面には、犁頭尖山・牛黄山《ごおうさん》・金檳榔山《きんびんろうさん》といった山々があり、東は海に臨みます。三面が山に囲まれて、一面が水に臨み、山清水秀（山は緑で水は清い。景色が清らかで美しいこと）。間違いなく「蔵風聚気」の風水宝地ということができます。

◎孫中山父親、達成公の墓

十七世祖の達成公。諱は観林《かんりん》、号は道川《どうせん》。寿命七十六歳の生を享けます。

一八一三年九月二十六日（嘉慶《かけい》癸酉年九月初三日丑時）に生まれ、一八八八年三月二十三日（光緒《こうしょ》戊子年二

来龍は犁頭尖山。白虎方で束気過峡している

孫達成の墓碑

孫達成墓の簡介碑

出水口は塞がっている

孫中山先生父親の孫達成公墓の明堂

月十一日戌時）に逝去しました。

「回龍顧祖形《かいりゅうこそけい》」

孫眉の墓は行龍が落脈した上に位置します。

父母山が犁頭尖山の白虎砂の龍脈に属することによって、ちょうど折よく発展したのは三房の徳明公でした。これこそが孫中山先生です。

后土碑《こうどひ》

◎寿屏山、孫眉の墓

十八世の長房（長男の家系）徳彰《とくしょう》。諱は眉《び》、号は寿屏《じゅへい》。六十二歳の生を享けます。

一八五四年十二月六日（咸豊甲寅年十月十七日卯時）に生まれ、一九一五年二月十一日（民国四年乙卯年十二月廿八日申時）に逝去しました。

一九三三年清明《せいめい》に、孫満《そんまん》と孫乾《そんけん》の手により、孫眉の遺骨はマカオから犁頭尖山の「寿屏山」に遷します。

犁頭尖山をもって来龍とします。

二つの金星体が連なって起きています。

「虎砂《こさ》行龍《こうりゅう》（白虎砂を龍脈とする）」に属します。正龍ではないと言っても、剥換を経て、束気し、大から小へと変わっており、またこれも風水吉

孫眉墓の簡介

穴です。

ただし、房分《ぼうぶん》（分家のこと）を欠いてしまう憂慮があります。

◉香港十大名穴の第一位、孫中山母親の墓

孫中山先生の母親である楊太夫人《ようたいふじん》は、一九一〇年旧暦六月十三日、香港にて病気により逝去しました。享年八十三歳。

その年、孫中山先生は海外にいました。革命のための資金を募って奔走していただけでなく、満州族による清政府からの追跡や逮捕から逃れるためでした。そのため、孫中山先生は母親の最期を看取ることができませんでした。

したがって、母親の楊太夫人の死後のことはすべて長男である孫眉及び革命党の羅延年《らえんねん》らの同志が責任を持って執り行いました。

孫中山の兄。孫眉の墓

くり返しになりますが、孫中山先生の母の墓は、香港の九龍半島、地名が西貢の百花林というところにあります。

九龍半島は香港に属するとはいっても、龍脈はやはり中国大陸の中原《ちゅうげん》の龍脈から来ており、墓地は大きくはないけ

れども、帝王の気勢があります。

この墓は一九一〇年に建てられました。埋葬後、わずか三か月で孫中山先生の革命は成功しました。

風水家は、奇特なことだと思い、この逸話を引用しました。遺体を絹の衣で包んで埋葬して速く効果が出るのを求めたとさえ言われるほどです。

墓の建築形式が呑葬法ではなく、やはり伝統的な埋葬法に従っていると推測されます。


当時、国父は革命党を指導していました。

そのために、墓碑上にはただ「香邑　孫門楊氏太君墓」（香村　孫家の楊氏の墓）と書いてあるだけで、後代の子孫は一人も記名してありません。

もし後代を庇護したと言うのであれば、この墳墓と直接の関係があるはずです。少なくとも国父は庇護を受けて民国初年に大総統の宝座《ほうざ》に登りました。


九十四年後の八月末、特別に客家郵報の李社長と赴く機会がありました。

筆者はすでに二度ここに来たことがありましたが、好山

孫中山母親の楊太夫人墓地。百花林の入口

好水はいつも人を夢中にさせて帰ることを忘れさせます。

この墓穴の来龍は「飛鵞山《ひがさん》」であります。飛鵞山の形は金鐘に似ているため、「金鐘山《きんしょうさん》」とも呼びます。高さは約600m。

来龍入首は、何度も跌断《てつだん》（形は切れているが、勢は断たれていないこと）を経て、剥換し、束気します。穴《けつ》星《せい》には後枕《こうちん》の山（亡者の頭の後ろにある枕の意味。後靠の山を指す）があります。定穴《ていけつ》は正確であり、一目見てすぐに名師の手法によるものだとわかります。

孫中山母親の楊太夫人の墓碑

穴星の後枕の山。定穴は極めて正確

前方の水口。朝山と案山

墓の右側にある蓋涼亭《がいりょうてい》。風が比較的強い場所であり、凹風煞《おうふうさつ》を防いでいる

墓地は半円環状の形を呈しています。

堂局《どうきょく》（明堂のこと）は周密であり、龍環虎抱しています。

外明堂には、禽星《きんせい》（水口中にある突起した山や石）があり、水口を守っています。

天気が良い時は、西貢の蠔涌《ごうゆう》（香港新界西貢区にある川）を眼下に収めることができます。ここは得難い貴重な風水宝地です。

第4節

龍盤《りゅうばん》虎《こ》踞《きょ》——中山陵《ちゅうざんりょう》

「巍巍鍾山，龍盤虎踞石頭城，……」

（鍾山は高く聳え立ち、龍はとぐろを巻き、虎は身をかがめる石頭城《せきとうじょう》、……）

台湾では、この歌をよく耳にしているのでだれもが詳しく知っています。

それゆえ、皆の記憶の中の南京の紫金山《しきんさん》（旧名は鍾山《しょうざん》）はきっと風水が最高の龍穴なはずです。

一九一二年元旦、中華民国が成立して、都を南京に定めます。孫中山先生は南京にて臨時大総統に就任し、江寧府《こうねいふ》を改め南京府《なんきんふ》としました。

南京は、長江の下流に位置します。西は長江の難所があって、東南には山脈が取り巻く、龍盤虎踞の地です。

三国時代の諸葛孔明は、金陵《きんりょう》（南京の別名）の山川の形勢を見てこう言いました。

龍蟠虎踞。明の朱元璋の孝陵

「鍾山龍蟠，石城虎踞，真帝王之都。」
（鍾山は龍がとぐろを巻き、石城は虎が身をかがめる、真に帝王の都である）

第5節 金陵に天子の龍脈があるのか？

その昔、南京は金陵と呼ばれ、戦国時代には楚の威王《いおう》が金陵邑《むら》を設けます。なぜならこの土地には王気《おうき》（帝王の龍脈の気）があったからで、金を埋めてその王気を鎮圧したと言われています。それゆえに金陵と呼ばれています。

昔から、みな「金陵には王気がある」と言い伝えてきました。

『史記』の記載には、

「秦の始皇帝は、東南に天子の気があると聞いて、東に旅遊に出かけた。かつ出向者達は金陵に着いて地脈を掘って穴を空け、さらに丘を切断した。そのために龍気が洩れてしまった。これを歴史上、剡坑《えんこう》（削り穴を掘る）という」とあります。

その後、秦は金陵を秣陵《まつりょう》と改名し、また漢の武帝の時は揚州刺史《ようしゅうしし》により統治されます。

三国時代の呉はここに遷都して名を建業《けんぎょう》と改めます。晋朝は呉を制圧し、また建業を秣陵と改めましたが、その後すぐに建業となり、また鄴《ぎょう》と改められました。

建興初年に建康《けんこう》と改名します。東晋の元帝《げんてい》はこの地に都を建てて丹陽郡を置きます。

宋、齊、梁、陳もこの地を国の都としました。南唐の李氏もまた都を建てて江寧府と呼びました。明の洪武《こうぶ》元年、朱元璋はこの地に都を定めて、南京と呼びます。

これが南京の名称の最も早い由来です。その後、太平天国も一時的にここに都を建てました。

したがって南京はかねてより「六朝《りくちょう》の古都」「十朝《じゅっちょう》の都市」との呼び名があるのです。

第6節 中山陵――中国近代の第一陵

孫中山先生は、一九二五年三月十二日（民国十四年旧暦二月十八日巳時）に逝去しました。陵墓は、南京市東郊外。鍾山の東峰、小茅山《しょうぼうざん》の南麓にあります。西には明の孝陵があります。

中山陵の坐向は、坐北向南で、南から北へ、山に依り建築されています。気勢は宏大です。

建築の風格は伝統的な帝陵の規模があり、また近代建築の特色も見られます。

広場、石坊、墓道、陵門、碑亭、祭堂、墓室には、それぞれに意味があります。

たとえば、祭堂は、宮殿式建築を真似たもので、三道拱門《さんどうきょうもん》（三つのアーチ形の門）があり、その門楣《もんび》の上には「民族、

明の孝陵の神道

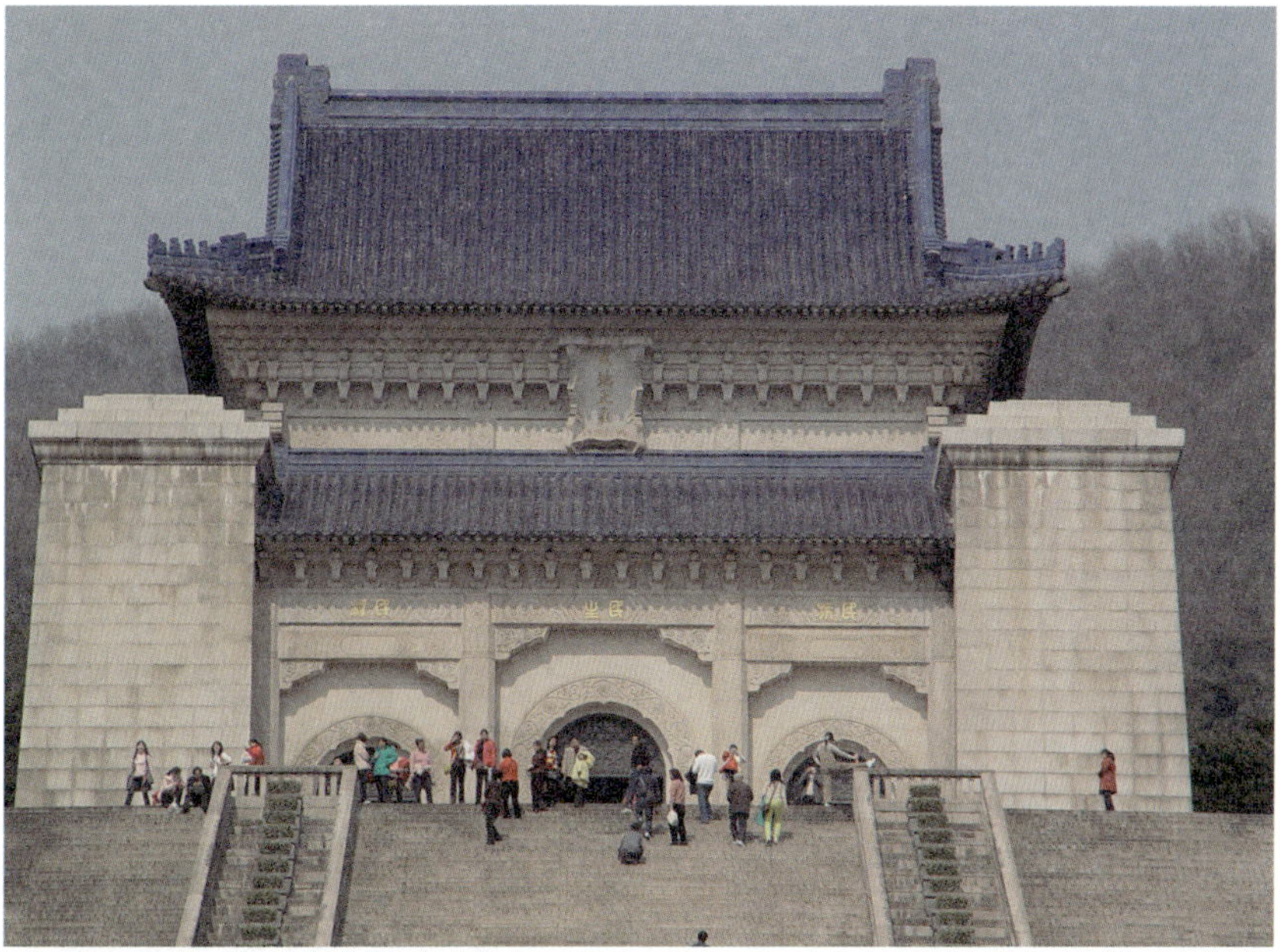

気勢広大な中山陵

孫中山先生の陵墓に拝謁するには、とても高い階段を登らなければならない

民権、民生」と刻まれています。孫中山先生の建国の理想です。

陵園は一つの完成された造形で、空から俯瞰すると、まるで大きな鐘のようです。

その意味は、中山先生の「喚起民衆，以建民國」（民衆を喚起して、民国を建てること）の意を表しています。

それゆえに、創意、建築、芸術の角度から中山陵を見ると、当代の最高作品に足る出来栄えです。

孫中山先生の塑像

第7節　南京は気が多く洩れる？　明の成祖は北京に遷都した

楊筠松はこう言っています。

「長江環外有三結，垣前水中列。垣中已是帝王都，只是垣城氣多泄。」

（長江の環の外に三つの結がある、紫微星垣《しびせいえん》［地上における紫微垣のこと］前の水中に列する。紫微星垣の中はすでに帝王の都、もっぱら垣城の気を多く漏らすだけである。）

昔の地理師の観点からみると、金陵の地脈は南龍《なんりゅう》の終点に属しており、紫微星垣に合っているけれども、紫微星垣局の気は多く漏れていました。

このことから「三国時代の呉の都はそれであり、四世を伝える。東晋はまたこれを都にし、十一世を伝え、百年余りを経過した。南朝の宋、齊、梁、陳、南唐、みな都はこれであり、そのために年代は永からず」と言われました。

明代開国皇帝の朱元璋は南京に都を定めました。

その第四番目の息子である燕王の朱棣《しゅてい》は「靖難之役《せいなんのえき》」を経て、南京で帝位を奪った後、南京に都を建てると「年代は永からず」の教訓をしっかりと覚えていました。

そこで、江西の地理風水術士の廖均卿の意見を聞いて、北京に遷都し、大明朝二百七十六年の基礎を打ち立てたのです。

一九四九年、共産党は中国政権を取得して、南京を捨てて都を北京に定めました。風水の要素を考慮に入れたのかどうかは不明です。

第8節 中山陵の點穴が高すぎるのを疑問に思う

中山陵に行ったことがある人なら周知のことですが、牌坊から始まり祭堂に到達するまでに、とても高い階段を登らなければなりません（石段三百九十二段）。

それを登ってようやく孫中山先生の陵墓を拝謁することができるのです。

祭堂から下を見ると、まるで天下に君臨しているかのような気勢が充満しています。前方の連なる山々はすべて脚下にあります。

このような景色は美しくはありますが、風水原則には符合していないものです。なぜなら、通常は前面にある山々がいわゆる案山を作るからです。

劉伯溫《りゅうはくうん》（劉基《りゅうき》）が言うには、

「面前有案值千金，遠喜齊眉近應心。」

（目の前に案山があるのは千金の値がある、揃った眉を遠くに見るのを喜び、近い時は心に點穴する。）

中山先生の陵墓は高所に位置していますが、風水の観点からすると點穴が高すぎます。

「太出太露，則山岡不繞，四無遮護，納気必淺。氣乘風則散，明堂太闊，無法藏風聚気。」

（出すぎる露わすぎる、すなわち小山が回りをまとわりつかず、四方に遮る護衛がなければ、納気は必ず浅い。気は風に乗れば則ち散る、明堂が広すぎると、蔵風聚気できない。）

山々はすべて脚下にある。天下に君臨するのか？　それとも點穴が高すぎるのか？

このことから風水師の點穴は「高不受風，低不就水」（高くても風を受けず、低くても水につかず）の手法を使います。

唐の太宗はこう言っています。

「夫以銅爲鏡，可以正衣冠；以古爲鏡，可以知興替；以人爲鏡，可以知得失。」

（もし銅を鏡とすれば、衣服や冠を正すことができる。歴史を鏡とすれば、興隆の交替を知ることができる。人を鏡とすれば、損得を知ることができる。）

歴史を手に取り鏡とすれば、各王朝の衰旺を知ることができます。

中国大陸での国民党の政権はたった三十八年間でした。

その理由が南京に都を建てたからなのでしょうか？　それとも総理を埋葬した土地が高すぎたからなのでしょうか？

国民党は総理を埋葬した。孫中山墓碑

一代の偉人はこの地に永眠する

中山陵に立つ帝王華表柱《かひょうちゅう》

張玉正と中山陵

中山陵の一角

風水が理想の要素を尽くしていないことに関係あるのかどうかは、ただ風水を愛好する読者の方々がこの地に来て判断するのに任せたいと思います。

第9章

二十一世紀中国のリーダーの風水

第1節　徽州《きしゅう》　地霊人傑《ちれいじんけつ》

皖南《かんなん》は安徽《あんき》省南部に位置します。中国では、徽州《きしゅう》文化は今に至るまでずっと有名です。現在でも、当地にはまだ大変多くの明・清時代の徽式古建築物があります。特に石彫刻・レンガ彫刻・木彫刻は、徽州彫芸術三絶（三つのきわめて優れているもの）と呼ばれ他に比類がないと言われています。

また、昔から文人が使用した貴重品、徽墨《きぼく》（徽州の墨）・宣紙《せんし》（安徽省宣城《せんじょう》市で産出する紙）・歙硯《きゅうけん》（歙渓《きゅうけい》産出の石で作った硯《すずり》）もまた、この地で多く生産されています。

歴史上、皖南はとても多くの著名人を輩出しており地霊人傑といえるでしょう。

地霊人傑とは、傑出した人が生まれた地のことです。あるいは過ごした地方、名勝地などを指します。「傑出した人物は、霊秀な地に生まれる」の意味として多用されます。

よく知られている人物としては、近代の実業家、紅頂《こうちょう》商人の胡雪巌《こせつがん》（紅頂商人とは、官吏にしか認められなかった紅頂の帽子と官服を特例として拝領した御用商人のことです）、その他には、大文豪の胡適《こてき》、墨匠《ぼくしょう》（墨職人のこと）の胡開文《こかいぶん》などが有名です。

当代中国の前任・後任のリーダーである江澤民《こうたくみん》と胡錦濤《こきんとう》も、皖南地方の旌徳《せいとく》県江村《こうそん》と績渓《せきけい》県龍川《りゅうせん》の出身です。

このような特別に有名な人の故居（旧居）は、必ず風水的に特殊なものを持ち合わせています。

二〇〇六年八月、筆者は三人の門下生を連れて贛南へ出発しました。一行は黄山の麓に到達し、目下中国で最も権勢のある有名人の故郷に、それぞれ訪問しました。

第2節 胡氏宗祠《こしそうし》は名士を出す

龍川村は、安徽宣城市績渓県東南部に位置します。県城から約11km。

ここ龍川村は、中国の新世代のリーダーであった国家主席・胡錦濤の祖居地《そきょち》（祖先が住んだ地）です。

龍川は、村落の古い呼び方であり、正式な名称は績渓県瀛洲《えいしゅう》郷《きょう》大坑口《だいこうこう》といいます。

この地は山水秀麗であり、民俗習慣は素朴、昔から学問的風気が盛んです。

村の家屋は龍川渓に沿って建っています。小川沿いの両岸の徽式建築、小さな橋・流れる水・民家がある典型的な徽州の古い村落で、風景の美しさは人に時が経つのを忘れさせます。ここに住む人は、胡姓が多数を占めています。

この地が標榜する名勝古跡には、宋朝に建てられた「胡氏宗祠」、明代の「奕世尚書坊《えきせいしょうしょぼう》」及び「徽州商人胡《こ》炳衡《へいこう》の故居」がありますが、胡錦濤主席に関するパンフレットは見当たりません。

龍川は青山緑水《せいざんりょくすい》。地霊人傑

胡氏宗祠

東に聳える龍峰《りゅうほう》。
開帳し剥換する

西に立つ鳳冠《ほうかん》。龍
川渓があり胡氏宗
祠を経過する

南に天馬山《てんまさん》があり
奔騰する

北に登源河《とうげんか》があり
蜿蜒とやって来る

胡氏宗祠は江南第
一の祠

しかし村民は、胡炳衡が胡錦濤の祖父であることをみな知っています。

中国人はこれまで風水を重視してきており、一族の土地や住まいを選ぶときには必ず風水師の参与がありました。

龍川の胡氏一族、第一代開基祖は東晋の散騎常侍《さんきじょうじ》（職官名）として軍隊を率いた胡焱《こえん》です。別字は子琰。山東青州濮陽《ぼくよう》県（今は河南に属す）に元々住んでいて、咸康三年（三三七年）胡焱は龍川に到着します。

そしてこの地が、

「東聳龍峰，西峙鳳冠，南有天馬奔騰而上，北則長溪蜿蜒而來。」

（東に聳える龍峰《りゅうほう》、西に立つ鳳冠《ほうかん》、南にある天馬《てんま》は奔騰して上り、北はすなわち長い小川が蜿蜒として来たる。）

であることを発見します。

滅多に得ることのできない一つの風水宝地であると思い、一族を挙げてここに移り住んだのです。

現存する胡氏宗祠は、宋代に建設が開始されました。

かつてこの地には、風水宗師・頼布衣が来たという言い

龍川の水口と朝山。笏を持ち朝拝するようである

伝えがあります。その胡家のために頼布衣が點穴したのでしょうか？

明朝の嘉靖年間、胡宗憲《こそうけん》は官位が太子太保、兵部尚書（官職名）にまで至り、古い祠を改修して大きく広げました。また清朝の光緒年間にも大改修を行います。

全体の祠堂は宏大荘厳です。建築本体および宗祠内の数百の木彫刻。その彫刻の技術は巧みであり完璧で「江南第一の祠」の美名を享有しています。


胡氏宗祠が所在する位置は、ちょうど村の真ん中です。

宗祠の坐向は、坐北向南。

宗祠の前方にある澄んだ龍川渓は環抱しています。龍川渓は村西の鳳頭山《ほうとうさん》から村を迂回して東に流れ、北から蜿蜒と流れてきた大きな登源河《とうげんか》と合流しています。

村の東には高大な龍鬚山《りゅうしゅさん》が聳え立っています。

村落全体は船の形によく似ており、龍舟《りゅうせん》（ドラゴンボートのこと）が海へ出るような勢いを具えています。

たしかに風水宝地ということができます。

最も特別なのは南にある天馬山です。宗祠の朝山でもあ

宗祠前の龍川渓と塀

り、村のはずれの水口に位置します。水口とは集まった水がすべて出ていくところのことです。

この朝山の形状は、大臣が笏を持って皇帝に拝謁しているようであり、正面に元宝《げんぽう》（馬蹄形に鋳造した通貨）のような形の山があり、水口のところに立っています。

古い詩にこうあります。

「水口山如持笏朝拝，名天柱山，必出天子，噤口莫言。」

（水口山が笏を持ち朝拝するようであれば、名は天柱山《てんちゅうさん》、必ず天子を出す、口を噤《つぐ》み言うなかれ）

これは、帝王の風水宝地のことを口外してはならない。風水師は隠口蔵舌《いんこうぞうぜつ》（口を慎む）べきという意味です。

胡氏宗祠の前には、わざと外から門内を見えないようにするために、表門の外側に作った目隠しの塀を立てて遮っています。これによって、内側からは朝山の峰（山のいただき）がちょっとしか見えません。

当地ガイドの解説では、胡氏の祖先が後世の子孫に自らに満足してはならないという励ましのためにそうしたと言

胡氏宗祠の雕樑画棟《ちょうりょうがとう》（透かしの彫刻に彩色を施した華やかな建物）

っていました。そうでないと向上心がなくなってしまうからです。ゆえに、宗祠からは朝山の一角しか見られないのです。

筆者が見たところでは、胡氏の祖先はこの宝地を得て、地味に表にしないようにすることで、禍《わざわい》（思わぬ不幸）が起こるのを避けたのではないかと思いました。

さらに祠堂が優れている点は、その中に、身体に黄色の龍袍《りゅうほう》をまとった胡氏一世の胡炎の肖像画を安置したことです。龍袍とは皇帝が着る龍の模様がついた綿入りの長い衣服のことです。

この一幅の絵は、宋代の肖像画としては最も早い時期のものであるそうです。誰の手によって描かれたものなのか

胡氏一世祖・胡炎の肖像画

胡氏宗祠

胡氏宗祠の祖先の位牌。
胡炳衡は中央にある

胡氏宗祠の左青龍

胡氏宗祠、龍川渓が
登源河に合流すると
ころが見える

はわかりません。

龍袍を身に着けることは、古代においては首を切られるほどの重罪です。ただし龍袍の色が土の色の黄色で皇帝が着用する正統な黄色ではなく、しかも龍袍上の龍の目には瞳が入っておらず、これは故意に欠点を作り「まだやや劣る」の意を表示しています。

こうした暗示の効果か、その後、一族は天子を出すことができましたが、本当の故事（物語）は現在はすでに考証する方法がありません。しかし、村落の水口にある朝山は、北京にある清の東陵の朝山である金星山によく似ていて、まるで縮小版のようです。

◎祖山を伐採せず、風水を護る

祠堂の内壁上に一つ、清の咸豊七年「奉旨《ほうし》恩栄《おんえい》」という石碑の告示があります。

その大意は「龍鬚山は村所在地の来龍である。その支脈及び金紫山一帯の鉱石山場での採鉱、開石、炭焼きを一律禁止する。また個人的に別の姓の人に土地を売ってはならない。もし不肖の子孫が禁令に違反することがあれば、法律に基づいて厳罰に処する」

とあり、この碑上から、胡氏の先祖が風水を重要視していたのを見る

龍鬚山は採鉱を禁ずるの告示碑

ことができます。

これによって龍川は昔のままであり青山緑水（青緑色の山脈と河川の流れ）、風景は秀麗です。

また風水の龍脈も保存が完全です。

◉二代続けて尚書を出す、奕世尚書坊《えきせいしょうしょぼう》

龍川は蔵龍臥虎《ぞうりゅうがこ》の勢《せい》を具えます。蔵龍臥虎とは隠れた龍と伏せる虎、まだ世に見出されない優れた人物が居る場所のことです。

胡氏の子孫は人口が増え、特に明代中期に優れた人材を輩出しました。中でも特別なのは、嘉靖戊戌年（一五三八年）の科挙試験に合格して進士となった、長房三十四世孫の胡宗憲《こそうけん》です。

その一族で叔父にあたる胡富《こふ》も、成化戊戌年（一四七八年）の科挙試験で進士になっており、ちょうど六十年隔てて、同じ干支《かんし》の戊戌年に二人の進士を輩出したことになります。

二人はその後、戸部《こぶ》尚書と兵部《へいぶ》尚書の地位にそれぞれ至ったことを受けて、「奕世尚書坊」と明の皇帝が石刻の牌坊に与えたのです。

一つの家族から二人の尚書を出すことは、当時、大変光栄なことでした。このような名声は何代も相伝されるに足るもので、胡氏一族には尋常ではない故事が数知れずあります。

四百年以上を経ても揺るぎなく立ち、徽派石刻の最高級品といえる、三門四柱五楼《さんもんしちゅうごろう》（三つの出入口、四本の柱、五層建の構造）の奕世尚書坊は、村落の中央の南北に走る大通りの上にあります。

昔、重要な牌坊《はいぼう》は必ず通らなければならない位置に通常建てられるので、尚書坊はおそらく当時の村の出入口だったのでしょう。

奕世尚書坊

都《と》憲坊《けんぼう》

ちなみに牌坊とは、表彰記念する建築物および中国の伝統的建築様式の門の一つです。

牌楼《はいろう》または略して坊《ぼう》と呼ばれることもあります。海外では中華文化のシンボルの一つとされています。一般的に牌坊と牌楼は同じ意味で使われますが、屋根や斗拱《ときょう》（軒などを支える木の組み物）のないものが牌坊と呼ばれ、あるものが牌楼と呼ばれます。

◎徽州商人《きしゅうしょうにん》　胡炳衡の故居

胡炳衡は、龍川の胡氏第四十六世の裔孫《えいそん》（遠い代の子孫）で胡錦濤の祖父であることは述べましたが、その故居は、龍川渓南岸の細い通りの中に位置します。

レンガと木による構造で、敷地約２００㎡の二階建て徽式建築です。明代に建て始められました。

一説では宅内の大堂（ホール）の彫刻と装飾はとても精美で、徽宅《きたく》文化の代表と見なすことができますが、惜しいことに、大門には鍵が掛かっていて対外的には開放されていません。

風水がわからない人であれば、おそらくすぐに帰ってし

胡炳衡故居の外塀

まうでしょう。

参観に来た二組の団体観光客を見かけましたが、門の中には入れないためガイドの説明を受けた後、三分足らずで立ち去ってしまいました。

しかし、この家宅の立向には大いに学ぶところがあります。

大門の前には一棟のレンガ造りの新式建築があって前方を遮っています。さらに前に向かって歩いて行き、一面の竹林を過ぎると、前方の明堂は平坦で広く視野が開けています。そして、胡炳衡の故居の中軸線のちょうど真正面に朝山があり、なおかつ水口は近くて目の前にあります。

「なんと美しいのだろう！」と、思わずため息をつきました。

この家宅は堪輿名人の傑作です。

一つ残念なことに、明堂が近代建築物により視野が遮蔽されており、風水の美を展開することができません。

この家と胡氏宗祠の朝山は同じです。

もし風水格局を論じるならば、この家と胡氏宗祠とは甲乙つけがたいでしょう。

胡炳衡故居の大門は深く閉ざされている

胡錦濤の祖墳の風水

胡錦濤主席は、龍川第四十八世の後裔です。

その歴代の祖墳は、村では登源河を隔てた龍鬚山の足元にあります。

龍鬚山《りゅうしゅさん》、またの名を龍峰。海抜1400m余り、胡氏祖墳の少祖山にあたります。山勢は高く聳え立ち、珍しい形の岩石が重なり合い、大小二つの尖った先端があります。山上には池があり、四季を通じ枯れることがないそうです。風水上は、これを「天池」と呼び、主に帝王や宰相を輩出するとされています。

胡主席の祖父の胡柄衡先生はここに埋葬されました。龍鬚山の龍脈は南北に走っており、この場所に至り龍脈は西南にぐるりと転じます。

剥換束気、田を通り抜けて過峡し、金星体が起頂して結穴しています。

前方にある群山は、朝迎呼応《ちょうげいこおう》しています。

付近には、胡氏四十二・四十三世の祖墳がたくさんありますが、ただ独り胡柄衡先生の墓だけが坐北向南です。

龍鬚山には大小二つの峰がある

穴地がある場所は、水口山の主峰にちょうど向かっています。これは故居と胡氏宗祠と同一の朝山です。

前方数尺の場所にも、七つの胡氏祖先の墳墓があります。同一区域に埋葬されていることから、おそらく胡主席の先祖の墓地だと推測されます。

胡錦濤先生は、一九四二年、壬午年に生まれ、六十甲子《ろくじゅうこうし》を一巡りして、二〇〇二年に再び壬午年がちょうど回った

胡錦濤の祖父・胡炳衡の墓碑。増鈺《ぞうぎょく》は胡錦濤の父親である

中国国家主席・胡錦濤の祖父の墳墓

年に、国家主席の地位に登りつめました。

胡氏の一族でかつて尚書となった二人も、ちょうど六十年の時を経て同じ壬午年に尚書になっています。偶然の一致、天のなせる業と言うことができます。


龍川の北の祖山には靠山がないようで、筆者は門下生の劉馳中《りゅうちちゅう》、謝鍾鑫《しゃしょうきん》、劉思駿《りゅうししゅん》の三人と、登源河に沿って溯水尋龍《そすいじんりゅう》をしました。溯水とは水を溯ることであり、溯水尋龍とは川の源流を遡って龍を探すことです。

そして、龍鬚山の来龍が強力であることを知りましたが、龍脈の形は眠る仏のようであり、その形を発見するのは簡単ではありませんでした。

それはまるで胡錦濤主席の内に厳しく落ち着いた性格、また慎重な行動に似ています。

古い詩にこうあります。

「一流地師望星斗，二流地師看水口，三流地師満山走。」

（一流の地師は星斗を眺め、二流の地師は水口をみる、三流の地師は多くの山を歩き回る。）

龍鬚山下は開帳、剥換。吉地がとても多い

墓の前方には胡氏各代の先祖墓がある

付近には胡氏各代の先祖墓がまだある

龍脈の形は、眠る仏のようである

私自身は星辰《せいしん》を見ることはできませんが、水口を見たところ、胡氏宗祠・胡炳衡の故居・胡錦濤の祖墳はみな同じ朝山に向かっており、帝王や宰相の風水格局があります。

龍鬚山の龍脈は艮《ごん》方から来ており、龍は八運において旺じます。

三元九運《さんげんきゅううん》により未来を推算すると少なくとも十年、胡錦濤主席は依然として中国で最も権力を持つリーダーであり続けるでしょう（２００７年時の予測）。実際に二〇一三年まで第六代国家主席を務めました。

第3節 江村《こうそん》——江澤民の故郷

◎旌南《せいなん》、第一の村

安徽宣城市績渓県龍川村、中国のリーダー胡錦濤主席の祖居地です。

そして龍川村をわずか一山隔てたところの旌徳《せいとく》県江村、そこが前国家主席江澤民の祖居地です。

江村は、黄山支脈の金鰲山《きんごうさん》下の古村です。風景は秀麗で、文化が集中し傑出した人物が集まる土地です。

金鰲山は渾厚天成《こんこうてんせい》（質朴厚重で天成のもの）。江村の玄武来龍・靠山である

わずか明・清の両代で江村からは百人以上の進士と舉人《きょじん》（進士の受験資格を得た者）を輩出しています。「父子進士《ふししんし》」は、さらに幾世代にもわたり広く流伝しました。中華民国初頭には博学の士も輩出しており、代理国務総理の江朝宗《こうちょうそう》と安徽省長の江紹傑《こうしょうけつ》もいます。それゆえ江村は、龍川と比較して少しも遜色がなく「旌南、第一の家」と称されています。

江村の人は、南北朝時代の詩人である江淹《こうえん》の後裔です。彼の官位は金紫光禄大夫まで至りましたが、実際に江村を建立したのは五世孫の江韶《こうしょう》です。

今から遡ること約１４００年前の隋末から唐初の頃、江韶は黄山各地の風水をくまなく見て歩き、金鰲山を発見しました。渾然として純朴、旺盛で抑止できない勢いがあり、なかなか得ることができない風水宝地であることがわかり、一家を挙げてここに引っ越ししたといいます。

村の主要なスポットには、江氏宗祠・父子進士坊・孝子《こうし》祠《し》・傅公祠《ふこうし》・大文豪の胡適《こてき》の夫人の江冬秀《ことうしゅう》の故居・および数学泰斗《たいと》（その道の大家）の江澤涵《こうたくかん》の故居などがあります。

江村は前任国家主席江澤民の祖居地である

江村は「旌南、第一の家」と称される

江家《こうけ》傅公祠《ふこうし》

文房四宝が賓客を迎える

金鰲山は江村の靠山となり、村落全体が枕山環水《ちんざんかんすい》（山を枕にして水がめぐる）の地です。

秀麗な聚秀湖《じゅしゅうこ》を硯とみなし、白塔は筆となり、湖中の碑坊は墨で、湖の前の大地を紙と見る「文房四宝」はとても美しい景色です。

このように中国の伝統文化を結合した村落設計を見かけることは、実際多くはありません。

聚秀湖の形は、長い弓を引き絞って射るのを待つような勢いを蓄えています。

これらの中に含まれる寓意は、江村の後人が文武両道であることを示しています。

村の入口にある聚秀湖近くの山上にある古廟《こびょう》の宝塔は、大陸内地で唯一の媽祖《まそ》廟（媽祖とは航海・漁業の守護神のこと）です。

江村は風水宝地ですが、ただし龍川の風格とは完全に異なります。

江村は東・南・北の三方に山があり、西方は平らであり広く開かれていて、辺鄙な山間の中に村落建築があります。

孝子祠《こうこうし》

村の入口、筆、墨、
硯、紙の文房四宝

湖の中の恩容牌坊《おんようはいぼう》
は墨である

旌徳県江村に関する地理的な位置

村には金鰲山から流れて来る龍と鳳の二つの谷川が取り巻いていて、左右両側には獅山《しさん》と象山《しょうさん》があります。二つの谷川は、この村の入口の小さな湖で合流していて、風水上これを「獅象把《しぞうは》守水口《しゅすいこう》」（獅子と象が水口を見張っている）と言います。

村全体の形は一個の大きな肘掛け椅子によく似ています。村の後ろの金鰲山が椅子の背もたれにあたり、獅山の上には宝塔が高く聳え、象山の上には廟堂が恭しく立ち、肘掛け椅子の両ひじを掛けるところのようです。肘掛け椅子の前が聚秀湖です。

このような風水配置も典型的な徽式建築であり、最良の村落格局にも符合しています。

◎徽式建築の江氏宗祠

江村の街中に一本の明・清時代の古い道があり、両道碑坊が立っています。名は父子進士坊《ふししんしぼう》です。

この碑坊を通過してほど遠くないところに、一座の雄壮な祠堂を見ることができます。この祠堂こそが、江氏宗祠です。

宗祠は、明代の永楽年間（一四二〇年）に建てられてから、今に至るまですでに六百年近い歴史があります。その本来の姿は、四進《ししん》・両廂《りょうしょう》・両《りょう》明塘《めいとう》・三天井《さんてんせい》を擁していたといわれますが、第一進は民国の時期に焼けて損なわれてしまったそうです。

父子進士坊

しかし、やはり現在も祠堂の門楼上に精美な彫刻を見ることができます。

江澤民主席の曾祖父は清の咸豊六年（一八五六年）の時に、天災と人災から逃れて江蘇の揚州に移動してそこに根をつけたといいます。

江澤民は江村第六十四世です。父親が早く亡くなったために五番目の叔父である江上青《こうじょうせい》がその養父となりました。江上青は中国の「革命烈士《かくめいれっし》」（正義のために命を奉げた士）です。

江村に並んで立つその石像は村の入口にあります。

村の中にある碑坊、老街《ラオジェ》（古い街）、宗祠、著名人の故居などは、ほぼ昔のまま完全な形で保存されています。

実は、江澤民の祖籍について、もう一説あります。それは江西婺源《ぶげん》の江湾《こうわん》です。婺源の地は明代より徽州《きしゅう》府に属しました。一九三四年にやっと江西の管轄になり、これにより多くの伝統的徽式建築が保存されることになりました。この地の江村一族もまた旌徳から遷居してきたと言われています。

しかしながら、主観的な判断では、江澤民の祖籍は旌徳のほうが依然として可能性

青雲直上《せいうんちょくじょう》（速く高い地位に上る意味）、父子進士坊

が高いように思います。

黄山来龍、江氏先祖の墓

江村の徽式建築を見終わり、江氏の祖墳を探したいと思いたち、旅行ガイドの紹介で七十数歳の江丕《こうひ》俄《が》先生にお目にかかることになりました。

本当の主龍脈《しゅりゅうみゃく》は、おそらく金鰲山の足元にあり、金星体が起頂して結穴しているはずです。

江丕俄先生は、私たちを連れて江村を離れ黄山方向へ十五分ほど車で行った碧雲《へきうん》村内へと向かいました。そこが、江氏第十五世の将軍、江錫俄《こうしゃくが》の墳墓だといいます。さらに江主席の甥もかつて来たことがあると付け加えました。

しかし、筆者らが目にしたのはとっくに掘り返されてしまった空っぽの墓だけでした。

この墓穴は黄山の来龍に属します。格局があるとはいえ、年代が古すぎて江澤民の大きな地位の成就にはあまり影響がないように思われます。

再び金鰲山に戻り江氏の祖墳を探したかったのですが、空の色はすでに夜になっていました。次の機会を待ち、尋龍するしかありません。

江氏宗祠

江氏宗祠には歴代にわたり皇帝から賜った牌匾《はいへん》がある

江氏宗祠の背靠《はいこう》の楽山

碧雲村内の江氏第十五世江錫俄将軍の楽山

◉山河は世代ごとに人材を出す

くり返しになりますが、いわゆる「地霊人傑」とは、傑出した人物は霊秀の地において生まれることを言います。

中国の国家主席であり総書記であった江澤民と胡錦濤の祖籍は同じ安徽省です。祖居地も相近く、ひとしく黄山の龍脈の庇護を受けています。偶然の一致ですが、金鰲山には覇気が顕れていて、江澤民主席のような非常に豪快な風格に呼応しています。

なおかつ金鰲山は、東方の震卦《しんか》に属し、来龍は七運において旺じます。そして胡錦濤主席、龍鬚山の山脈は東北方から来ており、艮卦《ごんか》は八運において旺じます。この二人の主な政治活動の時代と風水の旺運を推算するとはからずも符合しています。

第4節　習近平《しゅうきんぺい》の祖居と習仲勲紀念墓園

二〇〇八年に、全世界はアメリカのサブプライムローンをきっかけとして起きた金融危機を経験しましたが、その中で、中国は毎年経済成長を遂げて世界の注目の焦点となっています。

現在あるいは未来に関わらず、中国のリーダーは世界の舞台で間違いなくその一挙手一投足が影響を及ぼす地位にあります。台湾の未来の発展にもまた密接な関係にあるでしょう。

中国新世代のリーダーである習近平は、二〇〇八年三月国家副主席に選ばれました。この数年来、彼の国内外のおける声望は絶え間なく積み重さなっています。外界でも二〇一二年の中国共産党の「中国共産党第十八回全国代表大会」において彼を有望視し、二〇一三年胡錦濤国家主席の席を引き継ぎ、現在中国の未来の最高リーダーとなっています。

さて、筆者は二〇〇八年十月九日、西安へ赴き「第二十一回世界客屬懇親大会」に参加した時に、習近平副主席の故郷が富平《ふへい》にあると聞きました。時間が許されるなら、その一部始終を調べに行くべきでしょう。

◎習近平の故居

習近平の父親である習仲勳《しゅうちゅうくん》は、中国共産党の党国元老です。

習仲勳は一九一三年十月十五日、陝西《せんせい》省富平県に生まれ、若い時から中国共産党に参加して、一九五九年四十五歳で国務院副総理を担当しました。しかし、一九六二年九月、第八回十中全会の後に勢力を失います。

このような官界での浮き沈みの中、二〇〇二年五月二十四日北京にて逝去。享年八十九歳でした。

習仲勳の故居は、富平県淡村《たんそん》鎮中合《ちゅうごう》村習家荘《しゅうかそう》の田園の中に位置し、家は数えるほどしかなく、習家の祖先を遡ると

習仲勳先生故居

元々は湖北省にあったといいます。そして、一八八二年頃、習仲勳の祖父の代に至り河南から習家荘（地名）に遷移します。

目の前にある古い家の外壁は補修されていますが、今も依然として習仲勳の六番目の弟と甥が住んでいるそうです。風水の格局は、眼前に後から建てた家があるため、明堂は破壊されてしまっています。

その習家荘から南に30㎞行ったところに三座の唐朝皇陵があります。唐の高祖・李淵の献陵・唐の端陵・唐の荘陵です。この三座の陵寝は、高原上に位置していて、都合よく習家荘の南方の案山と朝山となっているのです。

風水上では、前方に一字《いちじ》案山《あんざん》があることになり、主に文人・高官を出す意味があります。

◎習仲勳紀念墓園

陝西《せんせい》には、黄帝陵・秦の始皇陵・漢代の皇陵・および唐の十八陵があります。

古来、こう言われています。

故居の前にある一字案山

「江南才子北方將，關中黃土埋皇上。」
（江南には才華のある文士、北方には将軍がいる、関中の黄土は皇帝を埋葬する。）

昔は、関中平原八百里秦川といえば、西安一帯のことを指しました。

二〇〇五年、習仲勳先生逝去後の三周年。習近平が中国共産党浙江省委書記《いしょき》の時に、父親の習仲勳先生の遺骨を北京の八宝山《はっぽうざん》革命公墓から故郷に移動して安葬しました。

富平県陶芸村には「落葉帰根《らくようきこん》」（落ち葉は根に帰る。人は年を取るといつも故郷に戻ることを思う）と書かれています。

その二年後の二〇〇七年に「中国共産党第十七回全国代表大会」にて、習近平は政治局常任委員に昇進しました。さらに二〇〇八年三月に、国家副主席・中央党校校長を引き継ぎ、二〇一二年に総書記、翌一三年に国家主席に就きました。

「将門《しょうもん》の虎子《こし》」（代々将軍を出している家の後代の子孫も平凡な人物ではない）とはいえ、風水的な要素がすべてちょうどうまい具合に効果を及ぼしたと解釈することができます。

習仲勳紀念墓園は、習家荘の習仲勳の故居から東北に約８㎞の所に位置していますが、路上にはこれといった道路標識はありません。入口の場所も非常に小さな指示標識があるだけで目立たないようにしてあります。しかし当地の人は、ほとんどがその場所を知っています。

まず東から入ると、まず習仲勳紀念館が見えてきます。紀念館という名ですが、実は一棟の平屋であり、外壁いっぱいに「愛国主義教育基地」が掛かっています。内側には習仲勳先生が、一生涯人民のために奮闘した歴史の写真記録が陳列されています。

鎮上仲勳紀念学校

紀念館の外壁に掛けられた「愛國主義教育基地」

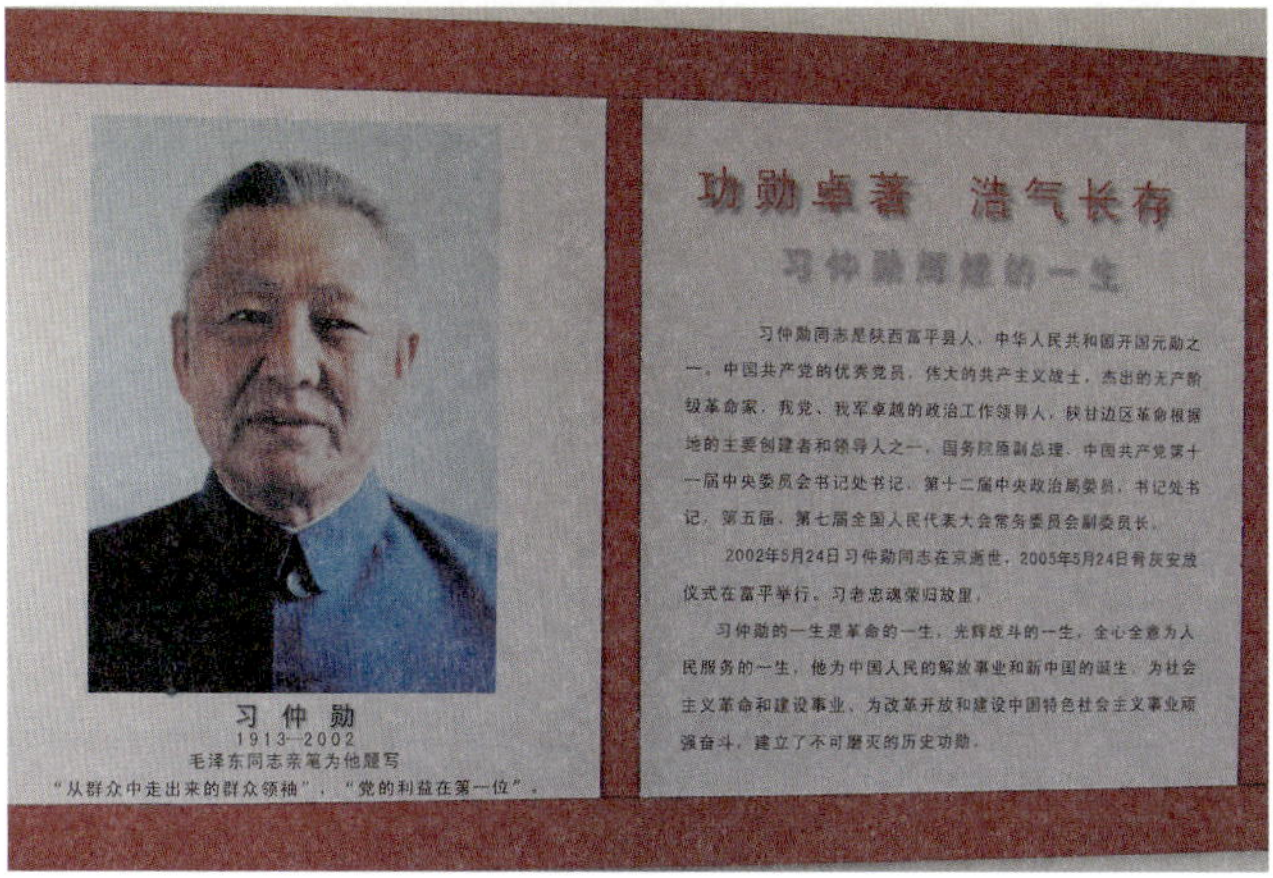

紀念館内にある習仲勳先生の記録と歴史

館内にある習仲勲
先生の彫像

習仲勲紀念墓園

習仲勲先生の墓地と彫像

紀念墓園全体の敷地は大きくはありませんので、真っ直ぐ歩いて行くとほどなく大型の石彫刻の坐像を見ることができます。

墓地は西洋式の埋葬法を採用しています。台湾の富裕な人たちの広大な墓地には及びませんが、周囲に青緑色の松柏がいっぱいに植えてあり青々と茂っています。

石彫の坐像の前には、各地から供養と拝謁に来た人々の花かごがたくさん並べられており厳かな雰囲気が顕れています。

風水格局から見た習仲勳紀念墓園

一般に、風水学における墓葬のための用地選択においては、「背山面水《はいざんめんすい》」に注意します。そして、左青龍・右白虎の格局を重んじます。

山があり水があってこそ、福の恵みを後代に与えて、また子孫を庇護することができます。しかしこの地には、このような景色を見ることができません。

風水学の観点から述べると、習仲勳墓園の北方には、唐の元陵《げんりょう》、唐の章陵《しょうりょう》、唐の簡陵《かんりょう》、唐の定陵があります。これらは北からの来龍ともいえますが、距離が非常に遠いのが問題です。

このため、墓園は平洋龍《へいようりゅう》に属すことになり、平原の墓地となります。また、前後左右に明顕する山はなく、陵園の位置は地勢がやや高いところにあります。

彫像後面の習夫人題字

古人はこう言います。

「平洋一凸値千金《へいよういちとつあたいせんきん》」

（平らの土地で高くなっているところは千金に値する）

墓地はかならずしも大きい必要はなく、點穴こそが一番重要な技術です。なぜなら、すでに亡くなった先人を安息させてまた丁重に葬儀を執り行うことが目的だからです。

墓穴の坐向は、乾山巽向（坐西北向東南）。一般の中国人は南北に坐向をとるのが好きですが、それと同じではありません。しかし、乾山巽向は、八運（二〇〇四〜二〇二三年）の旺山旺向《おうざんおうこう》です。

墓園全体には、広く松柏《しょうはく》を植えて自分で青龍と白虎を造っており、平洋龍の山勢《さんせい》の不足を補っています。東方の遠いところに池があります。水口の方位に合わせており風水をとても深く考慮して設計されています。

第10章

蔣氏の浙江奉化、そして台湾大渓の風水

浙江省奉化市《ほうか》渓口《けいこう》。山環水繞《さんかんすいにょう》。剡渓《えんけい》の源流は四明山の余脈横渓嶺《おうけいれい》です。

剡渓は迂回曲折して流れていて全部で九つの曲がり角があります。

渓口は、その第九番目の曲がり角の出口の所に当たるために、名を渓口といいます。

渓口は清朝末には禽孝《きんこう》郷に属していました。中華民国十七年（一九二八年）に名を渓口郷と改め、中華民国二十四年（一九三五年）に再度渓口鎮となりました。

第1節

風水宝地——蒋氏宗祠《しょうしそうし》

浙江省奉化市、渓口鎮の村に入ると、その一番のスポットは蒋氏宗祠です。

観光客が非常に多いのは、「蒋家王朝」二代にわたる偉人の出生地を一目見たいと思っているからです。

蒋氏宗祠は、渓口における蒋氏の総祠でもあります。

坐向は、壬山丙向。正線（真中の3度）。

これはいわゆる「大空亡《だいくうぼう》」（地盤上の二十四山方位の各真ん中の3度を大空亡とします。一般に立向できないと言

蒋氏宗祠

われています）にあたります。

　案山と朝山は、朝拱《ちょうきょう》して有情です。

　蒋氏宗祠・蒋介石・蒋経国の故居は、同じ街の一本道沿いにあります。

　家宅の前には剡渓が通り過ぎていて、宗祠から水口はとても近くなっています。

　最初に剡渓を見た時に、小学校の教科書の中で紹介されていた蒋氏の故居「魚は流れに逆らって上って遊ぶ」という情景をずっと探したいと思っていました。

蒋氏宗祠の大門

蒋氏宗祠前方にある案山

蒋氏宗祠入り口の楼牌

しかし岸辺に築かれた堤防が見えるだけで、水は清く川底が見えました。

おそらく筆者が偉人ではないので、「魚は流れに逆らって上って遊ぶ」という情景を探し当てることができなかったのかもしれません。

とはいえ、多くの山々が畳み掛けるように聳えているのが見えて、確実に風水宝地だということはわかりました。そもそも成功するということは、努力することももちろん必要ですが、やはり一族に優れた風水がなければならないのです。

第2節 玉泰《ぎょくたい》鹽《えん》鋪《ほ》——蔣介石の出生地

蔣介石の父親は蔣明火《しょうめいか》といい、名は肇聰《けいそう》。字は粛庵《しゅくあん》。一八四一年に生まれます。渓口街に玉泰鹽鋪を開いて、食料・塩・酒・雑貨の商いを営みます。入口の所の下には石碑があり、「玉泰鹽鋪原址《げんし》」（玉泰塩店の旧住所）と中正《ちゅうせい》（蔣介石）の字体で題されています。

蔣明火は生涯で三人の妻を娶り、最初の妻の徐氏は一男一女を生みます。息子の名は周康《しゅうこう》。号は介卿《かいきょう》。字は錫侯。娘の名は瑞春《ずいしゅん》。嫁いで宋周運《そうしゅううん》の妻となります。

徐氏は早く亡くなり、蔣明火は続いて蕭王廟《しょうおうびょう》の孫氏の娘を後妻として娶ります。孫氏は子どもを生まず、まもなく病気で亡くなりました。

また奉化渓口葛竹《かっちく》村の王采玉《おうさいぎょく》（清の同治三年、一八六四年生まれ）を後妻として娶ります。これこそが蔣介石の生母です。

結婚した翌年の一八八七年十月三十一日（農暦九月十五日）、玉泰鹽鋪の上階の東廂房《とうしょうぼう》（四合院で母屋の手前両側にある東建屋）で蔣介石を生み落としました。

蔣譜（蔣家の家系図）に、名は周泰《しゅうたい》。幼名は瑞元《ずいげん》。介石は字。学名は志清《しせい》、またの名を中正とあります。

蔣介石が九歳であった光緒二十一年（一八九五年）、その父蔣肇聰は病気によりこの世を去ります。

蔣家には元々祖先が遺した田畑があり、王氏はその遺産に頼って暮らしていました。

しかし、蔣介石の同父異母の兄弟蔣介卿と蔣介石の母とは気が合わず、財産分けを要求されただけでなく、蔣介卿は玉泰鹽鋪のすべての財産を独り占めします。

結局、蔣介石の母王氏は、当時住んでいた「素居《そきょ》」という名の

蔣氏宗祠「報本堂」

蔣氏故居、玉泰鹽鋪

小さな家を分け得るのみでした。

ここは蔣経国の出生地でもあります。その後に増築して「豊鎬房《ほうこうぼう》」と改名します。

蔣介石が「哭母文《こくぼぶん》」の中で、その母は「内弭鬩牆之禍，外禦横逆之侮。」（内では兄弟が相争うのを止め、外では一族に不合理なことを言われ侮られた）と叙述しています。

母が辱めに遭い、人生の不遇さを存分に味わったことを表示しています。その後、母は蔣介石に、蔣介石の父親と自分を合葬しないように繰り返し言い聞かせたそうです。

蔣介石の母、王采玉は一九二一年六月十四日、古い家宅のベッドで臨終します。享年五十七歳、蔣介石三十四歳のときでした。すでに身を要職に置き、国民党権力の中心に入っていた彼は、同年十一月二十三日、母を白岩《はくがん》山魚鱗嶴《さんぎょりんおう》の中壟《ちゅうろう》に埋葬しました。

蔣介石は中華民国二十五年、洛陽にて、五十歳の誕生日に「報国與思親（国に報い親を思う）」に、次のような感想を述べています。

「中正九歳喪父，一門孤寡，煢孑無依。其時清政不綱，吏胥勢豪，夤緣爲虐，吾家門祚既單，遂爲覬覦之的，欺凌脅逼，靡日而寧。嘗以田賦徵收，強令供役，產業被奪，先疇不保，甚至搆陷公庭，迫辱備至。鄉里既無正論，戚族亦多旁觀。吾母子含憤茹痛，荼毒之苦，不足以喩。當此之時，獨賴吾母本其仁慈，堅其苦節，毅然自任以保家育子之重，外而週旋豪強，保護稚弱，內而輯和族裡，整飭戶庭，罔不躬親負荷，謹慎將事。」

（中正は九歳で父を亡くし、家庭は孤児と寡婦だけであり、何も頼るものがなかった。その時、清の政治は骨子がなく、地方の下級官僚の勢いは横暴で、それに取り入って出世をはかっていた。我が家門は幸いがすでに少なく、ついには狙われる的となる。屈辱を与え強く迫り、安静な日々は一日もない。清政府による田地税の徴収、供役の強制、産業を奪われ、祖先の田畑を守れず、甚だしくは人を罠にかけて陥れて法廷に出す、あらんかぎりの迫害屈辱を経験した。郷里にも正論はなく、親戚一族もまた傍観するばかり。我ら母子は憤りを抱き痛みに耐え忍び、その迫害の苦しみはたとえようがない。当時ただ我が母のその仁慈を頼りに、苦しみの中にあっても堅くその操を保ち、毅然として家を守り、子を育てることを中心にすることを自らに任じる。外では横暴な輩に応対し、幼く弱きものを護る。内には家族と和睦して、家の内もきちんと整理整頓する。自分で総てを担い、何事も慎重に行った。）

この叙述によって、王夫人が辛酸に耐えながら家を保ち、子を育てたことがわかります。

現在見られる玉泰鹽鋪は、一九四六年に再建したものです。家屋の坐向は、壬山丙向。目前の剡渓の水は、右から左に流れて明堂の前を通りすぎます。来水は庚酉方。水口は甲卯方。

第3節 豊《ほう》鎬《こう》房《ぼう》——蔣経国の出生地

玉泰鹽鋪からそう遠くない同じ街中に、蔣介石の故居があります。もちろん、蔣経国の出生地もここ「豊鎬房」です。

豊鎬房の真正面にある案山と朝山は有情で、左右両側に青龍と白虎があります。

左側は巽《そん》・巳《み》方に秀峰が立ち、右砂は令旗峰を出しています。青龍と白虎の間にはちょうど筆架山があります。

蔣氏故居、「豊鎬房」の入口

二つの山が高大なために、それに挟まれている中間の筆架山は小さい。風水師は「雙龍《そうりゅう》戯珠《ぎしゅ》」（二匹の龍が珠と戯れる）と称しています。

蔣介石は一九三〇年に、豊鎬房―元々の素居に増築を加えました。生母の王氏を記念して、素居という小さな建物に対し出来る限り現状を保持するようにしながら、新しい家宅・東廂房の二階に読経するためのお堂を造ります。

左側の巽・巳方には秀峰がある

右砂は令旗峰を出す

蔣介石生母の王采玉の部屋

建物は「素居」とつながり、階下中央の「報本堂《ほうほんどう》」は蒋氏祖宗の牌位（位牌）が供養されています。呉稚暉《ごちき》（清末、中華民国の革命家、政治家、教育者、言語学者）が題字を書きました。

そのほかに、蒋介石の手書きによる「寓理帥氣」の横匾《おうへん》（横額）が一つあります。

蒋介石の本妻である毛氏すなわち蒋経国総統の生母は、生前に朝夕ここで読経していたといいます。

毛太夫人は中華民国二十九年農暦十一月二日、日本軍の戦闘機が渓口を爆撃して、毛氏は不幸にも一命を落としました。

豊鎬房「報本堂」には蒋介石が手書きした「寓理帥氣」がある

「素居」豊鎬房は蒋経国の出生地

蔣経国は、農暦十一月四日、江西から渓口に戻り喪に駆けつけ、毛氏が摩訶殿《まかでん》で仏に拝し経を唱えるのが好きだったと知り、廟殿の北隅に埋葬します。現在は学校の運動場の中に位置し、墓碑上に「顯妣毛太君之墓」「男蔣経国敬立」「呉稚暉拜題」と刻まれています。筆者が訪れたときには、毛太夫人の墓は補修中で対外的に開放されていませんでした。

第4節 弥勒仏《みろくぶつ》の臍《へそ》——蔣母の墓

蔣介石の父親は一八九五年に逝去します。しかし家庭内での意見の食い違いで、蔣氏の父の墓穴はずっと選定されませんでした。

一九一三年、蔣介石が滬《こ》（上海の別称）軍団長になり、やっとその兄と相談合議の上で蔣氏の父親を渓口鎮の北500m先にある桃坑山《とうこうさん》に埋葬します。この墓には、父親と前妻の徐氏・孫氏を合葬しました。

蔣介石の生母の王采玉は、父の三番目の妻です。

一九二一年、蔣氏の生母王氏が病気で逝去した後、蔣介石の父との合葬を希望しなかったことから、別な場所を選

蔣母墓へ登る墓道

蔣母墓園

弥勒仏の臍の目に
あたる蔣母墓

蔣母墓の出水口

んで埋葬するしかありませんでした。

その当時、上海で出世した湖北地方の風水師がいて、さっそく蒋介石は母のために、風水宝地を選ぶことを依頼します。

風水師は渓口の北方約２㎞のところにある魚鱗嶴《ぎょりんおう》の中壟《ちゅうろう》を選び出しました。

全体の地形は、弥勒仏が座っているように見え、墓穴はちょうど弥勒仏の臍の上に點穴しました。

蒋母の墓の坐向は、午山子向（正針）。

蜿蜒とした来龍は剥換を経て、過峡、束気。

坤龍は入首して結穴。

水口は戌亥方にあり、門路は艮寅方。

現在では、樹木が大きくなり繁茂したために明堂が遮られており、真正面に高く聳え立つ秀峰をかすかに見ることができます。

墓の下には、開いた一つは円い一つは四角い井戸がありますが、「規矩成方圓，以啓孝道。」（規矩は方円を成し、

蒋母墓の第一節来龍、過峡、束気

孝道を啓く）を意図しています。

この二つの井戸は風水上において、龍気を引き留める助けになり、効果を速く出させる手法です。

風水師が言うには、墓丸ごとが弥勒仏の臍であるから、築いた墓が大きすぎてはいけない。龍穴を押さえつけてしまうからと。

このために蔣氏の母の墳墓は、臍の目に極めてよく似た一個の先の尖った艾柱穴眼《がいちゅうけつがん》の墳状に築きました。

一九二一年十一月、蔣介石は、母の王太夫人を埋葬し、孫中山が自ら「蔣母之墓」の四文字を書きました。許崇智《きょすうち》を代表として遣わし、祭祀を行いました。また、胡《こ》漢民《かんみん》によって墓誌が作られ、汪精衛《おうせいえい》（汪兆銘《おうちょうめい》）が銘を作り、大書家の沈尹默《しんいんもく》が書き写しました。

そして、墓の両脇には各々、小さな石の対聯《ついれん》が立っています。

その連文は、こうあります。

「禍及賢慈，當日梗頑悔已晩；愧爲逆子，終身沉痛恨摩涯。」

孫中山が自ら題した「蔣母之墓」

（わざわいが賢慈《けんじ》（賢い母）に及んで、あの時の頑固さを悔やんでももう遅い。親不孝の子であることを恥じ、一生涯沈痛に後悔する。）

この聯は蔣介石が自ら作り、張静江《ちょうせいこう》が書き写しました。

また、胡漢民が漢の曹全碑《そうぜんひ》の字跡を集め、その字体で守墓詩を書きました。

「供養嗟奚及，憂懷與歳長，白雲仍在望，竟擬老家鄉。」

（供養し嘆いてどうして達することができよう、憂える気持ちは年ごとに長ず、白雲はやはり依然として目前にあり、意外にも故郷の家で起草する。）

譚延闓《たんえんがい》は、「蔣太夫人像賛（蔣太夫人を讃える）」と題し、林森は祭文《さいぶん》（しのびことば。死者の生前の行いを繰り返し称え、その死を悼む言葉）を作りました。蔣介石は「先妣王太夫人事略」（先の亡き母王太夫人伝記）と「哭母文《こくぼぶん》」を自ら著作しました。

墓下にある四角形の傍らに開いた円い井戸

蔣介石の母の葬儀の際、孫中山、張静江などの国民党の各方面の要人は、みな祭文と弔電を送っています。本当に死後の栄誉は倍に至ったと言うことができます。

一九二三年冬、母の生誕六十周年の時、蔣介石は墓所から約半里の山の中腹に、三部屋ある家屋を作りました。蔣介石は自分で「慈庵《じあん》」と命名をします。

慈庵の中には、譚延闓が自らの手で書き写した「孫大總統祭蔣太夫人」の祭文があり、さらに慈庵に入る門の石碑にも刻まれています。

蔣介石が著作した「先妣王太夫人事略」、これを于右任《うゆうじん》が書き写して孫中山先生の碑文の背面に刻みました。慈庵の右壁に嵌め込んであるのは蔣介石の「哭母文」の石碑、これも譚延闓が書いたもので、左壁の中国国民党中央執行委員会の電報も于右任の手によるものです。

大門の両側、左側に「中國國民党第三次全國代表奬慰蔣中正同志文」の石碑があり、これは呉敬恒《ごけいこう》が書いたもので、右側に「國民會議慰勉國民政府蔣主席詞」の石碑があり蔡元培《さいげんばい》が書いたものです。

「慈庵」は墓所から約半里の山の中腹にある

◉平歩青雲《へいほせいうん》、風水の隠れた庇護の力

蔣介石が一九二一年に母を埋葬した後は、平歩青雲（一躍高い地位につくこと）、政界においてとんとん拍子に出世したといえるでしょう。一九二六年に北伐《ほくばつ》軍の総司令官となり、一九三〇年以降、蔣介石は、全国党政軍の大権を一身に掌握し、南京国民政府を建立して、二十年近くの長きにわたり中国を統治しました。

蔣介石は自分が九五之尊（君主の位）に登り、腰に紫金を纏うようになったのは、自分の母親を風水點地で卜葬した人の功績がなければ不可能であったと考えました。

點地した風水師も栄華と富貴を一身に集めたといいます。

しかし、蔣介石の母の墓は、文化大革命によって、一度打ち壊されてしまいます。その後、一九八二年に元々あった場所に再建しましたが、墓中に蔣介石の母親の亡骸《なきがら》がまだあるのかどうかは不明です。

一九四九年、蔣介石は下野し、渓口に隠居します。四月二十五日、蔣介石と蔣経国は渓口の故郷を離れます。その後、局勢（事態）は急転直下変化して、一九四九年十二月十日飛行機に乗って大陸を離れました。

蔣介石はブライアン※が書いた『失去中国的人（中国を失った人）』のようになり、台湾で統治権を掌握し続けましたが、そこで終生過ごし、もう二度と大陸に帰ることはありませんでした。

※ブライアン……Brian Rossiter Crozier (4 August 1918, in Kuridala, Shire of Cloncurry, Queensland – 4 August 2012) was a historian, strategist and journalist.『The Man Who Lost China: The First Full Biography of Chiang Kai-shek』(1976)

第5節 妙高台《みょうこうだい》——蔣介石と宋美齢《そうびれい》の渓口鎮にある別荘

雪竇山《せっとうさん》は奉化《ほうか》市渓口鎮の西北に位置します。四明山《しめいざん》支脈の最高峰、海抜８００ｍの「四明第一の山」です。

山下には、奉化の布袋和尚による弥勒仏の道場であった雪竇寺《せっとうじ》があります。

雪竇の古刹《こさつ》は、南宋時代に「天下禅宗十刹《じっさつ》の一つ」と称し、五大仏教名山の一つです。

「一峰高出白雲端，俯瞰東南千萬山，試向崗頭轉圓石，不知何日到人間」

（一つの峰は白雲の端から高く出て、東南の千万山を俯瞰する、試しに岡の頂から円石を転がすと、この世に着くのがいつかわからない。）

これは宋代の樓鑰《ろうやく》が描写した『妙高峰』の詩句です。

妙高峰は雪竇山山脈に属します。海抜３９６ｍ。頂上に台のような平らな土地があることから、名を妙高台といいます。

雪竇山にある蔣介石と宋美齢の別荘「妙高台」

東・西・南の三方はすべて絶壁です。雲と霧が四方から囲むと、まるで仙境にいるかのようです。雪竇山の上には、蒋介石と宋美齢の別荘である妙高台があります。

清初、妙高台の北側に棲雲庵《せいうんあん》を一つ建てます。雍正四年（一七二六年）に、石奇《せっき》禅師の舎利塔を築きます。

一九三〇年、蒋介石は四合院式の中華・西洋を合併した二階建ての建築物を建てます。

千丈岩《せんじょういわ》

妙高台の前方、朝案山と水庫

雪竇寺近くの風景は極めてよい

雪竇寺。天下禅宗十寺の一つ

天井《てんせい》の後ろの三部屋・二階建ての家屋。二階の廊下と陽台（バルコニー）はつながり、東側は蔣介石と宋美齢の寝室、真ん中は面会室、西側にはもう一つ部屋があり、蔣介石の事務室としました。

妙高台の坐向は、子山午向、兼壬丙。

入口の大門の上に、蔣介石が自ら書いた「妙高台」の額が掛けられています。

前方には平台があり、水庫（ダム）はすぐ脚下にあります。

欄干にもたれて四方を眺めると、清風が正面から吹いて来て、近くの小山と遠くの丘が見えます。風景の素晴らしさは比べるものがなく、この世の外の神仙が住むところのようです。霊気が迫って来て、人を立ち去りたくない気持ちにさせます。たぶん蔣介石と宋美齢が慈湖《じこ》をことのほか愛好したことが原因なのかもしれません。

台湾の慈湖の近くにも石門水庫があります。その風景は妙高台とは比べものにならないとはいえ、故郷を恋しく思う苦しみを、いくらかは解きほぐしてくれるでしょう。

第6節　台湾の慈湖——蔣介石の陵寝

慈湖は、台湾の桃園大渓鎮《とうえんたいけいちん》の東北に位置します。

元々の名は「新埤《シンピ》」であり、俗に「埤尾《ピウェイ》」と呼びます。

蔣介石はこの地へ遊びに来て、湖の波光や山の景色がとても美しく浙江奉化の山水に似ており、その風景の美しさを愛し、時が経つのを忘れて眺めていました。

そして、生母である王太夫人の恩情を追悼するために、あの渓口の「慈庵」を記念して「慈湖」と改名します。

一九七五年四月五日の清明節《せいめいせつ》に、蔣介石は逝去します。

宋美齢と蒋経国は、蒋の「霊柩《れいきゅう》（死者の亡骸を入れたひつぎ）」をしばらくの間、慈湖に安置することを決めました。いつか中国大陸を取り戻した日に、再び南京紫金山にて葬儀をするつもりでした。

大多数の人は「慈湖」が以前「蒋公行館」であったことを知るだけでしたが、後に蒋介石の霊柩を安置する暫定的な陵寝となりました。

実際、慈湖の面積はとても広く、前後二つの湖に分かれていて、その間には小川が相連なり、風景は秀麗です。後慈湖《こうじこ》は清朝時代に「龍過脈《りゅうかみゃく》」と呼ばれていました。これは大渓の風水に龍脈があることを意味しています。

前慈湖《ぜんじこ》は参観を開放していますが、後慈湖は今なお管制区に入っていて、通常は門から入ることはできず、いつも神秘感が充満しています。

蒋介石の陵寝は前慈湖に位置します。

坐向は、壬山丙向。浙江奉化渓口鎮にある蒋氏故居と同じです。

一軒の質素な平屋建ての四合院であり、元の名は「慈湖

大渓の慈湖、風景秀麗

台湾の慈湖にある
蒋介石の陵寝

蒋介石陵寝の位置
は隠密である

陵寝の近くに開か
れた四角形の井戸

賓館《ひんかん》」。

当初は「蔣公行館」として建造されました。いわゆる「陽宅《ようたく》」として使うためです。

出入口の道路を除き、高く聳えた樹林が鬱蒼としており、この地は安全性を多く考慮して設計がなされていて、非常に隠密にされています。

蔣介石が逝去した時、台湾はやはり大陸を取り戻す神話の最中でした。

そのために正式な埋葬はできませんでした。

ただ「賓館」を「陰宅《いんたく》」に変えるしかなく、仮の安置所として用いました。

蔣介石がお金をかけて大渓山《たいけいさん》の良き山水を取得していたにもかかわらず、最後には風水の形局の地にまったく符合していない場所で「暫厝《ざんせき》（仮安置）」になってしまったことは、蔣氏にとっては思いもよらぬことであったでしょう。

「發凶雖不顯，庇蔭實不足。」

（凶を発してもさほど顕れないが、庇護するには足りない）

権威主義の時代にあって風水師はあえて多くを語らずにいたのでしょう。

ただ権力の座にある者の決定に従うしかありません。権力者に付き従い良い地理だと褒め称えるのみです。

第7節　頭寮《とうりょう》——蔣経国の陵寝

蔣介石の逝去の後、当時副総統だった厳家淦《げんかかん》を経て政権は移転し、蔣経国は順調に後継者となりましたが、身体状況は終始良くありませんでした。糖尿病による眼の病変で手術を三回、最後は足を切断するに至ります。心臓機能も思わしくなく、このため心臓を手術してペースメーカーを入れました。一九八八年一月十三日午後、蒋経国は心臓病の発作を起こし、大量の吐血をして逝去しました。

蔣経国は、伝説の風水吉地、聯合報系の新埔《しんぽ》南園には埋葬されず、桃園大渓鎮に「暫厝」することになります。

その地は「頭寮賓館」といい、後に改名され「頭寮蔣経国陵寝」となります。これも陽宅を陰宅に変えたケースとなりました。

大渓頭寮の蔣経国の陵寝。

坐向は、坐東南向西北（巽山乾向）。

その場所は簡単に言うと丘の上に位置し、前後左右に護る砂がまったくありません。

前高後低。後方には大きな谷があります。

前方の明堂は大変に広くなっていますが、根本的に結穴していませんので、御魂《みたま》を拝謁に訪れる人の駐車場として便利なだけです。ただ「来賓館」の場所として、あるいは短期間滞在するのには適していると思います。

頭寮の蔣経国先生の陵寝

ここに「暫厝」することは、「停屍《ていし》（遺体をしばらく放置する）」と同じようなものです。

第8節　色褪《あ》せた「風水宝地」

蔣家は、当時地位と権力を一身に集めていました。しかし政治が戒厳令を解除するにつれて、社会は多様化し、蔣氏一族から神秘のベールが取り除かれていきました。

三代目になってから男子の運が急速に零落し、蔣経国と第一夫人の蔣方良《しょうほうりょう》、および章亞若《しょうあじゃく》の間に生まれた五人の男の子のうち四人はみな壮年で病気のため逝去します。

なぜ両蔣氏が暫厝となる前は、多くの風水師が大渓を「風水宝地」だと認めていたのに、あろうことかこのような結果を招いたのでしょう?

さまざまな「風水説」が流布されましたが、一般人はこの裏にあるいきさつを知りませんでした。生業としてなんとか生計を立てていた風水師らは、民衆が風水を信じる心を失うことを深く恐れたため、慌てて解釈をつけ加えたりしました。

両蔣氏の「浮棺《ふかん》」はいまだ土の中に入ることができず安

大渓頭寮の陵寝の後靠は無力である

葬されていない、だから子孫に対し不利である、とか、両蒋氏の遺体は薬物による防腐を経て「乾屍《かんし》」や「蔭屍《いんし》」を形成したことにより家族にだんだんと衰敗の運をもたらしている……といった説です。

もちろん、これらはでたらめな話です。正しい風水学は、そのようなところには立脚していません。

歴代の帝王はどれが「浮棺」で安葬していないというのでしょうか？

どの帝王も土に入っていないし、分厚い棺桶の木には多層に金漆《きんしつ》を塗っています。その理由は亡骸が朽ち果てることを恐れるからです。

現在流行の納骨塔も土の中に埋めているでしょうか？高く建てたビルには空調も入っていて、足りないと言えば色とりどりのネオンがないことぐらいです。

どれも戸棚の中に骨壺を置いています。亡骸や遺骨を土に入れて安んじなければならないなど聞いたことがありません。

◎両蒋氏の遷葬における論争はすでに久しい

両蒋氏の「霊柩《れいきゅう》」の一つは慈湖にあり、一つは頭寮にあ

大渓頭寮の陵寝は前高後低である

ります。

その距離は５㎞にも至りません。

遷葬するかしないかについての論議はすでに久しく、蔣家の没落を長年ずっと暫厝をしているせいにしています。しかし、土に入れて安葬しないことが、おそらく主要な原因ではありません。

筆者は、「大渓はやはり風水宝地である」とすでに明確に指摘しています。

ただし場所の選び方が正しくありません。そして葬法に誤りがあるのです。


台北県にある「五指山《ごしざん》国軍示範公墓」に、両蔣氏の墓苑はすでに完成しています。場所は「特動区《とっくんく》」の「最上方」に準備されています。聞くところによると、最も良い墓穴にはすでに厳家淦先生を安葬してあるそうです。

この地に行ったことはありませんが、両蔣氏の身分からするとすでに埋葬されている役人よりも低くすることはできない。必ずその位置は高いところでなければならないでしょう。

風水を見ることは、風景を見ることではありません。単に高いところに居ることだけで「蔵風聚気」できるのかどうかは大いに疑問があります。

さらに、それらの特動区の後代の子孫には、官界で頭角を現している人がやはり何人かいることは言うまでもありません。


蔣介石が南京で政治を行っていた時に、中山陵と明の孝陵（朱元璋の墓）の間の一つの土地を墓地に選定して、一座の「正気亭《せいきてい》」を建てて標記《ひょうき》（目じるし）にしたといいます。

そのうえ墓地は中山陵より少し低いところ、朱元璋と比べて少し高いところに建てるつもりだったそうです。

蔣介石は、かつて、「将来中国を取り戻した時に、中正は中山先生の側に埋葬し、常に左右を伴いたい」と言ったそうですが、こちらの説のほうが幾分かの信頼性はあります。

前の章で書いたように中山陵と明の孝陵に行ったことがありますが、やはり中山陵の點穴は高すぎます。蔵風聚気ができません。

もし中山陵より低く點穴するなら、長幼の倫理に符合しているし、また龍穴宝地《りゅうけつほうち》を得て、両全其美《りょうぜんきび》（両方を満足させる）ことができます。

しかし時は移り、事情は変わりました。両蔣氏の中国大陸における影響力は今と昔では比べものになりません。紫金山もまたすでに中国大陸の重要な文化遺産となりました。

おそらく望みどおりにはなりにくいでしょう。

第9節 本物の風水宝地――銅像区

慈湖の陵寝から1㎞のところに、二〇〇六年初めに建設された「慈湖紀念彫塑《ちょうそ》公園」があります。主に各地から送られた蔣介石の銅像が置かれています。

この場所は山水秀麗で、前方には三叉水口があり、水が集まっています。

後靠の楽山の形局は完備しており、風水吉地に属しているので、蔣経国先生の霊寝をこの地に遷すことを提案します。

そうすれば、蔣家の風水によってもたらされた悪運を改善することができるでしょう。

また蔣経国がこの世に生きていた時のシンプルで実際的な生活態度に符合しますし、両蔣氏の霊寝の管理が便利になり、かなり良い方法だと思います。

慈湖紀念彫塑公園の地形図

彫塑公園の後山は展肩開帳しており風水宝地に属する

蔣介石の陵寝に至っては、安息の地はすでに三十年を超えており、後代の子孫を庇護するには不足とはいえどもよくない影響力もすでに激減しています。

清代の堪輿師孟浩《もうこう》の『改葬辨《かいそうべん》』によれば、遷葬は慎重にするのがよろしい、後代の子孫が「未蒙其利，先受其害」（その利を蒙《こうむ》らないうちに、先にその害を受ける）ことのないようにと述べています。

公園の前に二つの水が交わるところがある

第11章 台湾の好山好水

夕陽が沈む観音山。山勢は更に起伏を顕わす

淡水河と基隆河はここで交わっている

観音山は、北台湾の大河を収め尽くす風水吉地である

北台湾の五股観音山脈《ごこかんのんさんみゃく》には、台湾プラスチックグループの王《おう》家、新光《しんこう》グループの呉《ご》家など大変に多くの大企業の先祖達が埋葬されています。

その理由は、北台湾の二つの大きな河、淡水河《たんすいが》と基隆河《キールンが》がここで合流しているからです。

古人は風水を見る際に大きな河があるかどうかを非常に重視しました。

経にはこうあります。

「風水之法，得水爲上，藏風次之。」

（風水の法則は、水を得るのを上となす、蔵風はその次である）

第1節 三元不敗《さんげんふはい》（三元敗《やぶ》れず）――王永慶《おうえいけい》の観音山の祖墳

台湾の経営の神、王永慶。

中華民国六年（一九一七年）一月十八日、台北県新店《しんてん》鎮直潭里《ちょくたんり》に生まれます。

トップの経営者であり、台湾人なら誰もが知っている伝奇的な人物です。

彼の父親は茶農家でしたが、王永慶は丁稚から始まり一代で創業。米店を開いてから、木材の商売も営みます。

その後は、プラスチック製造業に従事して財をなし、台湾で一番のお金持ちになりました。

王永慶の祖父母にあたる王添泉《おうてんせん》夫妻は、台北県の五股観音山に埋葬されています。

前方には、淡水河と基隆河と、二重放水路が交わっています。

『雪心賦』にこう記されています。

「入山尋水口，登穴看明堂，衆山止處是真穴，衆水聚處是明堂。」

(山に入れば水口を尋ね、穴に登れば明堂を見る、たくさんの山が止まるところは真穴である、多くの水が集まるところは明堂である。)


その墓の坐向は、乾山巽向。

贛南風水の先輩、曾子南《そうしなん》が自らの手で點じた福地です。


古人はこう言っています。

「有山無水休尋地，有水無山亦可截。」

(山があり水がない地を尋ねるな、水があり山がないのもまた止《や》めるべし。)


大師の點穴の正確さは、人を心服させます。

前方の明堂は広々としていて、北台湾の二本の大河、淡水河と基隆河が墓前で合流しています。

淡水河の流れは海への出口のところで反って遡り、水は

観音山にある王永慶祖父母の墓

明堂前にある淡水河の逆水朝堂《ぎゃくすいちょうどう》

明堂は四水帰堂《しすいきどう》の湖の情景のようである

土地公《とちこう》の造型（スタイル）は独特である

留まり静止状態に近くなっています。淡水河、基隆河、大漢渓、およびその他の小川が流れ込み、まるで四水帰堂《しすいきどう》の湖の情景のようです。

ちなみに、表題の「三元不敗（三元敗れず）」とは、風水の理想を表現しています。三元は術数《じゅっすう》用語で、六十甲子（六十年）を一元と数えます。上元、中元、下元を三元といい全部で百八十年。陰宅風水では一般に初めの三十年間、最も子孫の運に影響を与えるとされています。三元敗れずとは、百八十年間、子孫の運が盛んで衰えないのは、最高の風水吉地に埋葬したことを表しています。

『雪心賦』にはこうあります。

「山本静，勢求動處，由陰轉陽，因此要有剝換，起伏變化；水本動，妙在靜中，由陽變陰，因此要有停，有蓄。」

（山は本来静かなものである、勢《せい》は動くところに求める、陰から陽に転じ、それゆえ剥換し起伏変化しなければならない。水は本来動くものであり、静中に妙なり、陽から陰に転じ、それゆえ停めて蓄えなければならない。）

水は九回曲って流れて来るのを喜びますので、たとえ明堂が「有水無山」であっても、大地理になることがで

墓の右側の一本の老樹は枯れている

きます。さらに、王永慶の祖父母の墓所がある位置は、観音山の獅子頭です。

獅頭山からの来龍は、五星連珠格《ごせいれんじゅかく》（後ろの靠山が五星の形になっている。祖山が火形で、火生土、土生金、金生水、水生木とゆっくりと来る）、金獅朝北斗《きんしちょうほくと》（金の獅子が北斗星に向かう形）を作ります。

古来、「山主人丁、水管財。」（山は人丁をつかさどり、水は財を管理する。その含意は、山形の美しい山は健康と後代の子孫の繁栄を得ることができる。水形の美しい河川や湖、沼は財富を増加させることができる）といわれていますが、この墓には官貴を意味する朝山と案山がありません（距離が比較的遠い）。

このことより、王永慶一族が富貴を享受したのを検証することはできますが、一方で公職に従事した人はいないことも表しているのです。

王一族が経営する台湾プラスチックグループは、今まで財富を蓄積してきました。それは一国家の資財と比べることのできるほどの財産です。台湾経済史上の永久に栄える長青樹《ちょうせいじゅ》（永遠に緑色を保持する樹木。事業が永く衰えないことの比喩）と言うべきでしょう。政党の移り変わりに関係なく、誰が政治をつかさどって

墓左。王永慶による題字

墓右。王永慶による題字

も、いつも聳え立ち不動であります。

この墓は、中華民国四十七年戊戌年（一九五八年）に造られ埋葬されました。時を同じくして、王永慶も数年後に、突然お金持ちになり、台湾プラスチックグループの基礎を築きました。

墳墓の両脇には、王永慶氏直筆の一幅の碑聯《ひれん》があります。

それは、まさしく王永慶の一生を描写しています。

左：含辛兼教耕，德配共勉撐
右：早學清苦經，勤勞樸實銘
苦労を耐え忍びながら耕すのを教え、その妻は夫を支え共に努めた
早い時期に清貧を学び、勤労と樸実の銘とする
孫　永慶　拝題

王永慶の祖墳は、この他に二か所あります。

一か所は出生地の後方、塗潭《とたん》の猴湖山《こうこさん》中です。一般の人は、この穴も王一族を立身出世させた重要な風水であると思っています。

もう一か所の位置は、陽明山にある第一公墓で王永慶の父母が埋葬された墳墓です。

王一族のこのような肉親の埋葬方法は、「既葬則安之」（すでに埋葬したならばすなわちこれを動かすな）という、伝統風水の作法に符合しています。骨を拾って二次葬にする必要はありません。

また、風水には地運があり各場所で同じではないので、場所を分散することで吉凶が相互に補い合うことができ、祖墳のリスク管理としても最も良い方法です。

現代ではすぐ祖先の塔を建てたり、お墓参りの便利を第一に考えたりしがちですが、墓はちょうど一つのカゴの中に置いた卵を持っているようなものです。

つまり、その場所の外環境が変化したり、あるいは地運が衰えてしまったりすると、往々にして家運の衰退を引き起こします。ひどい場合は、再起不能になってしまうことにもなりかねません。

◉母《ぼ》猴餵乳《こういにゅう》、新店直潭にある王永慶の先祖墓

王永慶先生は、新店の直潭に生まれます。

そして先祖の王世《おうせ》来《らい》は、後方の塗潭の猴湖山中に安葬されています。

来龍の山脈は、烏来《ウーライ》の北插天山《ほくそうてんさん》および大渓山に属しています。蜿蜒と流れて来る南勢渓や北勢渓などの多くの谷川は合流して新店渓《しんてんけい》となっています。

王家の祖墳は、猴湖山の上にあり、真正面の山下にあるのが翡《ひ》翠水庫《すいすいこ》です。台北市の水道水の集水区でもあります。

この墓へ行く道ははるか遠く、新店の直潭堰《ちょくたんせき》浄水工場を通過するだけでなく、山道を歩く必要もあり、往来には時間がかかります。

「母猴餵乳」（母猿が乳を与える）。実は来龍が「土生金《どしょうきん》」である

その墓の坐向は、庚山甲向。水は右から左に流れます。新店渓上流は、この場所で九曲水となって翡翠水庫へと集約し、また彎曲して周りを回りながら台北盆地へと至っています。

この猴湖山の王氏の祖墳は、玄武が豊満でかつ有力です。玉屏《ぎょくへい》を靠《こう》とします。父母山は土形山であり、剝換し、束気し、金星体が起きて結穴しています。標準の「土生金」の富貴《ふうき》穴《けつ》です。前方の案山は、山々が幾重にも畳みかけていて、左輔と右弼はまるで猿の長い腕のようです。これにより、喝形は「母猴餵乳」と呼びます。この穴は兩乳《りょうにゅう》に結ばれています。王氏の先祖の墓穴は母猴の右乳《うにゅう》の上に黏じています。左乳《さにゅう》穴は、蔡氏一族が得たそうで、それによって後代の子孫はお金持ちになり、大多数はアメリカに定住しているといいます。王氏はこの風水を得て、墓を造ることで巨富の基礎と成すことができました。この穴と前者の観音山の王永慶祖父母の墓は、堪輿界では評価が非常に良い風水です。

◉陽明山は風水吉地　王永慶の父母墳

陽明山第一公墓は、七星山《しちせいさん》の来龍に属します。幾重にも重なりあい剝換し、一転一換しながら大が小を生じ、老から若に変じ、太いのが細へと変じ、凶から吉に変じ、台北の大地理を形成しています。

陽明山第一公墓の入口の場所は、惇敘高工（惇敘高級工商職業學校）の傍らにあります。連戦《れんせん》の父親である連震東《れんしんとう》の墓や宋楚瑜《そうそゆ》の父親である宋達《そうたつ》の墓、並びに北台湾の非常に多くの高官や身分の高い人の祖墓は、皆この場所に埋葬されています。

堪輿界の先生らもたくさんの学生を連れて、この場所で尋龍點穴の考証をするのが好きなようです。

王永慶の父母の王長庚《おうちょうこう》夫婦の墓の坐向は、甲山庚向（丙寅分金）。

王永慶の父親の王長庚は、一九六二年に墓を造り埋葬されました。王永慶の母親は、一九九五年五月にその夫と合葬されます。坐向は改めません。

古人はこう言っています。

「從大轉細真奇異，轉如人換衣裳，如蠶蛻脱煞。退卸轉換成吉地，十條九條亂了亂。中有一條是真穴。」

（大から細に転じるのは本当に奇異なことである、人が衣裳を換えるごとく、蟬《せみ》が殻を脱ぐように。転じて剥換すれば吉地になり、十本か九本か入り乱れ、その中で一本が真実の穴である。）

陽明山は風水宝地であるといっても、やはり古人がいうのと同じです。

「請驗人家舊日墳，十墳埋下九墳貧。惟有一墳能發福，

王永慶の先祖墓。王世来の墳墓

來山去水盡合情。」

（昔の墳墓を結果と予言が合っているかどうかを検査してみると、十の墳墓を埋葬して九つが貧乏で、ただ一つの墳墓だけが発財していた、来山去水は全て情が合う。）

同じ場所の墳地であっても吉なのか凶なのかは、すべて地師の選択を頼りにして禍福《かふく》（吉凶。良し悪し）を決定します。

王永慶はキリスト教を信奉しており、風水を信じていませんでしたので、おそらく家族の誰かが代わりに堪輿名師を招聘し日取りなどを決めて、中国の古いしきたりにより點穴し埋葬したのでしょう。

そのため、父母の墓地には、十字架が高く懸けられており非常に特殊です。しかし風水の庇護はまったく宗教を区別しません。

この墓所は、陽明山の風水宝地です。玄武が有力であり明堂が広々としています。

案朝山はどちらかというと遠くにあり、水局も弱くなっていますので、観音山に対しては正穴《せいけつ》をまだ得ていません。

一般の風水師の間では、この墓に対しての評価は高くありま

陽明山にある王永慶父母の墳墓

せん。上吉の地を得ているといえども、やはり王永慶に対しての庇護の力には限りがあり、前の二か所の風水格局と比べると見劣りする点が多いからです。

その墓の左側には、王一族の歴代の墓がありますが、王永慶とどんな関係にあるかはわかりません。

坐向は、卯山酉向（正線）。

前述の観音山に真正面から向かっていて後ろには靠山があります。王永慶父母の墓地と比べると、明らかに良い点が多くあります。

第2節 新光グループ　呉火獅《ごかし》の祖墓

観音山にはこの他に、堪輿師らが常に行っては、参観して考証する大きな墓が三か所あります。新光グループ・蔡勝邦《さいしょうほう》・林《りん》榮三《えいさん》等の祖墓です。

新光グループの経営領域は、紡織・合成繊維・ガス・百貨店の食品・建設・セキュリティ・コンピューター・保険等各方面に及んでおり、台湾では大財団の一つとみなされています。

創業者の呉火獅の父親である呉化《ごか》および母親の林罔市《りんもうし》の墓は、

天気の良い時は、明堂から遠くの観音山を眺めることができる

王永慶祖父母墓の来龍の上方約２kmのところにあります。中華民国六十六年（一九七七年）に造り埋葬されています。

坐向は、辛山乙向。

六十四卦の卦象は「火山旅《かざんりょ》」卦に坐し、「水澤節《すいたくせつ》」卦に向いていて、標準的な三元派の造墓手法です。

巒頭は来龍有力。ならびに龍神碑《りゅうじんひ》が設けられています。

明堂は淡水河に面しており、水からは比較的遠いとはいえ、「逆水朝堂《ぎゃくすいちょうどう》」の格局を形成し、また富貴をつかさどります。墓園建築は雄偉壮大。子孫が参拝する中庭もありま

来龍入首※の所に立つ龍神碑

入首……龍脈が結穴に到達する際、忽然と高い山が起きます。この山を入首と呼びます。これは前方の父母山でもあります。古い言葉に「未論千里來龍，且看到頭融結。」（千里の来龍を論じる前に、まずは頭〔先端〕が融結しているところを見なさい）とあります。これはとても重要な一節です。

新光グループ呉火獅の祖墓

す。福徳正神《ふくとくせいしん》（土地公）の造型（スタイル）は、かなり独特です。
下の方には呉金龍《ごきんりゅう》夫婦の墓園があります。一九九八年に造り埋葬されています。

明堂前には淡水河の「逆水朝堂」がある

呉金龍の墓園

第3節 蔡勝邦《さいしょうほう》の祖墳

台北県三重《さんちょう》地方の名家、前立法委員の蔡勝邦先生の祖父母の墳墓もまた観音山に位置します。

中華民国七十三年（一九八四年）に造り埋葬されました。

坐向は、辛山乙向。

墓園の占有地は極めて広く、かつ高いところにあって下を臨み、台北市の景色はすべて眼の中に入ります。

欠点としては、前方正面にある社子島《しゃしとう》の角が尖っていることです。風水上、これは形煞《けいさつ》に属します。

この墓地の左右には、それぞれ涼亭《りょうてい》（涼むために設けたあずまや）が建てられています。前

台北市を眺望する

蔡勝邦の祖墳の気勢は壮大である

朴実荘厳《ぼくじつそうごん》な大型の
后土石碑《ほうどせきひ》

牌楼を建てて吉気
を納める

牌楼の位置は水が
真直ぐ流れるとこ
ろにある

方にはまた牌楼が建ちます。

しかし牌楼の前に一直線に下る道があり、風水上の「捲簾水《けんれんすい》」（門を出ると下り坂になっており、水が流れてしまうこと。お金は入ってきても出て行ってしまう相）を作っています。

雨が降っている時に雨水が速く下に流れて、納気することができず反対に気を流してしまいます。牌楼の位置を変えるとさらによくなるでしょう。

第4節　林榮三の祖墳

三重市蘆洲《ろしゅう》の林堉琪《りんいくき》・林堉璘《りんいくりん》・林榮三《りんえいさん》の三兄弟は、家族で事業を設立し始めて以来、建設・金融・ホテル・マスコミ等の事業を次々と手掛けました。

その中でもすでにこの世を去った林堉琪が創業した宏国《こうこく》グループ建築王国、および自由時報の創業者である前監察委員林榮三はよく知られている人物です。林堉琪は生活スタイルこそ控えめですが、二〇一五年に台北信義区の土地を所有し、財産は鴻海《ホンハイ》グループの郭台銘《かくたいめい》を超えることがマスコミによって報道されました。

林家三兄弟の父母の墓は、台北県五股観音山の天乙寺《てんいつじ》近くの個人墓園に位置します。

敷地はゆったり広々としています。

坐向は、乾山巽向。

砂手は環抱し、案朝山は有情。明堂は広くなっています。

水からは比較的遠いけれども、墳墓の前に一つ半月形の池があって水局の不足を補っています。

右後方にある台湾電力の大鉄塔の形煞が墓に打撃を与えており、煞位《さつい》上にないとはいっても、やはり三房（三男の家系）の健康と人口に影響があるでしょう。

墓園環境の整理は個人の庭園のようで、長期にわたり専門の係員によって管理されています。後代の子孫が祖墓を重視する様相は人を十分に感心させます。

林榮三の祖墳は専門の係員の管理がある

明堂は広くゆったりとしている。前に半月池《はんげつち》がある

第5節 連《れん》氏と宋《そう》氏の祖墓、選挙時ブームの観光スポット

陽明山第一公墓には、二つ有名な墳墓があります。

台湾で選挙を迎えるたびにすぐにブームになるスポットです。現地に出向き参観し考証する風水師と取材するメディアは非常に多く、人づてに聞いた話だけでも十分に面白いです。

これこそが連戦《れんせん》の父親である連震東《れんしんとう》の墓、及び宋楚瑜《そうそゆ》の父親である宋達《そうたつ》の「丹鳳朝陽墓《たんおうちょうようぼ》」です。

◎「丹鳳朝陽」——宋楚瑜の父親 宋達の墓

宋楚瑜は早い時期に米国に留学します。その父親が将軍であった背景と、銭復《せんふく》の推薦により、蔣経国の英文秘書に就いて以来、最年少の新聞局局長となりました。

その後、国民党文工会主任・国民党秘書長・省主席に任命され、選挙で省長になるまで、彼の官運はずっと順調でした。

中華民国八十八年（一九九九年）に総統選挙に立候補したことから国民党と決裂しました。さらにめんどうな興票案《こうひょうあん》（宋楚瑜の金銭スキャンダル）の暴露によって、在野に落ちぶれてしまいます。政治の影響力もまた起伏が多いものです。

宋楚瑜が早い時期に太陽が中天に達するような盛運を享受する高官の生涯となったのは、その父親の宋達先生の「丹鳳朝陽穴」の庇護のお蔭であると思っています。

宋達先生は中華民国六十四年（一九七五年）九月七日に逝去しました。陽明山第一公墓、堪輿大師の唐正一《とうせいいつ》が

挿《さ》した地に埋葬されます。

横龍結穴で、青龍と白虎をひとしく備えています。玄武が弱いとはいえ、鬼山《きざん》と楽山《らくざん》の靠《こう》があります。また、丹鳳朝陽穴と称し、陽明山の大穴《だいけつ》の一つです。

坐向は、子山午向、兼癸丁（戊子分金）。もし3度傾ければ、易経六十四卦の卦象「天風姤《てんぷうこう》」の吉卦に向くことができます。

九星純陰純陽法《きゅうせいじゅんいんじゅんようほう》では、午向きは陽であり丁向きは陰となるので、互いに兼ねるのは好ましくありません。

宋達墓の左側にある土地公

丹鳳朝陽穴。宋楚瑜父親の墓

また、頼公撥砂《らいこうはっさ》法《ほう》では、子山は火に属し、右前方の坤《こん》方は木に属し、白虎抬頭《びゃっこたいとう》（白虎が頭を持ち上げる）の地形があります。そこは連戦の父親である連震東の墳墓となっていて、木生火となり、生砂《せいさ》は「吉」です。左辰方の山は金に属し、火剋金となり、奴砂《ぬさ》は財をつかさどり「吉」です。

伝え聞くところによると、九本の符釘《ふてい》を使って「断脈《だんみゃく》」されたことによって、台湾総統への道を断ち切られたといいます。

筆者がはじめて堪輿を視察に行った時、偶然、この墳墓を建てるのを請け負った土水師《どすいし》の鄭《てい》先生にめぐりあいました。鄭先生はとても丁寧に筆者に正確な位置を教えてくれました。その彼が、「断脈」されたなんて絶対ありえない。そんな噂を言いふらされて困っていると、言っていました。たしかに現場を見てみると、草木の生気は勢いがあり盛んです。依然として、法術の説については論争があるようです。

◎青龍が案山を作る——連戦の父親 連震東の墓

連戦の父親である連震東の墓は、宋達の墳墓の白虎側に臨み、同じ七星山系来龍の青龍が案山を作り結穴しています。

宋達墓は右側天盤の丁から水が出る

中華民国七十五年（一九八六年）十二月に造り埋葬されました。

坐向は、酉山卯向（丁酉分金）。

易経六十四卦の卦象「天火同人《てんかどうじん》」の吉卦に向きます。

鬼山後靠は無力。

青龍が朝案山を作りやや逼迫していて、基隆河と淡水河の二つの大河は右後方において交差しています。

水は玄武に絡みついています。

その格局は、明らかに宋達の墓と比べると見劣りします。「九星純陰純陽法」によると、左癸方からの来水は陽に属します。陰山陰向により陽からの来水は「凶」となります。寅方には大樹があり、これは水に属し、水剋火は殺砂《さっさ》です。

艮方の高山は木であり、木生我は旺砂《おうさ》「吉」であり、男子に恵まれますが、白虎側が元来弱いため、女性には不利です。

そこで、多くの風水師達は、連戦家族の富貴は、おそら

右前方の少し高い所は連震東の墓の後靠である（中央の少し高いところ）

く連一族の台南にある「渓《けい》蝦《か》戯《ぎ》水穴《すいけつ》」（川エビが水と戯れる）の祖墳、および台北泰山《たいほくたいざん》にある祖父の連雅《れんが》堂《どう》（『台湾通史』を書いた者）の陰宅の庇護を受けているはずだと考えています。

連戦の父親である連震東の墓

総統栄典の表彰令

第6節 李登輝《りとうき》の故居と祖墓

李登輝先生は、農業委員会から台北市長・台湾省主席から総統に当選するまで、政治の道を順調に歩んできました。総統を引退しても、依然として政界では押しも押されもせぬ不倒翁《ふとうおう》です。

ちなみに不倒翁とは、起き上がり小法師《こぼし》のことで、どのような状況でも倒れず地位を保持する人のことを指します。

李登輝先生は、中華民国十一年（一九二三年一月十五日）に台北県三芝《さんし》の源興居《げんこうきょ》に生まれます。総統の在任期間は、源興居の風水が他とどう異なるのか見たいと、車と参観する人とが途切れなく続きました。

◎龍蝦出海《りゅうかしゅっかい》、源興居の風水

源興居は三芝郷埔頭坑《ほとうこう》の埔坪《ほへい》村に位置し、そこは伝統的な三合院建築、李登輝の出生地となっています。

その陽宅を見ると平凡で特に珍しいところはありませんが、きわめて名高い「龍蝦出海（イセエビは海に出る）」

李登輝の出生地。源興居

の穴位です。

そこから50mの距離にある祖父母の墳墓は、龍蝦（イセエビ）の頭部と眼の同じ列にあります。

風水を論じると、来龍は七星山系に属し、竹仔山《ちくしさん》において束気して結穴します。

穴場で羅盤を手に取り徹頭徹尾調べてみましたが、遠方の来龍を論じるのと同じで、形局の美は見ることができず、真正面の山の上に行かなければなりませんでした。白虎砂に立つことで、やっと白虎砂が高く聳えていて有力なのがみてとれました。

青龍は平らで真直ぐであり、少し低いけれども比較的長く、龍蝦の二つのはさみのようです。したがって、喝形は「龍蝦出海」となります。

源興居の坐向は、丙山壬向、兼巳亥（丁巳分金）。

ある風水学者によれば、丙山壬向は、「壬向は離卦《りか》の納《なっ》甲《こう》である、しかし亥は離卦の八曜煞《はちようさつ》にあたるので、亥を兼ねるのはよくない」ということですが、これは単純に理気からのことです。

李登輝の祖墓は伝統的な「土墳《どふん》」である

たとえ、風水の中の八曜煞納甲法の道理に合わないとしても、やはりその形局の美を覆い隠すのはできないものです。

◎李登輝の祖父母の墳墓

李登輝総統の祖父母の墳墓の坐向は、午山子向（庚午分金）。

震方からの来水があり、土地公が乾方にあって水口を守っています。

艮方には三叉路口《さんさろこう》があり、艮方の路口は主に男子を損なうとも言われています。

しかし、おそらくこの説も事後諸葛亮《じごしょかつりょう》（事前に何も言わず事後にとやかく言うこと）に属するでしょう。

この場所は龍蝦の頭部です。點穴の要訣は、青龍が強い場合は左に依り、白虎が強い場合は右に依ることです。青龍と白虎の両山脈は、蝦の二つのはさみのようです。この地は、右のはさみが有力なので、右眼に點穴しています。

これも左右のバランスが取れていないときに採用する「動態平衡（ダイナミックバランス）」の風水點穴の方法です。

白虎砂側に立ち「龍蝦出海」穴を眺望する

◉李登輝の父親、李金龍《りきんりゅう》の墳墓

李金龍先生は、李登輝の父親です
中華民国八十四年（一九九五年）四月十九日逝去。享年九十五歳でした。
その年の五月九日、三芝郷の龍巖安楽園《りゅうがんあんらくえん》に埋葬されます。
坐向は、子山午向（戊子分金）。
後土碑《こうどひ》は坤方に立ち、乾山に坐します。
水は左から右に流れて　格局は普通であり良くも悪くもありません。
右方向に納骨塔があり、高く聳え立っているのが視界に入り形煞となっています。

李登輝は、中華民国八十六年（一九九七年）に大腸の腫瘍を患い、中華民国八十九年（二〇〇〇年）に心臓のバイパス手術をしたといいます。

当然年齢が高いことが主な原因で健康状態はますます悪くなったのですが、引退した総統という高い地位のお蔭でいつも危険を無事に乗り越えてきました。

古代のように皇帝専属の医者が側に付き従ってお世話をすることはないけれども、台湾最高の医療チームが看護しています。これは普通の庶民では享受できない延命益寿方法でしょう。

李登輝の母親の墳墓は、源興居後方の小山の坂上にあります。

形煞の沖射《ちゅうしゃ》があって、一般には長男の家系や長男を損なうとされていますが、このことについてはすでに多くの地師によって語られているので、これ以上、評論はしません。

李登輝の父親、李金龍先生の墓

前方の明堂

右前方に大型納骨塔があり形煞に属する

第7節 帝王の規格——沈慶京《しんけいきょう》の祖墳

沈慶京の父親である沈春池《しんしゅんち》先生の墓は、三芝龍巖安楽園に位置します。

李登輝の父親の李金龍先生の墓との距離はそう遠くありません。

沈家三兄弟の中では沈慶京先生は最も有名です。早期に建設に従事し、かつて台湾株式市場の四天王の一人でした。

中華民国七十七年（一九八八年）十二月、台湾の株式市場が最も盛んな時期にここに墓を造り埋葬されました。

坐向は、寅山申向（庚寅分金）となり、風景は非常に美しく、墓園区で必ず参観されるところです。

墓園建築は雄大壮観ですが、来龍は弱く、なおかつ場所は丘の上です。

これも現代地師常用の手法です。形局が合わなければ、すぐに白虎側に一つの池を設けます。前方に納気のために牌楼を立てます。内部には高級石材を使って、内局《ないきょく》において勝ちを収めています。建築もまた大型の佳作と称するに

沈慶京の祖墳建築は宏大壮観

遠くから望む墓園

沈慶京父親の沈春池の墓碑

内部の豪華な石材。内局で勝ちを収める

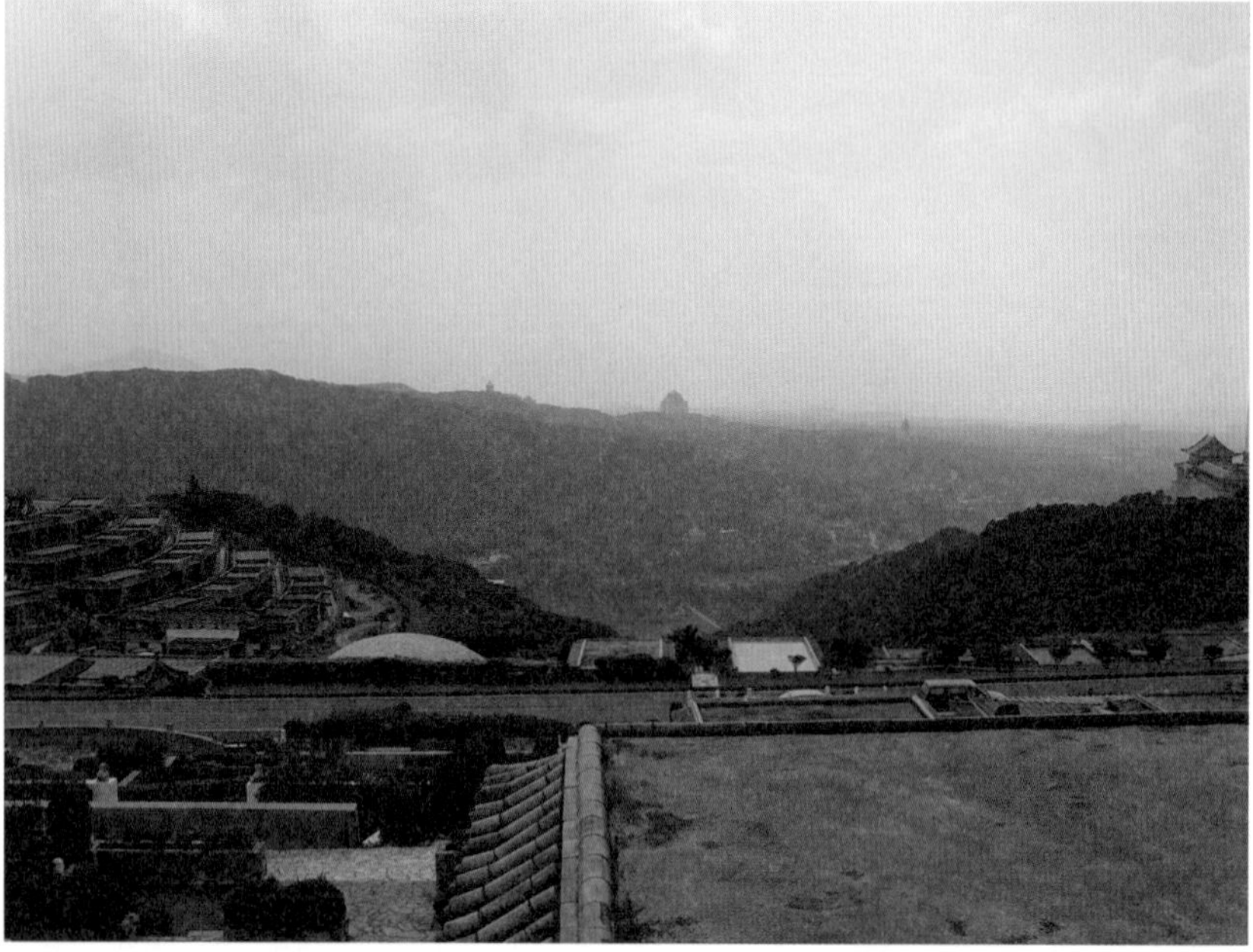

高いところから下を臨む、風景は非常に良い

足るものでしょう。

撥砂法においては、右前方の酉方の山頂は火です。申向は水に属し、水剋火。我が剋すのは奴砂となり、財をつかさどります。ただし、隣にきわめて特殊な造形物があって、屋根が三角形で火に属します。そのような墓地はあまり見かけず、欠点の一つと言ってもいいでしょう。

一般には、円形をもって貴《き》（高い身分）とし、四角形は富《ふ》をつかさどります。この特殊な造形物は、温水器を生産する荘頭北《そうとうほく》の創業者の祖墓であるとのことです。

第8節　東森《とうしん》グループ　王令麟《おうれいりん》の祖墳

王令麟の祖父母の墓、すなわち王又曾《おうようそ》の父母です。
坐向は、乾山巽向（庚戌分金）。
易経六十四卦の卦象「天地否《てんちひ》」卦に坐します。
喝形は、回龍顧祖《かいりゅうこそ》倒騎《とうき》龍形《りゅうけい》（頭を回して祖山を振り返る。逆さまに龍に乗る形）。

左前方の辰《たつ》・巽《そん》の間に山峰があります。巽は木、辰は金な

東森グループ王令麟の祖墳、右後方の建築物が形煞に属する

ので、吉凶半々です。

右前方の午の山峰は火で、木生火となり、我が生じる洩《えい》砂《さ》は「凶」となります。

巽は巳を兼ねることができないので、巽の正曜《せいよう》は酉。兌《だ》卦《か》の納甲は巳酉丑です。

それゆえに女性によって禍が引き起こされます。なぜなら、巽と兌の両卦はどれも陰卦に属するからです。

力覇《りきは》グループの創業者の王又曾は非常に物議を醸す人物でした。

二〇〇七年初めには財務危機に陥り、資金が不法に及んだことによって、巻き添えになった人は広範囲に及び、起訴された人は一〇〇人を超えました。

紅頂商人である王又曾の一族の台頭については社会に公平な判断がありますので、この墓の優劣について理屈の後付をする気はまったくありません。

前方の明堂

第9節 台湾一の富豪 郭台銘《かくたいめい》 三峡愛物園《さんきょうあいぶつえん》

台湾のＩＴ富豪のトップは、郭台銘先生です。長年にわたって雑誌『Forbes』の世界富豪ランキングリストに名を連ねています。鴻海《ホンハイ》グループ傘下にある富士康《ふじこう》の中国深圳《しんせん》工区にある工場も世界レベルの大工場で、最近では、日本企業のシャープを買収して世界的に有名になりました。

郭台銘の伝記と風水については、とりわけ台湾三峡鎮白《はく》雞山《けいさん》区にある龍泉公墓《りゅうせんこうぼ》が有名です。「愛物園」という名の家族墓園です。

郭台銘の母方の祖父と祖母・父親・最初の妻及び二人の弟は、皆ここに埋葬されており、玄学・術数界ではずっと話題となっています。

◎風水の庇護は鴻海グループを成功させたのか？

一九九四年、郭家は３００坪の土地を買って墓園の建設をしたそうです。

墓碑上に刻まれた文字「石公中亮及び石媽王玉枝」とは、

愛物園の王永慶による題字

郭台銘の母方の祖父母です。その碑には、「民国八十三年改修」とありますが、最も早くに埋葬されたのが何年なのかを知ることができません。

郭台銘の父親の郭齢瑞《かくれいずい》先生は、二〇〇二年五月に逝去します。享年八十歳でした。

それを受けて、再び200坪の土地を購入しました。

この時、鴻海の会社の市場価格はすでに台湾ドルで一千億元（四千億円）を突破していました。その後、毎年さらに倍数の成長を続け、二〇〇八年に鴻海グループの総収入は台湾ドルで二兆元（八兆円）を超えて台湾最大のグループとなりました。

この墓地の一番初めは郭家の母系の風水です。母方の風水の助力があったとしてもそれには限りがあるように思えます。

そのために次のように考える風水師もいます。

「郭台銘の成功は、郭台銘の山西省にある祖墳あるいは成功する前に住んでいた台北県板橋市府中道の慈恵宮《じけいぐう》の『龍脈』のお蔭なのではないだろうか？」

愛物園入口の門楼

風水の観点から、郭先生の母方の祖父母および父親の郭公齢瑞の墓を論じてみると、坐向は、坐東向西、乙山辛向。易経六十四卦の卦象「水沢節《すいたくせつ》」の吉卦に坐しています。

三元九運の区分に照らして見ると、一九九四年と二〇〇二年は共に七運に属し、乙山辛向は、七運では「旺山旺向」になります。

また、「水沢節」は八運に到って旺じます。これもまた易経六十四卦の風水理気の理論に符合しています。

さらに、

「理氣無巒頭不靈，巒頭無理氣不準。」

（理気に巒頭がなければ効き目が顕れない、巒頭に理気がなければ正確ではない。）

と言われるように、風水がこだわるのは「蔵風聚気」です。

だから理気には、必ず「形《けい》・勢《せい》」の協力が必要なのです。

愛物園は坐している山脈全体の中軸線上に位置します。

墓園の後ろの靠山は強く、かつ有形です。標準的な後枕《こうちん》円《えん》です。半円形は金形に属して富をつかさどります。そし

郭台銘の母方の祖父母墓

て山脈にちょうど真正面に向かっていて最高点です。前方には大豹渓《だいひょうけい》の河川があり、左から右に流れ、明堂に至って、水が環状となり、街を取り巻いて周りをめぐるのは、主に富貴を発します。

郭台銘の父親である郭齢瑞先生の墓

墓園後方の靠山。標準的な後枕円

◎富を発しまた凶を発する……それは風水の影響なのだろうか？

二〇〇五年三月、郭台銘の妻・林淑如《りんしゅくじょ》は病気で逝去しました。そして、二〇〇七年七月、郭台銘の実弟・郭台《かくたい》成《せい》は北京にて白血病で逝去しました。

二人の肉親が壮年でこの世を去った出来事を受けて、また訳知り顔で論じる輩が出没し、「郭家の祖墳の左前方にバッタに似た形の子どもの遊園地があるからだ」とか、「青いバッタが、ニワトリを弄んだから、風水を壊した」といった、どうみてもこじつけとしか思えないような説まで表れました。突然、後靠の白雞山《はくけいさん》が公雞《ゴンジー》（オンドリ）に変化したわけです。

実際、風水の視点から見ると、青龍方の山峰は周囲を抱き合うように包んでおり、青龍が来て案山を作る形に属します。白虎方には山下を覆うようにたくさんの家があります。これを見ると、白虎のほうが弱々しく無力で、確かに三男と女性にとって不利な風水です。

青いバッタにいたっては「八曜煞《はちようさつ》」方位にあります。坐山は東方震卦に属するので、八曜煞にあたる申の方位に大型の建築物があるのを喜びません。

とはいっても全体の山形を見てみるとバッタは山と比べて大きくはありません。その殺傷力にはおそらく限りがあるはずです。

真の原因は、愛物の園《その》を形成するために、決して大きくない空間の中に屋根や塀などの建築設計が多すぎたことによると思われます。多くの形煞を建ててしまったのです。

郭台銘の妻・林淑如の墓

申方にある大形の建築物。青いバッタ

屋根や塀などの建築物。むしろ自分で多くの形煞を建ててしまった

郭台成の墓園
（2007年撮影）

郭台成の墓園
（2008年撮影）

郭台成の墓、明堂
と前方の案山

郭台銘の実弟・郭台成の墓園は愛物園の左前方にあります。
青龍方が案山を作り結穴。坐向は、巽山乾向。八運の「旺山旺向」。
全体の墓園の設計は、ゴルフ場のグリーンの縮小版を模しています。
内明堂の地勢は少し低く、その後次第にゆっくりと隆起していて、内局《ないきょく》の「逆水朝堂」を形成しています。
墓園の後方には道があり、現況としては道と高度の落差があって、風水では来龍上に「断龍《だんりゅう》」が形成されていると看ます。

土地の利用に制限されるのかもしれませんが、正脈に點穴していません。そのためなのか墓園の後方に一つの「龍神」碑があります。これも風水師の巧みな考案であり、龍脈を延ばし継続する効果を具えています。これによって、靠山をさらに堅固にさせて後代の子孫を庇護しようとしたのです。

全体の墓地設計は、以前とはかなり違っています。本来は屋根に蓋をする予定だったのでしょう。その後に設計が改められて、全体に下敷きを高くしました。これで「墓塚《ぼちょう》」の形となりました。

これが、郭会長が風水師を代えたという噂と関係するのかどうかわかりません。

むろん誰がこの地で點穴をしたとしても、もともと先天条件に欠陥がある中で、人工的に補修をして今日の結果に至っています。地師の働きは実にすばらしいと言えます。

第10節 筆架山のよき山水——苗栗《びょうりつ》は地霊人傑の地

苗栗県県長の傅學鵬《ふがくほう》は三十年前、電信局の公務員からスタートして、参政して県議員に当選します。副議長・省議員・二期に及ぶ県長へと到るまでずっと一途な情熱と誠意によって着実に歩を進めてきました。県民の支持を深く受け、民国九十年県長選挙では、政党の応援がない状態でも県長に再選されています。

筆架山の来龍、傳学鵬の祖墳の楽山

明堂は広々としていて前に一字案山がある

傅學鵬県長の祖墳は、苗栗市東南の市郊外に位置します。後方の玄武はほぼ完全です。来龍は、苗栗県の有名人の劉漢雲《りゅうかんうん》先生、前県長の劉定國《りゅうていこく》、前立法院長劉濶才《りゅうかつさい》の台湾の祖墳はみな同じ龍脈に属しています。

近くの筆架山《ひっかさん》もやはり苗栗のよき風水であり、苗栗に優秀な人材を少なからず生み出しています。

天助自助《てんじょじじょ》、傅県長の祖墳を見る

傅県長の祖墳の坐向は、坐東向西。乙山辛向（乙卯分金）です。

乙山辛向は七運（一九八四〜二〇〇三年）においては「旺山旺向」です。

この墓の前にある水路は左から右に流れ、屈曲しながら明堂を過ぎ、環抱しており有情、流れる水の形は官帽《かんぼう》（官吏の帽子）の形に似ています。

前方にある朝山は、一字文星《いちじぶんせい》（山々があい連なって一字線を呈す）、左右に龍虎があり、何層にも重なり護衛しています。また、後方にある楽山の来龍は有力です。

一九九一年に祖墳の改修が完了したところ、傅學鵬はすぐに地位が上がり始め、順調に県長の座に就いたのもうなずけます。

傅県長はこう言います。

「私は常々自分に言い聞かせてきた。財力もなく、輝かしい背景のない農家の子。だから他の人よりさらに骨身を惜しまず精を出さなければならない」

乙山辛向。水は天盤辛口から出る

后土《ほうど》・金庫《きんこ》・銀庫《ぎんこ》が並ぶ

元運が同じではないことから二十年おきに出水口を改める

自助、人助、天助，

（人に頼らず自立して努力進歩しようとする人だけを、人は助け、天の上帝も助ける。）

この傅県長の話は、まさに人より抜きんでるための必須条件です。

この陰宅には一つの特徴があります。

出水口を、元運が同じではないために変更していることです。なぜなら、二十年ごとに出水口を改めなければならないからです。

一九九一年に祖墳の改修が完了した時は七運に属していましたので、出水口を開いたところは、易経六十四卦の卦象（全方位三百六十度を易卦六十四卦に分割したもの。それぞれに易卦名が名づけられている。一卦5・62度）の「雷山小過《らいざんしょうか》」、三運卦《さんうんか》水口となります。

しかし、二〇〇四年に天運は八運に入りましたので、左前方「山水蒙《さんすいもう》」、二運卦《にうんか》に排水口を改めました。ただし実際は七運の時の水口はまだ保留してあります。そうでなければ前方の明堂の排水は大きな問題となります。

このように水口を代えるのは独特な地理手法といえますが、実は易経六十四卦の合十法《ごうじゅうほう》を応用しているのです。

例えば、八運は二運卦の出水口を求めるというようなことです。これは、「零神《れいじん》・正神《せいじん》」の運用に符合します。

零神方に水を見るあるいは地勢が低ければ、大いに盛んな運を享受することができます。

この手法を選択した地理師の手腕は卓越しておりただ者ではないことがわかります。

ただ、墓誌上に書かれている分金度数を筆者はどうしても測り取れません。

建設現場の鉄筋の影響があるのか？　それとも「福気があれば、風までもみな手伝いに来て、元々測り間違えていた分金線を正しくするのだろうか？」。本当のところは知り得ません。いつの世も福がありなおかつ自らを助ける人には、必ず人の助け・天の助けがあるものなのでしょう。

◎「晴耕雨読」伝統的な客家文化

傅県長は、客家文化の伝承を非常に重視していたので、同一祖先の親族の力を集合させ、一族が集まって一緒に住むために、２０００坪の祖廟用地に現代的な超大型の三合院を建築しました。

傅県長は、「同一祖先の家族達が一緒に住むことで、若い世代の者にさらに客家文化を理解させることができるし、客家族の求心力を集めることができる」と言います。

客家族がだんだんと衰微する今日、このような考え方はなかなか得がたいものです。

その傅家の家訓「晴耕雨読」、まさにすべての客家族の優良な模範です。

第11節　峨眉湖畔《がびこはん》のよき風水

新竹県立法委員の邱鏡淳《きゅうきょうじゅん》は、政治家の家系の出身です。

その父の邱泉華《きゅうせんか》先生は、中華民国六十年代（一九七〇年代）に新竹県議会議長を担任し、地方ではとても有名です。

邱泉華先生は、連続して第八回・九回県議会議長及び省議会議員を務めるほど、徳高く人望がある人物です。

邱委員はまたその父と同じ大将たる風貌があります。

前後して第九回・第十回台湾省議員、第四回・第五回の立法委員及び立法院所属政党の党団副書記長を担当しました。邱委員は公共事務に熱心であり、民衆のために現場の役務に奔走し、誰もが認める最も勤勉な立法委員です。

◉官運《かんうん》の停滞、祖墳の風水がよくない？

最近数年来、邱委員は終始県長の玉座とは無縁です。民国八十六年（一九九七年）では世論調査が第一位にも関わらず、政党が県長選挙の候補者に指名しませんでした。

巷では邱委員の祖墳の風水が良くないから、官運（出世運）が停滞して進まないという噂が流れました。

邱家の祖墳は、新竹県峨眉郷富興《ふこう》村に位置します。中華民国八十五年（一九九六年）丙子年に修築しました。墳墓は、後山前水、峨眉湖に面しています。山明水秀《さんめいすいしゅう》、得がたい風水宝地です。

筆者の見解は、巷の噂は、やや公正さを欠いていると思います。なぜなら、この場所はすでに上々の選択だと考えるからです。

墳墓の坐向は、坐西北向東南。乾山巽向（庚戌分金）。前方に鵝公髻山《がこうけいさん》と竹東五指山《ちくとうごしさん》があります。

鵝公髻山は土形山であり、主に富貴を出し、前方にはす

峨眉湖には水が集まる。風景は優美

でに何層もの案山があります。
羅城周密《らじょうしゅうみつ》。また遠くの山は朝拝しています。

古人はこう言っています。

「伸手摸到案，富貴又高官。」

（手を伸ばして案山に触れるほど近いのは、富貴また高官を出す）

その墳墓の風水で比較的大きな欠点となっているのは靠山の玄武です。来龍の束気が不足して、玄武は無力となっています。

そのために、朝中《ちょうちゅう》 無人《むじん》（朝廷に有力なつてがないこと）となり、政界に有力な引きやつてがないため、県長に二度指名されながらも空振りに終わってしまったのです。加えて、祖山および龍脈の来路は、近年大規模な土木工事があり、池を設けたために龍気が断たれてしまいました。

こうした各々の欠点が影響して、官運は停滞して進まなかったのでしょう。

愚見ですが、この墳墓には玄武の靠山がなく、しかも穴點が高すぎます。そのために、「蔵風聚気」ができません。

立法委員・邱鏡淳の祖墳

祖墳のちょうど正面の峨眉湖。「山明水秀」である

背の低い小灌木を植えた。前方の明堂に水があるが直接水が見えない

もしも、当初、三尺下の位置に點穴していたら、規模は縮小して、玄武が有力になったことでしょう。

さらに階段を設けないほうがよかったと思っています。なぜなら階段から直接気が流れてしまい、気が集めることができないからです。改善方法は、前方を変えて小さな低灌木を植えることです。この改善により、明堂に水があっても水が見えなくなります。

これで邱委員の成功は、この地位に止まらないと信じます。

◎立法委員を連任、さらに上層部へ

現在、邱委員の立法委員の再選はおそらく問題ないでしょう。

問題は、県長の玉座を目指しているのかということです。

中華民国九十三年（二〇〇四年）に天運が八運に入り、その墓の風水的な向きは旺盛な運に転じました。時空はすでに変転しています。

もし、さらに上層部を目指すのであれば、補修した環境と同じで方法はありますが、道はまだついていないので試練が待ち受けているでしょう。

（注）本文は「客家郵報」２００４年10月20日に掲載した後、邱鏡淳は立法院（第６回、２００５年２月１日～２００８年２月１日）、立法院（第７回、２００８年２月１日～２００９年12月20日）で、立法委員に再選されました。さらに無党派で新竹県県長選挙に立候補し、２００９年12月11日の選挙により当選し、現在に至ります（第16代、２００９年12月20日～）。

第12節　一代宗師——妙禅法師《みょうぜんほっし》の祖厝《そせき》「金鑑堂《きんかんどう》」

新竹県北埔郷《ほくほ》南埔村《なんほ》の金剛寺は、民国十一年（一九二二年）に建てられました。

開山した住職の妙禅法師は、芸術と宗教の大成を集めた伝記的な人物です。

釋《しゃく》 妙禅《みょうぜん》。字は閒雲。別号は臥盧。北埔郷南埔村の人士。俗名は張煥年。

清の光緒十二年（１８６８年）に生まれます。

妙禅法師が自ら創建した金剛寺は、すなわち出家前の古い住居の金鑑堂の後山にあります。金鑑堂の坐向は、坐東向西（乙山辛向）。典型的な客家民族の百年老屋で、法師が建てたものです。

雕樑《ちょうりょう》・畫《が》棟《とう》・堂號匾《どうごうへん》・廳堂《ちょうどう》に祭られた観音菩薩の絵画も、みな妙禅法師の手によるものです。張家の祖厝《そせき》（祖先の家）は、きれいに保存されており歴史的な価値も具えています。

一代宗師の妙禅法師は中華民国五十四年（一九六五年）南埔の金剛寺にて、結跏趺坐《けっかふざ》したまま逝去しました。郷里の人と宗教界において深く敬慕されています。

張家の祖厝「金鑑堂」

第13節 張學舜《ちょうがくしゅん》――平歩青雲《へいほせいうん》、水は官を促しているのか？

立法委員の張學舜は、北埔の張家の後人です。

張立法委員の古い祖墳は、南埔の金剛寺の右側約１kmのところにあり、中華民国六十一年（一九七二年）に建立されました。

穴形は「金獅朝北斗《きんしちょうほくと》」。

建築し始めた頃は、明堂は広く、前方には一字案山がありました。しかしその後、環境の変化が起き、前方に多くの建造物ができて立ち塞がり、形煞が非常に多くなりました。これが影響してか、父親の世代の多くは運が順調ではありません。

中華民国八十二年（一九九三年）、祖墳は峨眉郷石井《せきい》の付近に遷されます。

その場所は、前方の明堂は広々としていて、後ろの玄武（後靠）は華蓋《かがい》（傘状の形）であり気勢は勇壮となっています。

また、右に鵝公髻山があり、左に竹東五指山があり、幾層にも重なる案山が朝拜しており、これは得がたい風水宝地です。

陰宅の坐向は、坐北向南（壬山丙向）。

易経六十四卦の卦象「水地比《すいちひ》」。

「水地比」の卦は七運卦であり、主に七運に発展（一九八四～二〇〇三年）。

張學舜の祖墳

前面の明堂。鵝公髻山が右側にある

西南方に水があれば催官水《さんかんすい》となる

これを看れば、中華民国八十三年（一九九四年）から選挙戦に入り、三十五歳で第十回台湾省議員に当選しただけでなく、第四回・五回の立法委員を連任したのもうなずけます。ここから出世の道は順風満帆となりました。張立法委員は、熱心に郷里の住民に奉仕します。新竹県は民風が純朴です。政治上の党派の区分より、親族と郷里の住民との結びつきに勝るものはないことをよく知っています。

西南方を看ると高官水《こうかんすい》となっていますが、ここの風水はそれ以外に、もう一つ特色があります。それは右前方（西南方）に一つの天然の池があることです。

易経にこう記されています。

「一六共宗，二七同道，三八爲朋，四九爲友，五十同途」。

（一と六は共通の宗《そう》、二と七は同じ道《みち》、三と八は朋《ほう》となす、四と九は友《とも》となす、五と十は同じ途《みち》）

この、一六、二七、三八、四九、五十、等の五組の数字を、河図生成数《かとせいせいすう》と呼びます。七運はすなわち七と二を合わせると生成の数となります。それで七運の時は、二坤（西南方位を指す）を「催《さい》官位《かんい》」とします。いわゆる催官とは社会的な出世を助けることであり、事業は順調です。もし水を見れば官運（出世運）は良く、社会的な地位は順調に得られます。

◎立法委員を留任するのは、やや困難か？

古人はこう言っています。

「一命，二運，三風水，四積陰徳，五読書。」

つまり、一番目は宿命（天命）を受け、二番目が運、三番目が住環境を整える（風水）、四番目に陰徳を積み、五番目が読書（勉強）をすれば、自ずと人生が開けてくるという意味です。

古来中国では、人の一生に影響を与える要素について順をつけているのです。

張立法委員はこの幸運を自身の努力を除き、二代前の先祖の余徳であると信じています。ですから過去の選挙において、張立法委員は政党の固定票をみな掌握しました。しかし、二〇〇四年から天運は変わり、八運（二〇〇四年から二十年間）に入ります。天運が変わることでおそらく、西南方「催官水」の効果は減り、緩やかになるでしょう。実際、同じ所属の政党が別の候補者を出馬させました。

張立法委員は、これまでのように身軽に馬に乗って関門を突破できるのでしょうか？当選の結果を観察待ちです。

（注）本文は「全球客家郵報」に二〇〇四年十月二十七日に掲載したものである。その後、二〇〇四年十二月第六回新竹県立法委員選挙の結果、五名の候補者中、張學舜は得票数が至らず落選しました。

第14節　劉闊才《りゅうかつさい》——母の墓碑紋《ぼひもん》に吉兆が顕れる

◉墓碑にあらわれた黄土色の文様は吉兆——劉闊才の母の墓

劉闊才はかつて台湾の政界で非常に影響力のあった人物です。

左右の龍虎は環抱。明堂は広いが惜しいことに案山がすでに破壊されている

省議員を長年担任した後、一九六九年に増額補選立法委員、一九九〇年初めて台湾籍（客家人《はっかじん》）の立法院院長を務めました。

この墓は、その母親の佳き城です。

坐向は、卯山酉向（辛卯分金）で、墓地全体の面積はさほど広くはありません。

台湾の高官の家のようにお金があると気が大きくなりがちで、墓園も流行の豪華な造り方とは異なります。

劉の母親の墓は小さいけれども、来龍・朝案山《ちょうあんざん》・龍虎砂《りゅうこさ》の護

劉闊才の母の墓。墓碑の色合いが非常に良い

衛をひとしく備えています。

形局は完備しており、「麻雀雖小，五臓倶全。（スズメは小さいといえども五臓をすべて具えている）」と真に言うことができます。

この墓は金星落脈し、明堂は広々としています。また、墓の前には、案山・朝山が重なり、なおかつ朝山は一字案です。

墓碑の表面は黄土色になり龍紋《りゅうもん》が顕れています。

民間伝説では、墓碑にこのような紋様が顕れるのは、龍気《りゅうき》が旺盛で吉兆を表わしていることを示します。しかし、惜しいのに、前方にある朝案山が開発工事により、すでに破壊を被っていることです。

◎謙謙君子《けんけんくんし》※――劉闊才の墓

劉闊才は、一九九三年に逝去しましたが、その墓地は母の墓の右前にあります。

坐向は、卯山酉向（辛卯分金）。

水は左から右に流れています。

造型の大きさは母の墓と同じで、母の側に従って仕えているように葬られています。親孝行な心は人を感動させます。

これも客家民族の保守的で控えめな態度を表わしています。

劉闊才の墓地はその母の墓の右側にある。緑色の草は木蔭のようである

墓の上には土を盛ってあり、緑色の草が生えて墓を覆っています。必ず吉兆が顕れるでしょう。

※『易経』謙卦に、「象に曰く、謙謙。君子は卑（へりくだること）を以て自らを牧（修養）するなり」とあり、そこから来ている言葉であり、謙虚な君子を指します。

◎劉闊才、台湾にやって来た先祖の墳墓

苗栗の筆架山に近いあぜ道に、劉氏の祖墓があり、これは、台湾に来た劉闊才の先祖の墓であるといいます。

玄武方の靠山が強く有力。

坐向は、卯山酉向。

戊午年（一九七八年）に建立され、前方の明堂は広く、一字朝案となっています。

出水口は乾方にあります。

この墓は一目で明師の手によるものだということが明らかです。

しかし、人為的な高圧電塔が後から設置されたため、風水に対して阻害と破壊作用をもたらしました。

内明堂の水は天盤《てんばん》辛口から出る

本来電塔は、道路に沿って設置されるはずですが、一本の電塔が田んぼの畦の中に入って来ており墓の右後方（寅方）に聳えてしまっています。さらに下へと向かって伸びたところ（右後方）にもまた電塔が立っています。これは、後代の子孫の発展に影響するのは間違いないでしょう。

劉氏の古墓。玄武に靠山がある

補修されたばかりの墓碑

明堂は広い。前に一字文案がある

第15節

台湾客家の第一の宗祠——劉氏宗祠《りゅうしそうし》

劉氏宗祠は屏東《へいとう》県萬巒《ばんらん》郷五溝《ごこう》村に位置します。

台湾南部地区の各宗祠の中でも保存が最も完全でありなおかつ最も代表的な宗祠です。

劉氏宗祠は、五溝村民に「進士《しんし》第《だい》」の家と呼ばれています。

開基した祖先は、広東省嘉応州鎮平県招福郷の客家人で、清朝の乾隆年間に五溝水《ごこうすい》に行き着き開墾をします。

後代の子孫によって清の同治九年（一八六四年）に建築が開始し、その後続々と「二《に》堂四《どうし》横圍《おうい》屋式《おくしき》」の客家合院建築を増築し、四十数年の時を経て、ようやく今日の規模になりました。

劉氏宗祠の坐向は、酉山卯向。

前方にある一本の小川は、左から右へと流れ、玉帯のような水流は明堂の前を経て、財源大旺《ざいげんたいおう》となっています。

広々とした明堂があり、前には大武《だいぶ》山《さん》があります。

祠の後ろの檳榔《びんろう》園は宗祠の靠山です。

平原大地は、「高一吋為山」（一寸高ければ山となす）の方法

劉氏宗祠、台湾南部の最も代表的な宗祠

を使い、標準の平洋龍式の「後山前水」です。

これを看ても、風水の形勢のレイアウトは、専門家の手法によることは明らかです。

清朝の時期に、劉姓の一族である劉成台《りゅうせいだい》、劉成金《りゅうせいきん》、劉清元《りゅうせいげん》の三人は揃って光栄にも朝廷から「貢生《こうせい》」の資格を頂戴しました。

劉氏宗祠の前には玉帯水がある

広々とした明堂。遠くない所に大武山がある

劉氏宗祠、酉山卯向。
「乙火騰輝、卯金啟瑞」

劉氏宗祠の門楼

五溝水は九曲水である

ちなみに、「貢生」とは、明・清代に地方の学校で学問や素行にすぐれ、推薦されて中央の大学に入った者をいいます。

「二堂四横圍屋式」の祠堂は、十分に考究された建築で、その家の勢力が盛んだったことを顕わしています。

劉氏宗祠の門楼の後ろには、門匾《もんへん》「大乙重光」「太乙真人」が掛けられています。

これも大門の対聯の「乙火騰輝，卯金啟瑞」と互いに照り映えています。

第16節 平洋龍は水局を重んじる——羅文嘉《らぶんか》の祖墓祠堂を見る

羅文嘉先生の実家は、桃園県新屋《しんおく》郷下田心赤牛欄にあり、その父親である羅木純《らもくじゅん》先生は地理師を生業としていました。擇日館《たくじつかん》を開設し、その実家の風水はすべて羅木純先生が責任を負って建てました。新屋街に伝統的な三合院式建築です。

坐向は、西山卯向。

後天水を収め、妻財が旺じます。

明堂を過ぎて、正竅《せいきょう》の局《きょく》（正竅位《せいきょうい》）を出ます。

宅前に半月池があり、その周囲は低潅木が植えられています。

これは典型的な風水格局です。

新屋は平洋龍に属し、水局を重んじる。「平洋一凸値千金」。

後高前低。

一目見てすぐ明師の手法であることがわかります。

羅文嘉先生はかつて客家委員会の委員長を担任しました。二〇〇四年台北県県長選挙参加（落選）のため辞職。政治経済的な背景がないのに、最年少の部会会長や高官に就くことができたのは、風水の庇護の功に違いありません。

その祖塔《そとう》は陽宅の左後方に位置します。

坐向は、乙山辛向、兼卯酉。

中華民国二十七年（一九三八年）冬に建立し、中華民国四十六年（一九五七年）及び七十三年（一九八四年）に改築しています。

前の水は左から右に流れ、明堂を通り過ぎ、後天水を収めます。明堂は広い。

羅家はこの地方においてしだいに興隆して名門となりました。祖塔と古い家の祠堂はみな七運において「旺山旺向」です。羅文嘉先生の旺盛な運も七運の時にありました。三元九運風水学の説と符合しています。

羅文嘉の祖厝。豫章堂《よしょうどう》

家の前に半月池がある。典型的な風水格局

「平洋一凸值千金」。平洋龍にも「後高前低」の格局がある

羅文嘉先生の祖塔

前面の明堂は広々としている

平洋龍は水局を重んじる

第17節 猛虎朝陽《もうこちょうよう》——関西鎮《かんさいちん》 范朝燈《はんちょうとう》の祖墳

多くの客家の若者は勤勉に仕事をしますが、その業績は限りがあるものです。

よく耳にするのは、海外の客家人は、経済界あるいは個人の財富が累積して大変に成功したという話。ただし台湾の客家民族は、政治・経済方面においては次第に没落していて、むしろ人から面倒を見られる必要がある民族に変わってしまっています。

そのために客家精神を奮い立たせる必要があり、客家委員会が成立しました。

委員会で、客家民族が衰退したさまざまな原因を検討してみたところ、その中の一つに客家人が風水を重要視しないからではないのか？　あるいは用法が間違っているのではないのか？　という話が出ました。

筆者も、新竹の関西人です。小さい頃に年長者らが新竹県関西地区の有名人・范朝燈について語るのをよく聞かされました。

墓碑の記載では清の道光四年に造られている

その一族の陰宅地理風水は、「唐山《とうざん》」出身の風水師の手によるものであると。
だから「唐山」の地師とはいったいどのような人だろうか？　と常々思っていました。
彼の地理術とは？　またどのような方法を用いたのだろうか？　その良い風水によって范家の十子十登科《じっしじゅうとうか》（十人の子どもを養い、全員有名大学を卒業させ、皆医師、弁護士、教授などになった）を作り上げたのだろうか？
（前省府主席。二〇〇五年司法院秘書長である范光群《はんこうぐん》は范家の出身）

筆者はこれまで大変多くの名山名墓を見てきましたが、自分の家の風水に対して細心の注意を払えたかのかどうか？　自問するのを禁じ得ませんでした。

范家の祖先は、家の中にかつて一人の唐山の地理師を引き留めていたと言われます。その非常に手厚いもてなしにより、その地師は台湾を離れる前に、范家を手伝ってこの「猛虎朝陽穴（猛虎が朝日に向かう穴）」を點じたといいます。

その墓の位置と造葬手法を見たところ、伝統的な客家風水には似ていません。

傾斜はすこし急です。ただし唇氈《しんせん》はあります。

山勢は陡峭《とうしょう》（険しい）。唐山地理師が点じた「猛虎朝陽穴」

「朝陽」は即ち朝向が東方。回龍顧祖穴に属す

范家歴代の総墓

関西鎮、范朝燈先生の祖厝（祖先の家）

来龍は有力であり呑葬法に近似していて、入首龍は完全であり、はっきりと見出すことができます。直接落脈《らくみゃく》（龍脈が平原に落ち入ること）しているところに、小墓を造っています。

丁《てい》（壮健な男子）と財は旺じることができて、かつ速やかに発展します。

さすがに名家の手によるものです。

その地師は、新豊地区の「錦衣《きんい》蓋兒《がいじ》被穴《ひけつ》」、義民廟の「牛眠地穴《ぎゅうみんちけつ》」もかつて見て気に入ったといいます。


猛虎朝陽穴、范氏十二世祖の墓であるその墳墓は、清の道光四年桂月《けいげつ》（旧暦八月）に造られ、中華民国三十五年（一九四六年）に補修されています。

坐向は、酉山卯向（辛卯分金正向）。

穴點は上停《じょうてい》に属す（一般に三種の穴がある。上停・中停・下停のうち上停は比較的高い位置）。前方に鳳山渓《ほうさんけい》が環抱しています。

明堂は広々としていて、関西盆地はすべて脚下にあります。

回龍顧祖に属し、逆水朝堂。

傾斜は比較的急であり、坐向は坐西向東。

したがって喝形は「猛虎朝陽」となります。


その墓のすぐ近くに范氏十三世祖系の総墓があります。

中華民国三十五年（一九四六年）建立。これもまた吉地に属します。

付近の山のふもとには、すなわち范家の陽宅（家宅）があります。

坐向は、未山向丑。

范朝燈先生が生きていた頃に日本の造園師の設計で建てたものです。

第18節 毛蟹穴《もうかいけつ》——新埔《しんほ》の潘《はん》宅

新埔の潘宅は、新竹県で名高い古厝《こさく》（古い家宅）です。喝形は「毛蟹穴」と呼ばれます。

この家は、清の嘉慶二十年（一八一五年）に建築が開始し、潘庶賢《はんしょけん》が創建し、清の咸豊十一年（一八六一年）に、潘庶賢の長男潘福来《はんふくらい》の息子である潘清漢《はんせいかん》・潘澄漢《はんちょうかん》の両兄弟が再建築しました。

潘氏の一族は、新埔の名門です。古宅建築は非常に特色があります。

屋根の形は対称を呈し、左右に広くそして前後に短い造りになっています。

蟹はツバメに啄《つい》ばまれるのを怖れますので、屋根の庇は伝統的な尖って反り返った燕の尾の設計ではなく、硬直した馬の背中の形式を採用しています。また蟹の甲羅によく似せて、一般的には赤い瓦の屋根を使用するのですが、こ

新埔の潘宅「毛蟹穴」

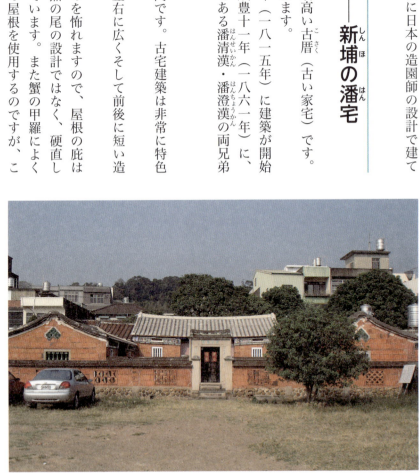

家の前の荒れ地。前に鳳山渓がある

湧き泉は一年中絶えず、小池を形成している

の宅は白い瓦を屋根に用いています。なぜなら茹でた蟹の甲羅は赤くなるからです。この造型を、風水上は「螃《ほう》蟹吉穴《かいきちけつ》」と呼びます。

また蟹は湿ったところにいる必要があるので、あえて家の前にある荒れ地をセメントで舗装したり庭園設計をしたりしていません。これは蟹がぬかるみを這うのが好きだからです。

さらに巧妙なのは、家の真正面に湧き水が池を作っていることです。

湧き水は脈々と絶え間なく湧き出ており、一年中絶えることがありません。

外形は喝形で呼ぶ穴にとても符合しています。

風水形法によると、潘宅は後高前低、背山面河《はいさんめんが》。

玄武は楊梅《ようめい》山脈からの来龍であり、ここに至るまでに剥換、束気、金星体が起頂して結穴しています。

明堂の前には、新竹の主要な河川である鳳山渓が環抱しています。

これこそ尋龍點穴の真義です。

何度も言いますが、いわゆる「喝形呼《かっけいこ》穴《けつ》」(喝形で穴を呼ぶこと)とは、地師の巧妙なアイデアにすぎないのです。

これによって、新埔の潘家が吉穴を得て、人材を輩出し、子孫は相次いで地方の要職を担任することができたのです。

第12章 風水師常用の証穴法と口訣

第1節　喝形《かっけい》で穴《けつ》を呼ぶことの真義

風水師は、しばしば喝形で穴を呼びます。

例えば、「犀牛　望月《さいぎゅうぼうげつ》」「金獅朝北斗《きんしちょうほくと》」「仙人大座《せんにんだいざ》」「美女梳妝《びじょそしょう》」「牛眠《ぎゅうみん》」「蟾蜍穴《せんじょけつ》」……。

その中の幾つかは確かに名実相伴いますが、あるものは無理にこじつけており、人に想像させることは大変困難です。

またこれら方法の多くは俗師《ぞくし》（平凡な師）によって採用されています。風水への興味を増加させる、とはいってもかえって本末転倒となり、風水理論と一致しません。でたらめな方法を用いれば、利益を得る前に先に禍《わざわい》に遭ってしまいます。これはあってはならないことです。

明代の繆希雍《びゅうきよう》の『葬經翼難解二十四篇』には、次のように書かれています。

明代繆希雍《葬經翼難解二十四篇》

「問喝形亦於理有合否？　答曰：形者，體貌也。山川之狀容，或有類一物者，然此乃千萬中一遇也，豈可爲準耶?予竊觀諸家喝形，蓋欲寓理寄法，俾人易曉耳，豈知沿久而濫流於鄙陋，遂令末俗頓忘其本。嘗見直隸，兩浙，江右名墓，求其形似，往往不類，審其穴法，則與古今合，乃知葬貴合法，不貴合形。今人但知論形，不知葬法，誤矣。」

「質問します。喝形は理論において一致しているのか？　それとも一致していないのでしょうか？」答えて曰く。「形とは外観である。山川の形状、あるいはそのような類のものである。しかしこれは千万の中に一つ遭遇するものであり、どうして正確であると言えるだろう？あらかじめ、各流派の喝形を密かに見ておいて、もし理論を例えたい時にこの方法に託して、人にわかりやすく伝えるようなものである。

しかし喝形は、長い年月受け継がれるうちに、見識の浅い人たちの間で氾濫してしまった。ついには俗っぽくなるにつれてその本質を忘れてしまった。

試しに直隷（天子の直接支配下にある）浙江・江蘇の有名な墓を見ればわかること。その穴法を審らかにしてみると、すなわち古今で一致している。葬法が一致するのが貴く、形と一致することが貴いわけではない。今の人はただ形を論じることを知っているだけで、葬法を知らない、これは誤りである。」


つまり、喝形で穴を呼ぶ方法は、難解な風水理論を素人にやさしく受け取らせるために使っているにすぎず、尋龍點穴の末道《まつどう》（卑俗な方法）だとみています。

もし鹿を馬と指摘し、ミミズを蛇と見ているようであれば、かえって立穴《りっけつ》の精義（要点）がつかめていません。したがって、ただ本物の風水形法にかなうだけで、すべてを裁断することができます。

それはどんな穴とか、どんな形とかにこだわらなくてもよいのです。

第2節　証穴法《しょうけつほう》

清代の孟浩《もうこう》が著述した『形勢辨《けいせいべん》』には、次のようにあります。

清代孟浩《形勢辨》

「祖宗要有聳拔之勢，落脈要有降下之勢，出身要有屛障之勢，過峡要有頓跌之勢，行度要有起伏曲折之勢，轉身要有後撐前趨之勢。或踴躍奔騰若馬之馳，或層級平鋪若水之波，有此勢則爲真龍，無此勢則爲假龍。」

「祖宗（祖山）は抜きんでて聳え立つ勢いがある、落脈《らくみゃく》（龍脈が平原に落ち入ること）は降下する勢いがある、出身（来源）は障壁の勢いがある、過峡はちょっと止まって下がる勢いがある、行度《こうど》（龍脈が走る勢い）は起伏と曲がりくねる勢いがある、転身は後ろを支え前に向かう勢いがある。あるいは飛び跳ね疾走する馬のような走りがある、あるいは層が平坦で棚のような水の波がある。これら勢いがあれば、すなわち真龍《しんりゅう》である。この勢いがなければ假《かり》の龍（偽りの龍）である。」


尋龍點穴には、必ず方法と手順があります。

それを知らずに多くの山々を探して歩きまわったとしても、かえってくたびれもうけになってしまいます。

およそ真龍が結穴しているところは、「形」の方面でも間違いなく好ましいところがあります。

古人は、いわゆる十証穴《じっしょうけつ》（穴を証明する十の方法）があって、これを尋龍點穴の依拠としています。

以下が十種類の証穴法《しょうけつほう》（穴を証明する方法）です。

1 朝山証穴《ちょうざんしょうけつ》

穴の前方の山のことです。割合に近くにあってやや低い小山は案山《あんざん》といいます。

卓《たく》（テーブル）のように、案山は高すぎてはいけません。

やや遠くにあり高いものは朝山《ちょうざん》といいます。

朝山は天子（皇帝）に向かって朝拝《ちょうはい》（拝謁《はいえつ》）する意味から来ています。

朝山が高大な場合は、穴は高いところが適しています。

朝山が低い場合は、穴は低いところが適しています。

朝山が案山に近いのは有情で好ましいでしょう。

朝山が遠すぎるのはあったとしてもないに等しく、効果は顕著ではありません。

朝山が高すぎて近すぎるのは、圧迫感が顕れて、かえって良くありません。

朝山証穴、北京の清の西陵の元宝山《げんぼうさん》

朝案山証穴、台湾新竹県新埔の筆架一字案《ひっかいちじあん》

案山証穴、台湾苗栗県の大坪頂《だいへいちょう》

朝案山証穴、台湾新竹県の湖口《ここう》

2 楽山証穴《らくざんしょうけつ》

穴の後ろにあって楽に応《こた》える山のことを楽山といいます。結穴は、必ず楽山を枕《まくら》にしなければなりません。これは靠山でもあります。

穴の上に楽山を見るのを上格とし、明堂に楽山を見るのを次格とします。もしも背後から撞《つ》いてくる楽であれば、その力量はとりわけ大きくなります。

楽山の形は、屏障《へいしょう》・華《か》蓋《がい》・三台《さんたい》・玉枕《ぎょくくちん》・貴《き》人《じん》・覆鐘《ふくしょう》・傾鼓《けいこ》などの形を貴とします。

楽山は大きく高く聳えているのは禁物です。

楽山が高い場合は、金星体が起頂した別の場所にこそ結穴があります。さもなければかえって圧迫を与えてしまいます。

楽山証穴、慈天宮《じてんぐう》は新竹県北埔に位置する。背靠は秀巒山《しゅうらんさん》

楽山証穴、天水堂《てんすいどう》は新竹県北埔の名門、姜秀鑾《きょうしゅうらん》の旧居

3 鬼星証穴《きせいしょうけつ》

横に落ち、斜めに歪んだ穴は、その穴の後ろに必ず鬼星がなければなりません。鬼星はまたの名を鬼山とも呼びます。真っ直ぐに来て背を撞けば、やっと結穴することができます。

鬼楽《きらく》証穴、明の永陵。穴の背後には必ず幾層もの楽山と鬼山がある

鬼楽証穴、慈禧《じき》（西太后）の定東陵。穴の正中線上にあるのは楽山、横にそれているのは鬼山（鬼星）と呼ぶ

来龍証穴、龍脈（山脈）がやって来るのを見ることができる

鬼楽証穴、台湾新竹県関西にある呂《ろ》氏の祖墳

鬼星が左にあれば、穴は左に作ります。右にあれば、穴は右に作ります。
鬼星と楽山が両脇にあれば、その中間に結穴します。
もし鬼星が身を抱かず、散漫な場合は、結穴はしません。

金星証穴、横龍《おうりゅう》（土形）の前の金星体は起頂し楽山となる

金星証穴、金星（金星体）とは、穴の背後にある丸い形の山

来龍証穴、清の東陵にある孝陵

4 龍虎証穴《りゅうこしょうけつ》

先賢云

「先觀龍虎之住處，以定穴之虛實，次觀先後，定穴之左右。」

先賢は言う。

「まず先に龍虎の住処を見て、穴の虚実を定める。次に前後を見て、穴の左右を定める。」

尋龍點穴はもし青龍方が有力ならすなわち穴は左に偏ります。白虎方が有力であればすなわち穴は右に偏ります。

青龍が強ければ青龍に従い、白虎が強ければ白虎にもたれます。

青龍と白虎がもし低ければ點穴は低いのが好ましく、さもなければ風を受けます。

青龍と白虎がもし高ければ點穴は高いのが好ましく、井戸の底に座って天を見上げるようにならずにすみます。

龍虎証穴、楊梅《ようばい》の黄《こう》家。青龍砂と白虎砂が左右から取り囲む

龍虎証穴、台湾苗栗県の鯉魚潭《りぎょたん》

5 纏護証穴《てんごしょうけつ》

纏護とは、護衛する砂手（青龍白虎の砂手）が幾重にも重なっていることです。

纏護証穴、北京の明の十三陵 長陵の青龍方

皇帝が地方へ巡回に出ている時のように、両側には護衛が相したがうべきです。

纏護は離れてはいけませんし、また近すぎて圧迫してもいけません。

幾層にも重なりあう護衛は、双手《そうしゅ》で揃って送り、揃って迎えます。大勢の臣下が両手を合わせ立って君主に拝謁する勢いであれば、すなわち貴格です。

纏護の砂手は龍虎が対称であれば上格とします。

6 明堂証穴《めいどうしょうけつ》

古人云

「入山尋水口，登穴看明堂。」

古人は言う。

「入山したなら水口を尋ねよ、穴に登ったなら明堂を見よ。」

尋龍は最初に気脈《きみゃく》を求めます。點穴は最初に明堂を定めます。

明堂は百人の官吏が一緒に集まり皇帝に拝する場所です。明堂は正しい（整った）のが好ましく、左右対称となります。もしも歪んでいればすなわち気が集まりません。

明堂は小明堂、中明堂、大明堂に分けることができ、小から大へと、内から外へと、大きさはちょうど良くなければなりません。

小明堂は円暈《えんうん》の下にあります。中明堂は龍虎の内側にあります。大明堂は案山の外側にあります。それらは互いに交差して混ざりあい集まっています。

7 唇氈証穴《しんせんしょうけつ》

唇氈《しんせん》とは、穴の余気の発露であります。俗に言う「平台《ひらだい》」のことです。これは小明堂でもあります。大きいものは氈《せん》と呼び、小さいものを唇《しん》と呼びます。また、氈は掛け布団のようであり、唇はくちびるのようです。

真龍結穴には、必ず余気の発露があり、唇氈があるものは、必ず龍気がこの場所に集まっています。

山龍點穴《さんりゅうてんけつ》は、必ず唇氈がなければなりません。

龍気は止まるところがあってはじめて、結穴することができます。

龍虎明堂証穴、雲南省の麗江《れいこう》

8 水勢証穴《すいせいしょうけつ》

穴の前に大きな河川や海があっても、小島がないのは良くありません。水勢が大きすぎると気は散じてしまうからです。水中の小島は家禽（アヒルの類）が水にいることを指します。真龍が落脈するところには、必ず多くの水が集まっています。

古人説

「風水之法，得水爲上，藏風次之。」

又説

「未看山先看水，有山無水休尋地。」

古人は言います。

「風水の法は、水を得るのを上とし、蔵風はその次である。」

また言います。

「山を看るまえに先に水を看る、山があり水がないのは地を尋ねるのをやめる。」

點穴はかならず水勢を看なければなりません。あるいは環抱して、あるいは朝穴《ちょうけつ》(逆水を収める、水流が前から来ること）して、必ず明堂を過ぎるところに真穴があります。

水勢証穴、台北の観音山。水があれば好ましい。必ずしも山がある必要はない。河川は湾曲している

禽星《きんせい》証穴、台湾の北埔。納骨塔の向首（向）。前方には小島が見える

禽星証穴、香港。穴の前方には海があって小島がある。小島は水中の家禽（アヒルの類）を指す

さらに水の来去《らいきょ》を看て、合形《ごうけい》（水形が合格）合局《ごうきょく》（理気が合格）しているのが好ましいでしょう。

9 天心十道《てんしんじゅうどう》

前・後・左・右、四方に応じる山のことです。

後ろに蓋山《がいざん》、前に照山《しょうざん》、左右両岸に夾耳《きょうじ》の山があります。これを四応登対《しおうとうたい》といいます。

蓋《がい》・照《しょう》・拱《きょう》・夾《きょう》が、偏らずもたれることなく十字相互に呼応しています。

真龍結穴は、必ず前・後・左・右に対応形式になっていますが、実際に応用すると、万に一つ偶然に遇うくらいです。

もし対称になっていなければ、明師に依頼して不均衡を減らさなければなりません。

これは「動態平衡」ともいいます。天秤の両端の重量が同じでない場合のように、點穴するには中心点を移動させてバランスをとります。これを「天心十道」といいます。

10 分合証穴《ぶんごうしょうけつ》

分合とは、陰陽の交合のことです。

水流が上に分かれて下で合う、陰陽の配合がかなっていれば真の結びです。

しかし、合うところがあっても分かれることがなければその来龍は真ではありません。内側に生気を継ぐこともできません。また、分れるところがあっても合うところがなければ、その止まるところがわからず、界脈（脈が止まるところ）の証明ができません。

陰陽が交わらないのは、やはり虚の結びです。これを分合証穴といいます。

第3節 「龍《りゅう》、砂《さ》、穴《けつ》、水《すい》」四法合一《しほうごういつ》

証穴方法は多いといっても、実際上は、ただ「龍、砂、穴、水」の四法だけです。水は前にあり、龍は後ろにあり、真ん中が穴。前方は明堂であり、砂は両側にあります。

蔣大鴻《平砂玉尺辨僞》説

「龍、砂、穴、水以雖有四者之名，而其實一而已。穴者，龍之所結。水者，龍之所源。砂者，龍之所衛。故有是龍，則有是穴，有是穴則有是砂水，未有龍穴不真而砂水合格者，亦未有龍真穴的而砂水不稱者也。」

蔣大鴻『平砂玉尺辨偽』に、こう記されています。

「龍、砂、穴、水の四つの名があるといえども、本当は一つだけである。穴とは龍の結ぶところである。水とは龍の源のところである。砂とは龍の護衛のところである。ゆえに龍があれば、すなわち穴があり、穴があればすなわち砂と水がある、龍穴が不真で砂水が合格であることはない。また、龍の真穴であって砂水がつりあわないということもない。」

前出の写真にも見ることができます。

前に案山・朝山がある風水は、明堂もきっと合格です。

本当によい地理風水は、「渾然天成《こんぜんてんせい》」（自然が作ったものは人の彫刻の痕跡はない。自然は完全な天の造形物の意味）です。

地理師の責任は龍穴を選出することを除けば、形法において不完備なところを知りそれを軽減させることにあ

ります。それでやっと明師と言われる資格があるでしょう。

第4節 風水師が常用する口訣《くけつ》

さいごに、風水師が常用する口訣（口で伝える秘伝）を紹介します。口訣なので翻訳文の掲載は控えさせていただきます。

1 陽宅定分金、動土口訣

伏以皇天、后土、五嶽山家、土地龍神、堪輿祖師楊、曾、賴、廖公先師、後分金（李定度），前分金（張堅固）先師各請同到坐位。

今日良時，○○年農曆○月○日○時，主家弟子○○○擇於○○○，坐○山○向兼用○○分金○○卦○○爻度。

建陽宅舉行定分金及動土典禮大吉昌，弟子護備大金財寶、寶燭、三牲酒禮、清果答謝，祈望土地、龍神保佑弟子○○○在此建宅成功大吉利。

2 陽宅入宅（開工）典禮口訣

伏以皇天后土，土地龍神。今吉日良時，○○股份有限公司，董事長○○○、總經理○○○、率同仁於本地（住址：○○○○）。舉行入宅（開工）典禮，在此誠心準備三牲，水果、酒食、大金財寶、寶燭祭拜。祈望土地龍神、地基主、各路神明，保佑弟子等，在此鴻圖大展、財源廣進、身體健康、成功大吉大利。

其它如上樑、入宅、歸火口訣，依此文稍加更改即可，祭拜以心誠最爲重要，各門各派儀軌很多，大多不相同，依信仰而定，不必過分拘泥，風水師不是道士、僧尼、作自己本份與風水有關的事情。

3 陰宅定分金，破土口訣

伏以皇天后土、五嶽山家、土地龍神、堪輿祖師楊、曾、賴、廖公先師、後分金（李定度），前分金（張堅固）各請同到坐位。

主家〇〇住址：〇〇〇〇，爲先〇〇安葬破土定分金在：〇〇〇〇，坐〇山〇向兼用〇〇分金〇〇卦〇〇爻度，擇於〇〇年農曆〇月〇日〇時破土築基。信民謹備清香、寶燭、大金財寶、果品奉拜，待完工之時再備大金、果品、酒禮答謝列位尊神。

4 安葬進金口訣

將棺木入穴爲大葬，亦稱凶葬，拾骨入瓶後將瓶入穴爲吉葬，亦稱進金，爲人進金或安葬，其口訣如下：

用十二支香插在分金線座山符下，然後念：

伏以吾乃，八卦祖師、九天玄女、太上老君，觀音菩薩、楊、曾、賴、廖、蔣、徐歷代祖師，弟子今爲主家〇〇住址：〇〇〇〇，大封君（太孺人）（生基）安葬（進金）於〇〇，本山：座〇山〇向

今逢天運〇〇年歲次〇〇年〇〇月〇日〇時，取吉星蓋照，良辰吉日。又取先天水朝堂，後天水善臨，賓水、客水、輔卦水、暗護。

伏祈山神土地，皇天后土獻出山川水口、秀氣鍾靈正穴。

招請皇天后土、山神、福德正神大駕光臨。（可加各門儀軌）

隨念請神安葬（進金）口訣：

手捧羅經八卦神，盤古初開天地人，九天玄女陰陽法，曾傳凡間楊救貧，南山石上鳳凰飛，正是楊公進金（安葬）時：

年通月利無禁忌，此日打開生龍口，輕輕引進大封君（太孺人）
前面有山山拱秀，後面有屏鎭龍基，手把羅經搖一搖，二十四山都來朝。
手把羅經照一照，二十四山都榮耀，前有朱雀旺人丁，後是玄武鎭明堂。左有青龍送財寶，右是白虎進田莊，
祿到山前人富貴，馬到山後旺丁郎。田園家產皆豐盛，兒孫豐裕耀門庭。
一推千里財，二推萬人丁，三推家財永康泰，四推科甲永聯明。
吾奉太上老君、九天玄女、八卦祖師、楊公仙師敕令。
再念 伏以
吉日良辰，天地開昌，安葬進金，萬事吉昌。
代代子孫，富貴康強，大吉大利，萬壽無疆。

5 呼龍口訣

手拿羅經，與香十二支，伏以吾乃觀音菩薩，太上老君、九天玄女、白鶴仙神、八卦祖師、邱楊曾徐蔣公門下弟子。
招請龍神大駕光臨。
香煙靄靄繞乾坤，招請山神開龍門，山神土地必知機，大小神祇莫驚疑，懇請龍神大駕臨，天蒼蒼，野茫茫，
本師爲我來抱罡，祖師爲我來踏斗，
一推吉龍來入首，二推吉龍來朝堂，三推吉龍來會合，四推吉龍來相生，真龍真脈推到位，家財富足旺人丁，
神兵神將顯威靈，牽龍入穴發財丁，一脈相連速速來，一脈相承速速臨。
「太上老君、九天玄女、八卦祖師、楊公祖師急急如律令勅」
（三遍）（儀軌或招請咒印）

6 圓墓祭拜 敕請廿四山神擇后土訣

伏維自古人間年年修造、歲歲安墳、青鳥渡水、白鶴望山、周公選日，玄女定時，楊公作（生基、安葬、進金）曾廖天機。

左邊青龍迢迢至，少年一舉登科第，南極天馬貴人朝，瓜瓞綿綿加官職。右邊白虎疊疊迎，文章顯達世傳名，滿朝玉笏三公第，神童宰相此中生，朱雀參列立門中，富貴雙全文武從，玄武拱照列三台，催官連捷步金階，南山石上鳳凰飛，今是吾人（立生基、進金、安葬）

人人皆長壽富貴，房房子孫全拜祀，

列位聖駕吉神臨，來則留恩去降福，

千秋祭祀，萬古佳城，逍遙自在，快樂無邊，

吉祥大利，添丁進財。（儀軌或招請印咒）

7 供養土地后土訣

一切地神持地母，三千地主大會聚，雪山主宰一切尊，本山龍神土地神。（加各派儀軌）用米，同時倒酒三杯，並加持供品。

焚香奉請山神土地公及五方土神：

今日良時吉日，謝土庇佑。祈求亡者安居，陽世子孫世代昌隆，事業如意，功名科甲連登，五穀豐收，富貴吉昌。

謝前後分金柱：

謝分金訣，陽日左手，陰日右手，拔之，子寅辰午申戌日爲陽，丑卯巳未酉亥日爲陰，圓墳之時，謝曰：

「天無忌，地無忌，陰陽無忌，百無禁忌，八卦祖師、九天玄女、觀音菩薩、太上老君、楊公仙師，急急如律令敕。」隨即將前後分金二千壽金化之，然後地理師念誦上文叩拜，東家全體跟拜，地理師呼曰：

日吉時良大吉昌，吉日圓墓正相當；好時好日來圓墓，

榮華富貴足錢糧；後有來龍千百里，前有朝山萬秀峰；

四水朝堂吉氣多，萬派吉源更吉昌；左有金獅右有象，

獅象相朝萬年昌；坎山坎水坎向流，五鬼運財永無休！

朝貧夕富即時見，越富越貴天地長！速來！速來！

8 謝土散五穀財丁口訣

伏以天道爲清地道爲靈，廿四山作聖明，仙賜五穀種財丁，一把五穀散出去，千災萬厄盡消除。

一散天天清，二散地地靈，三散人人長生，四散水水朝堂。

五散東方甲乙木，青龍將軍來降福，而今亡人安葬後，代代子孫受天祿。

六散西方庚辛金，白虎將軍來降臨，而今亡人安葬後，代代兒孫斗量金。

七散南方丙午丁，朱雀將軍來降臨，而今亡人安葬後，代代兒孫出公卿。

八散北方壬子癸，玄武將軍來降臨，而今亡人安葬後，代代兒孫富貴隨。

九散中央戊己土，螣蛇將軍來降臨，而今亡人安葬後，代代兒孫富貴壽。

今把五穀散入土，代代子孫認成祖，一把五穀散后土，代代子孫壽彭祖。大進大發，榮華富貴，百子千孫，山明水秀聽吾斷：

一要人丁千萬口（有），二要財寶自豐盈（有），
三要兒孫螽斯盛（有），四要頭角倍崢嶸（有），
五要登科及第早（有），六要牛馬結成群（有），
七要南北山府庫（有），八要壽命好延長（有），
九要家資千萬富（有），十要貴顯永無疆（有）。
隨後地理師唸：「一拜天地日月星，二拜龍神與后土，三拜家墳子孫代代興。」即完成進金圓墓儀式。

訳者あとがき

先に2007年台湾で発刊された張玉正先生による『風水祖師楊救貧堪輿実証』は、研究家や専門家、一般の読者にとっても、大変に価値のある一書であり、多くの術数研究家の目を開かせることでしょう。

堪輿・地理とも呼ばれる風水は、中国に何千年も伝わる選地術ですが、今日では、〝風と水の環境学（エコロジー）〟とも言われています。

この中国の優れた選地技術は、都城づくり皇陵建造などに用いられ、皇家のみに伝承されてずっと神秘に包まれてきました。

この本の書名にもなっています楊救貧（楊筠松）は、唐時代を代表する伝説的な風水祖師です。西暦834年に生まれ、幼少の頃より聡明で17歳で登科及第。金紫光禄大夫の役職を拝受して主に瓊林御庫の管理をしていましたが、879年黄巣の乱が起こり、その災禍から逃れる際に宮中の堪輿関係の秘書を携えて長安を離れ、贛南に移り住んだと言われます。この時に皇家の奥義が民間に流伝しました。

その楊救貧の伝人である曾文辿、廖瑀、三僚村のその後裔からは多くの明師や国師が輩出しました。それらの風水明師たちは、時代ごとの皇帝、官吏、名家、財閥などに招聘されて、よき風水の地を選んでは點穴してきました。

以前より張玉正先生は、中国・台湾・香港・シンガポール等に今日残された風水術については懐疑的でした。巒頭を見る形勢派においても、その看法をよく知る人は少なく、理気における流派もさまざまあり、勉強すればするほど、どれが本当なのか分からなくなるからだそうです。つまり、風水を真面目に学習しようとすれば、誰でも必ずこのような壁に突き当たることになるのです。

張玉正先生は、その真偽の実際を確かめるために、５、６年の歳月を費やして中国大陸に何度も赴き、今も昔も変わらぬ山川の風水を観察して歩き、帝陵・古墓・宅などの坐向を実際に測って調査・研究を重ねてきました。本文中にも出てきますが、寒信嶂の地に行った際は、楊救貧の鉗記文にある「頭頂八字水，脚踏寒信嶂，誰能得此地，代代出丞相。」の場所を探すために、小さな漁船を借りて六時間もかけて河川を上り下りされたそうです。そうやって一つひとつのケースに心血を注ぎ、時間と費用をかけて、風水宝地や名穴を調べたのです。この一書はその真実の記録に他なりません。

この素晴らしい真実の風水の書を訳者は翻訳する機会に恵まれて本当に幸運でした。台湾留学時、講義のない日は、ほぼ毎日朝から晩まで机に向かい過ごしました。

張玉正先生は、私の稚拙な質問にも細やかに対応し、多くの専門知識を熱心に教授してくださいました。張先生との出会いは、訳者である私の五術人生を大きく変えるものとなりました。そして本書の翻訳を快諾していただけたことに対して心から感謝します。

また、最後まで、翻訳の誤りを丁寧に訂正し、墓碑の文なども調べてくださいました江麗君先生に感謝いたします。

最後になりましたが、本書を発刊して下さいました太玄社の今井博央希社長にこの場を借りて御礼申し上げます。また、出版に関してご協力いただきました全ての方々、ありがとうございました！　多謝！

この風水祖師の一書の日本での出版により、日本の風水研究家及び一般読者は雷に打たれるように風水に対する認識を改めることでしょう。

それは台湾で本当の五術に出会い、長年携わって来た私の心からの喜びでもあります。

２０１７年11月東京にて　　林秀靜　記

【著者紹介】

張 玉正（ちょう・ぎょくせい）

1958年生まれ。台湾新竹出身。1984年大学卒業。

2002年台湾政府立案、中華易経命理協会創立。同協会理事長。新竹県文化局、新竹科学園区、社区大学等で易経、企業風水、紫微斗数生涯計画を教授。2016年国立交通大学エグゼクティブMBA（EMBA）受講、経営管理学修士号取得予定。

著書に、『三元玄空地理精要』『紫微斗數改運要訣』『細論紫微一四四局』『紫微斗數推斷秘訣』『易經風水秘訣』『紫微斗數生涯規劃』『羅盤操作與企業陽宅規劃』『風水祖師楊救貧堪輿實證』『細說中國帝陵風水』『羅經詳解』等がある。

【訳者紹介】

林 秀靜（りん・しゅうせい）

中国命理学研究家。1991～1998年、台湾の老師より専門的に五術を学ぶ。風水学、中国相法、八字、紫微斗数、卜卦などを修得。1999～2008年、玉川学園漢方岡田医院にて、命証合診を研究する。その後、2013～2016年、台湾に留学。張玉正老師より、風水学と紫微斗数をさらに深く学ぶ。1998年独立以来、執筆をはじめに、幅広くマスコミで活躍。著書に『日本で一番わかりやすい四柱推命の本』（PHP研究所）など、国内外で約70冊を発刊。

実証！ 風水開祖・楊救貧の 帝王風水

2017年 11月12日　初版発行

編著者——張 玉正（ちょう・ぎょくせい）
訳　者——林 秀靜（りん・しゅうせい）
装　幀——中村吉則
編　集——初鹿野剛
本文DTP——Office DIMMI

発行者——今井博央希
発行所——株式会社太玄社
TEL 03-6427-9268　FAX 03-6450-5978
E-mail：info@taigensha.com　HP：http://www.taigensha.com/

発売所——株式会社ナチュラルスピリット
〒107-0062　東京都港区南青山5-1-10　南青山第一マンションズ602
TEL 03-6450-5938　FAX 03-6450-5978

印刷———創栄図書印刷株式会社

ISBN 978-4-906724-37-6 C0011
Printed in Japan